A Neurobiologia do Processamento de Informação e seus Transtornos
Implicações para a Terapia EMDR e outras Psicoterapias

Uri Bergmann, Ph.D.

Tradução:
Patricia Jacob

Uri Bergmann, PhD, trabalha em prática clínica em tempo integral, em Commack e Bellmore, Nova Iorque. É Facilitador Sênior do Instituto EMDR, Palestrante Especializado, Supervisor e Treinador Certificado de terapia EMDR pela Associação Internacional de EMDR. É palestrante e consultor em terapia EMDR, em neurobiologia da terapia EMDR e na integração da terapia EMDR com terapia psicodinâmica e tratamento com estados de ego. Dr. Bergmann é autor de artigos sobre a neurobiologia da terapia EMDR publicados em revistas indexadas e contribuiu com capítulos em diversos livros sobre terapia EMDR. É membro de conselhos editoriais de vários periódicos.

Dr. Bergmann foi presidente da Associação Internacional de EMDR (EMDRIA) e atualmente atua como diretor-conselheiro no quadro de diretores.

A Neurobiologia do Processamento de Informação e seus Transtornos
Implicações para a Terapia EMDR e outras Psicoterapias

Uri Bergmann, PhD

Tradução:
Patricia Jacob

TraumaClinic
Edições

Título: **A Neurobiologia do Processamento de Informação e seus Transtornos:**
Implicações para a Terapia EMDR e outras Psicoterapias

TraumaClinic
Edições

ISBN-13: 978-1941727003
ISBN-10: 194172700X

TraumaClinic Edições
SEPS 705/905 Ed. Santa Cruz sala 441
70390-055 Brasilia, DF Brasil

www.traumaclinicedicoes.com.br
info@traumaclinicedicoes.com.br

Tradução: Patricia Jacob
Revisão: Bernadete Cordeiro
Layout: Marcella Fialho

Publicado originalmente em inglês:
Neurological Foundations for EMDR Practice, by Uri Bergmann, Ph.D.
ISBN 978-0-8261-0938-5
© 2012 by Springer Publishing Company, LLC, New York, NY 10036.

À minha família,
a fonte do meu propósito, orgulho, alegria, e inspiração.

Índice

Prefácio

Henry David Thoreau escreveu, "Não se preocupe se construiu seus castelos no ar. Eles estão onde deveriam estar. Agora dê-lhes alicerces." Esta noção de sonhar e então seguir sua imaginação tem sido o impulso para este livro, uma tarefa dedicada à construção de fundamentos neurobiológicos para a prática e pesquisa da terapia EMDR (Dessensibilização e Reprocessamento Através dos Movimentos Oculares), integrando várias bases de pesquisas que não foram, até o momento, igualmente e amplamente abordadas em um trabalho publicado. Vinte anos de prática de terapia EMDR tornou inegavelmente evidente que, a fim de verdadeiramente compreender, praticar e pesquisar esta forma surpreendente e misteriosa de psicoterapia, é preciso estar atento e apreciar os mecanismos neurais subjacentes à consciência e ao processamento de informações, o desenvolvimento humano e apego, os transtornos de processamento de informações que se manifestam na maioria das psicopatologias tratadas pelos clínicos, trauma e dissociação, e a relação entre estresse e trauma na função imunológica e na saúde.

Dado que a terapia EMDR é tão profundamente orientada por um modelo de processamento de informação, é crucial examinar a forma como esta corresponde aos modelos neurobiológicos de consciência e de processamentos de informação pesquisados. Quanto mais este modelo é visto como consistente com pesquisas neurobiológicas (ilustradas nos capítulos seguintes), mais o modelo será reforçado e fundamentado.

A melhor forma de gerar modelos teóricos neurobiológicos realmente abrangentes da terapia EMDR, que ofereçam os melhores diagramas para a pesquisa, é por meio da consideração e compreensão integrais dos fundamentos neurais do processamento de informações. Se pudermos nos perguntar como a estimulação sensorial e o protocolo de tratamento da terapia EMDR impactam o circuito neural central do processamento de informações e facilitam sua reparação, podemos gerar teorias detalhadas que são mais acessíveis à pesquisa.

Por séculos, a sociedade esteve distante da noção de que o trauma e a negligência são crônicos. Há uma grande confusão em nossa sociedade e em nossa profissão em relação ao trauma, à extensão e cronicidade da negligência familiar, e à natureza dos processos dissociativos. Ao invés de compreender que nossa história como raça humana é profundamente traumática, escolhemos acreditar que sobrevivemos e nos adaptamos. Aplicamos a mesma falta de visão às nossas crianças, acreditando que aconteça o que acontecer, elas são resilientes.

Dentro de nossas várias profissões, acadêmicos da maioria das universidades de prestígio nos dizem que transtornos traumáticos e dissociativos são criações de terapeutas sugestivos e de síndromes de memórias falsas. Nós na comunidade de traumatologia tentamos lançar luz sobre essa escuridão, mas explicações psicológicas e fenomenológicas são insuficientes. É somente por meio de uma compreensão neurobiológica que teremos máxima credibilidade à nossas ideias. Devemos, com respeito às nossas práticas, ser capazes de entender e também de ilustrar claramente à outras pessoas que os sintomas incomuns e muitas vezes bizarros que rotulamos como transtornos traumáticos e dissociativos são resultado de sistemas de ação neurais desregulados, baseados evolutivamente, que são totalmente pautadas pela natureza da conexão entre os bebês e seus cuidadores. Isso pode ser feito apenas por meio de uma fundamentação neurobiológica que comunica nossa compreensão do desenvolvimento humano, apego, transtornos de apego, e processamento de informação.

Finalmente, dadas as manifestações de uma infinidade de sintomas somáticos e doenças médicas que muitos de nossos pacientes apresentam, é imperativa a compreensão da relação entre estresse, trauma e função imunológica. É crucial que entendamos e sejamos capazes de diferenciar sintomas somáticos ou somatoformes de doenças imunoinflamatórias, as quais agora nos referimos como *sintomas sem explicação médica*, tais como fibromialgia, lúpus eritematoso sistêmico, distrofia simpático-reflexa, tireoidite de Hashimoto, doença de Graves, síndrome da fadiga crônica, e outros, que serão detalhadas neste livro.

Compreender estas enfermidades e o que as diferencia de outros sintomas somatoformes tem imensa importância no que diz respeito às implicações para o tratamento. Sintomas somáticos, frequentemente conceitualizados como manifestações do trauma no corpo, são comumente usados como alvo de forma eficaz e tratados com EMDR, como parte de um tratamento abrangente e feito em fases. No entanto, pacientes que apresentam dificuldades emocionais (quer sejam relacionadas a trauma, quer não) e sintomas médicos sem explicação devem também ser encaminhados para tratamento com endocrinologistas, oncologistas ou imunologistas para que estes tentem regular novamente as funções hiperimunológicas destes pacientes, que são aparentemente causais em relação às suas doenças.

É minha esperança que as informações apresentadas neste livro sejam recebidas como informativas e claramente integradas, enquanto a apresentação do assunto proporciona uma facilidade de compreensão.

Agradecimentos

Primeiramente gostaria de começar por saudar e agradecer à Francine Shapiro por iluminar e espalhar a chama da terapia de Reprocessamento e Dessensibilização através dos Movimentos Oculares (EMDR). Nós e nossos pacientes temos nos aquecido nesta chama e, assim, ela tem crescido.

Gostaria também de expressar minha enorme admiração e gratidão à Robbie Dunton, braço direito de Francine Shapiro desde o início, ao longo do desenvolvimento do EMDR, e na fundação e manutenção do Instituto EMDR.

À Sheri Sussman, editora executiva da Editora Springer, gostaria de expressar minha admiração e imensa gratidão pela sua ajuda colossal na organização e edição deste livro.

Meu profundo obrigado vai a Tom Jennings pela inestimável ajuda com as principais partes do manuscrito.

Também gostaria de agradecer minha esposa, Sherrill, e minha filha, Danielle, por sua ajuda criativa e vital em partes deste livro.

Finalmente, gostaria de honrar o espírito de meu pai, Berthold Bergmann, um médico dedicado cujo espanto ao longo da vida com as maravilhas da fisiologia e da neurobiologia inspiram todos os aspectos da minha curiosidade profissional e cada página deste livro.

Capítulo 1

Introdução

A mente humana é difícil de investigar, mas os fundamentos biológicos da mente, especialmente a consciência, são geralmente considerados os mais difíceis. António Damásio (1999) argumentou que se elucidar a natureza da mente é a última fronteira das ciências da vida, então a consciência muitas vezes parece ser o último mistério na iluminação da mente. Ele observa,

> A questão da mente, em geral, e da consciência em particular, permite que os seres humanos exercitem ao máximo o desejo de compreensão e o apetite por assombro por sua própria natureza que Aristóteles reconheceu como tão distintamente humano. O que poderia ser mais difícil de saber que saber como sabemos? O que poderia ser mais atordoante que perceber que é o fato de termos consciência que faz com que seja possível e até inevitáveis nossas perguntas sobre a consciência? (p. 4)

Ecoando este sentimento Alan Hobson (2009) opina que "a consciência, estamos aliviados em admitir, é definitivamente um objeto de investigação bona fide[1]. Tomemos o primeiro passo óbvio e a ensinemos a estudar a si mesma" (p. xi).

Para Rodolfo Llinas (2001), consciência é uma função da conscientização de processos internos (mindness), levando-o a perguntar,

> Por que a conscientização de processos internos (mindness) é tão misteriosa pra nós? Por que sempre foi assim? Os processos que geram tais estados como o pensamento, a consciência e o sonho são estranhos para nós, eu imagino, porque eles sempre parecem ser gerados sem relação aparente com o mundo externo. Eles nos parecem impalpavelmente internos. (p. 4)

---

[1] Nota da Tradutora: 'boa-fé'. Na filosofia, bona fide denota intenção sincera, honesta, ou crença, independente do resultado de uma ação.

Da mesma forma, Alan Hobson (2009) observa,

O cérebro ainda tende a manter a maior parte de suas atividades fora da consciência, mas o que ele exclui ou reconhece, é governado mais por regras de ativação, neuromodulação e regulação entre estímulo e emissão, do que pela predominância de repressão. O inconsciente é agora visto como um sistema útil de pesquisa para o cérebro consciente do que uma fonte borbulhante de demônios visando a ruptura da consciência. A própria consciência é, portanto, uma ferramenta para a investigação de si mesma, bem como para o estudo da parte do inconsciente que é dinamicamente reprimido. (p. xi)

Sigmund Freud articulou suas ideias por meio dos conceitos organizadores do "self" e o "objeto". Para Freud, as pessoas interagindo com o *self* eram os *objetos* dos desejos e impulsos do self. Ironicamente, os neurocientistas atuais tendem a ver a consciência, de seus níveis mais básicos ao máximo de sua complexidade, como a função neural integrada que reúne o objeto e o self.

De acordo com isso, Damásio (1999) opina,

Em seu nível elementar e mais básico, a consciência nos permite reconhecer uma vontade irresistível de nos mantermos vivos e experimentar uma preocupação com o self. Em seu nível mais profundo e elaborado, a consciência nos ajuda a desenvolver uma preocupação para com os outros e melhorar a arte da vida. (p. 5)

A evolução, ao longo desses milhões de anos, deu origem a nosso cérebro complexo e, de alguma forma, por meio das interações entre seus 100 bilhões de neurônios, conectados por trilhões de sinapses, nossa experiência consciente do mundo e de nós mesmos emerge.

Goste ou não, a consciência é a função biológica fundamental que nos permite conhecer a tristeza e alegria, sofrimento e prazer, vergonha e orgulho, e pesar e reencontro. "Não culpe Eva pelo conhecimento; culpe a consciência, e a agradeça também" (p. 4).

Consciência e Terapia EMDR

Consciência e terapia EMDR têm sido intimamente relacionados, embora sob um nome diferente. Considerando que o campo da neurobiologia tem utilizado o termo consciência para designar os processos de sensação, percepção, aprendizagem, cognição, emoção, integração somatossensorial e memória; a disciplina da psicologia optou por usar o termo *processamento de informação*. Por conseguinte, eles serão utilizados de forma alternada. Se temos tendência a favorecer o termo *consciência* neste livro, é apenas porque ele parece mais humano.

Ao longo dos últimos 20 anos, EMDR tem evoluído no sentido de se tornar uma abordagem terapêutica orientada pelo modelo de processamento de informação adaptativa (Shapiro, 2001). Em 1990, a mudança de nome de *dessensibilização através dos movimentos oculares* para *dessensibilização e reprocessamento através dos movimentos oculares*, marcou o início de uma mudança de orientação da formulação comportamental inicial de uma simples dessensibilização da ansiedade para um paradigma mais integrado de processamento de informação. Esta evolução introduziu o modelo de processamento acelerado de informação, que ilustrou uma compreensão clinicamente fundamentada dos princípios subjacentes que regem a percepção e a integração de novas informações no âmbito de quadros cognitivos, de memória e emocionais (Shapiro, 1995). Em 2001, esta evolução contínua nos trouxe o modelo de processamento de informação adaptativa acima mencionado. Em relação a estes modelos, Francine Shapiro (2001) argumentou que "a utilidade destes reside na sua capacidade não só para explicar, mas para prever resultados clínicos" (p. 14).

Como veremos, à medida que este livro se desenvolve, consciência e EMDR estão inextricavelmente interligados, e nos oferecem um paradigma de processamento de informação que fornece uma abordagem integrada que pode incorporar e interpretar aspectos-chave de diversas modalidades como a Psicodinâmica, Comportamental, Cognitiva, Gestalt, Estados de Ego e as Terapias

Corporais. Se a neurobiologia da consciência permite a compreensão da inter-relação neural entre o self e o objeto, a terapia EMDR nos deu ao mesmo tempo ferramentas e mistérios para solucionar no processo de reparação do self e em sua relação com seus objetos.

O Progresso da Ciência

Refletindo sobre o exposto, torna-se evidente que a compreensão da mente humana do ponto de vista biológico tem emergido como um dos mais importantes desafios para a ciência no século 21. Nosso objetivo neste esforço tem sido compreender as bases biológicas da sensação, da percepção, da cognição, aprendizagem, memória, emoção e integração sensorial.

O progresso que os pesquisadores têm feito no campo da neurociência, impensáveis até há poucas décadas, tornou possível a nossa compreensão atual. A descoberta da estrutura do DNA em 1953 revolucionou a biologia, dando-lhe uma estrutura básica para compreender os mecanismos subjacentes à capacidade do gene de controlar o funcionamento das células. Esta importante descoberta levou a uma compreensão básica sobre regulação gênica e a função das células relacionadas ao gene, impulsionando a compreensão da ciência da biologia a um nível que rivaliza com a da física e da química.

Imbuída desse conhecimento, a biologia virou seu foco para seu objetivo mais nobre, a compreensão da natureza biológica da mente humana. Este empenho, uma vez considerado pré-científico e impossível, tem alcançado grande impulso e crescimento. Ironicamente, estes novos entendimentos não vieram das disciplinas tradicionalmente envolvidas com a mente, da filosofia ou da psicologia. Em vez disso, eles evoluíram a partir da fusão destas disciplinas com a biologia do cérebro, uma nova síntese possível graças aos notáveis progressos na biologia molecular. O resultado foi uma nova ciência da mente, ciência que tem aproveitado o poder da biologia molecular para analisar os remanescentes grandes mistérios da vida.

Mente e Cérebro
Esta nova ciência está fundamentada em cinco princípios.

Primeiro, mente e cérebro são inseparáveis. O cérebro é um órgão biológico multifacetado de vastas habilidades computacionais que constrói nossas experiências sensoriais, regula nossos pensamentos e emoções, e medeia as nossas ações. Nosso cérebro é responsável não só por comportamentos motores, como correr e comer, mas também pelos atos complexos e multifacetados considerados essencialmente humanos, tais como pensar, falar e criar obras de arte.

Segundo, cada função mental no cérebro, desde os reflexos mais simples até os atos mais criativos na linguagem, música e arte, é realizada por circuitos neurais especializados em diferentes regiões por todo o cérebro. Tem sido observado por muitos na comunidade da neurociência que é preferível utilizar o termo *biologia da mente* (biology of mind) para se referir ao conjunto de operações mentais realizadas por estes circuitos neurais especializados em vez de *biology of the mind*[2], que pode imprecisamente passar a ideia de que existe um lugar único ou singular, um único local no cérebro que efetua operações mentais.

Terceiro, todos estes circuitos são compostos das mesmas unidades de sinalização fundamentais, o neurônio. Quarto, estes circuitos neurais utilizam moléculas específicas para gerar sinais no interior e entre as células nervosas. Por último, as moléculas específicas de sinalização foram preservadas e mantidas através de milhões de anos de evolução. Algumas delas estavam presentes nas células de nossos ancestrais mais antigos e podem ser encontradas hoje em nossos parentes evolutivos mais distantes e primitivos.

Consequentemente, ganhamos com este novo conhecimento sobre a ciência da mente não apenas compreensão sobre nós mesmos - como percebemos, aprendemos, lembramos, sentimos e agimos - mas também uma nova visão de nós mesmos dentro do contexto da evolução biológica. Portanto, nos permite compreender que a mente humana evoluiu a partir de moléculas usadas por nossos ancestrais mais primitivos e que a extraordinária conservação dos mecanismos moleculares que regulam vários processos da vida também se aplica à nossa vida mental.

Em uma linha semelhante, a busca pelos mecanismos de ação

---

[2] Nota da Tradutora: No inglês, 'biology of mind' seria mais generalizado, algo como 'biologia de mente', e 'biology of the mind', um termo mais específico. A tradução para o português dos dois termos, no entanto, é a mesma: biologia da mente

do EMDR começou no início da década de 1990, inicialmente lenta e timidamente. Quando entramos no novo milênio, o ritmo acelerou. Modelos especulativos teoricamente impulsionados, fundamentados em resultados empíricos a partir de bases de pesquisas neurobiológicas relacionadas, tornaram-se mais detalhados e predominantes. Paralelamente, estudos neurobiológicos tornaram-se cada vez mais difundidos, utilizando verificações psicofisiológicas e de neuroimagem da terapia EMDR.

Na última década, tornou-se cada vez mais evidente que as pessoas sem uma formação na área das ciências estão tão entusiastas para aprender sobre este novo conhecimento com respeito à ciência da mente e da consciência, quanto os cientistas estão entusiasmados em explicá-la.

Crescimento Científico da Terapia EMDR

Um fenômeno semelhante pode ser visto no mundo EMDR. No início, poucos estavam interessados na neurobiologia da terapia EMDR. Uma conferência especulando sobre mecanismos neurais do EMDR atrairia 30 pessoas, em um bom dia. Como em outros aspectos da neurociência, este interesse explodiu. Centenas já estão participando de workshops de EMDR, atualmente realizados no mundo todo, exclusivamente centrados sobre o tema da neurobiologia do EMDR. Assim, estas ocorrências nos mostram evidências de que não-cientistas estão dispostos a fazer um esforço para compreender as questões fundamentais da ciência do cérebro, se os cientistas estiverem dispostos a fazer um esforço para explicá-las.

Esboço do Livro

Portanto, este livro está escrito tanto do ponto de vista técnico, quanto como uma introdução para os fundamentos neurais da consciência e da terapia EMDR. Estas bases de conhecimento emergiram de teorias e observações e evoluíram para a ciência experimental de hoje. Pesquisas pertinentes em neurociência relativas à nossa compreensão da consciência, processamento de informação e transtornos traumáticos da consciência serão revistos e analisados.

O leitor será primeiro apresentado à pesquisa básica em neurociências relevantes ao processamento de informação de vigília, que inclui sensação, percepção, integração somatossensorial, cognição, memória, emoção, linguagem e motricidade (função motora). Além disso, o processamento de informação de repouso será examinado com relação ao sono de ondas lentas e processamento cognitivo de memória, bem como o sono REM/sonho e sua função no processamento de memória emocional e semântica.

A segunda seção irá analisar a pesquisa em neurociência relevante para transtornos da consciência, que inclui (brevemente) anestesia, coma e outros distúrbios neurológicos. Grande ênfase será dada aos transtornos do tipo I: transtorno de estresse pós-traumático (TEPT), transtornos dissociativos/TEPT complexo e transtornos de personalidade.

O leitor, na terceira seção, será apresentado a pesquisas em neurociências relevantes para trauma crônico e função autoimune. Em particular, uma série de doenças médicas, conhecidas coletivamente como sintomas sem explicação médica, serão examinados, que incluem fibromialgia, síndrome da fadiga crônica, distrofia simpático-reflexa, lúpus eritematoso sistêmico e artrite reumatoide. Esses distúrbios serão examinados a partir da perspectiva de hiperatividade autoimune resultante do incomum perfil neuroendocrinológico de pessoas com TEPT.

A quarta e última seção irá examinar o material acima mencionado no que diz respeito ao modelo de processamento adaptativo de informação. Implicações de tratamento frente aos vários tipos de TEPT e as apresentações dos sintomas sem explicação médica serão explorados em detalhe.

Para o leitor que é fluente neste material, tornar-se-á imediatamente evidente que meu pensamento foi grandemente influenciado pelas obras de António Damásio, Rodolfo Llinas, Jaak Panksepp e Allan Schore. Seus escritos empíricos e descritivos me permitiram extrair forma do caos empírico que se abateu sobre o estudo da consciência e do processamento de informação.

Capítulo 2

O que é Consciência?

O Mistério da Consciência

Como, então, a atividade interna do cérebro realmente representa o mundo externo? Como nos permite interagir com o mundo externo e internamente com a nosso próprio mundo? Como consegue diferenciar realidade externa de realidade interna? Se a consciência é intrínseca à função cerebral, então existe algum tipo de lugar dentro do cérebro que podemos isolar como sendo a sede da consciência, ou temos que olhar mais no sentido de uma rede neural distribuída ao longo de uma escala maior, em todo o encéfalo?

Uma forma alternativa de explorar esses mistérios é perguntar como o cérebro faz a mediação do processamento de informação, levando-nos ao estudo de neurônios individuais e sua relação com os sistemas neurais. Neurônios individuais funcionam juntos em grupos especializados, ou sistemas, cada um com uma função específica. Neurociência de sistemas é o estudo desses sistemas neurais, que incluem aqueles envolvidos na visão, memória, linguagem, emoção e função motora. Assim, esses sistemas possuem propriedades em comum, particularmente no sentido de que eles todos processam informações de alta ordem relativos ao nosso ambiente e necessidades biológicas. Consequentemente, o estudo da neurociência de sistemas dá ênfase primordial à identificação das estruturas neurais e eventos relacionados com os passos hierárquicos de processamento de informação. Consequentemente, agora podemos refinar ainda mais as nossas questões e perguntar o seguinte: Como a informação é codificada (sensação)? Como ela é interpretada de forma a conferir significado (percepção)? Como é modificada ou armazenada (aprendizagem e memória)? Como é usada para prever o futuro estado do ambiente e as consequências da ação (tomada de decisão/emoção)? Como é usada para guiar o comportamento (controle motor) e para comunicar (linguagem)?

O século 20 testemunhou um incrível progresso na compreensão desses processos. Este crescimento ascendente da moderna neurociência de sistemas é resultante, em parte, à convergência de três subdisciplinas principais, cada uma das quais contribuiu com grandes avanços técnicos ou conceituais para a compreensão do processamento de informação.

Neuropsicologia: Localização da Fonte Biológica da Função Mental

Uma primeira questão que se pode perguntar sobre um dispositivo de processamento de informação diz respeito à sua estrutura bruta e à relação entre os elementos estruturais e suas funções. A mais antiga abordagem a esta questão e a abordagem que melhor resistiu ao teste do tempo tem sido a observação das consequências comportamentais ou psicológicas de lesões localizadas do tecido cerebral. A moderna disciplina da neuropsicologia foi fundada sobre esta abordagem, extraída a partir de estudos de casos clínicos de lesões cerebrais sofridas em batalha e de estudos experimentais sobre os efeitos da destruição seletiva de tecido cerebral em animais. Consequentemente, as funções de regiões específicas do cérebro, tais como as envolvidas na sensação, percepção, memória e linguagem, foram deduzidas.

Neuroanatomia: Padrões de Conectividade em Estágios de Processamento de Informação

A Doutrina Neuronal

A ciência neural moderna, como a conhecemos hoje, começou quando Santiago Ramon y Cajal (1899) forneceu a evidência crítica para a "doutrina neuronal", a ideia de que os neurônios serviam como as unidades de sinalização funcionais do sistema nervoso e que os neurônios se conectam uns aos outros de formas precisas (Albright, Jessel, Kandel, & Posner, 2001). A doutrina neuronal de Ramon y Cajal (que será considerada de forma mais ampla em um momento posterior) representou uma grande mudança de ênfase para uma visão celular do cérebro. Utilizando as técnicas de coloração histológica celular desenvolvidas por ele e Camillo Golgi (que ganhou o Prêmio Nobel de Fisiologia e Medicina em 1906), Ramon y Cajal observou que os neurônios eram células distintas, delimitadas por suas membranas, e inferiu que células nervosas se comunicam umas com as outras apenas em pontos especializados de oposição, pontos de contato que Charles Sherrington (1906) nomeou mais tarde como sinapses. Ramon y Cajal mostrou uma incrível capacidade de inferir, a partir de imagens estáticas celulares, notáveis compreensões funcionais sobre as propriedades dinâmicas dos neurônios.

Polarização Dinâmica

Uma das ideias mais notáveis de Ramon y Cajal era o princípio da polarização dinâmica. De acordo com este princípio, a sinalização elétrica dentro dos neurônios é unidirecional. Consequentemente, os sinais se propagam a partir do polo receptor do neurônio, através dos dendritos e do corpo celular para o axônio, e em seguida, ao longo do axônio para o polo de saída do neurônio, o axônio terminal pré-sináptico. O princípio da polarização dinâmica provou ser extremamente influente na medida em que proporcionou a primeira visão funcionalmente coerente dos vários compartimentos de neurônios. Além disso, ao identificar a direcionalidade do fluxo de informação no sistema nervoso, a polarização dinâmica proporcionou uma lógica e um conjunto de regras para mapear os componentes individuais de caminhos no cérebro que constituem um circuito neural coerente. Assim, em contraste com a visão caótica de Golgi do sistema nervoso, que concebeu o cérebro como uma rede nervosa difusa, na qual todos os tipos imagináveis de interação pareciam possíveis, a brilhante análise experimental e as observações de Ramon y Cajal anunciaram a compreensão moderna atual da função neural e da função mais importante do cérebro, o processamento de informação (Albright et al., 2001).

Estrutura Neural

A disciplina da Neuroanatomia, que floresceu na virada do século na sequência da adoção da doutrina do neurônio e que se beneficiou de muitos avanços técnicos subsequentes, revelou muito sobre a estrutura fina dos componentes do cérebro e sobre a forma que eles estão conectados uns aos outros. Tal como foi referido, uma das primeiras e mais influentes evoluções técnicas foi a descoberta de Golgi e Ramon y Cajal de métodos para a coloração seletiva de neurônios individuais, o que permitiu sua visualização por microscopia de luz. Como resultado, tornou-se possível identificar diferenças na morfologia (forma e estrutura) de células em diferentes regiões do cérebro como indicadores de diversidade funcional. Este procedimento, conhecido como citoarquitetura, foi promovida ativamente nas primeiras décadas do século 20 pelos anatomistas Korbinian Brodmann e Oscar e Cecile Vogt. O mapa citoarquitetônico de Brodmann do córtex cerebral humano, que foi publicado em 1909 e traçou as posições de cerca de 50 zonas corticais distintas, tem servido como um guia para gerações de cientistas e clínicos e como um catalisador para inúmeros estudos de organização funcional cortical (Albright et al., 2001).

Conectividade Neural

Indiscutivelmente, o resultado mais significativo da capacidade de rotular neurônios foi a capacidade de rastrear as ligações entre as diversas regiões do cérebro. Consequentemente, as técnicas de rotulagem celular sofreram grande refinamento ao longo das últimas três décadas. Pequenas quantidades de substâncias fluorescentes ou radioativas, por exemplo, podem agora ser injetadas com precisão em uma região do cérebro e subsequentemente detectadas em outras regiões, fornecendo evidências de conectividade. Os produtos do registro traçado do trato anatômico são neurocircuitos (mapas neurais) dos principais sistemas do cérebro, que estão em constante evolução em sua exatidão e integridade e que têm sido fundamentais para a investigação do fluxo de informações em todo o cérebro e para a compreensão da hierarquia das etapas do processamento de informação.

Neurofisiologia: Revelando Representações Celulares do Mundo

A aceitação da doutrina neuronal e o reconhecimento da natureza elétrica do tecido nervoso marcou o início de uma compreensão da informação representada pelos neurônios como um resultado de suas propriedades elétricas intrínsecas (internas básicas).

Registros Elétricos

Os métodos de amplificação e registro de pequenos potenciais elétricos foram desenvolvidos em 1920 por Edgar Adrian. Esta inovadora tecnologia de eletroencefalografia permitiu que neurobiólogos relacionassem um sinal neuronal diretamente a um evento específico, tal como a representação de um estímulo sensorial, e tornou-se a pedra angular da neurociência de sistemas. Na década de 1930, os métodos eletrofisiológicos foram devidamente refinados para permitir que os registros sejam feitos a partir de neurônios individuais. Processamento sensorial e controle motor tornaram-se alvos naturais para estudo. Albright et al. (2001) observaram que os grandes sucessos da eletrofisiologia de um único neurônio são mais evidentes a partir do trabalho de Vernon Mountcastle no sistema somatossensorial e David Hubel e Torsten Wiesel no córtex visual, cujas investigações, com início no final de 1950, moldaram a nossa compreensão da relação entre os eventos neuronais e sensoriais.

Neuroimagem

Nos anos 1970, a psicologia cognitiva, a ciência da mente, se fundiu com a neurociência, a ciência do cérebro. O resultado foi a neurociência cognitiva, a disciplina que introduziu métodos biológicos de explorar processos mentais para a psicologia cognitiva moderna. Na década de 1980, a neurociência cognitiva foi aprimorada e energizada pelo advento da neuroimagem funcional. Esta tecnologia permitiu que os cientistas do cérebro olhassem dentro do cérebro humano, observando a atividade de várias regiões neurais enquanto os sujeitos envolviam-se em funções mentais superiores, tais como percepção, pensamento, memória e função motora. A década de 1980 também introduziu a utilização de magnetoencefalografia (MEG), facilitando a análise de redes neurais e da ativação do sistema, ao longo de todo o cérebro, simultaneamente, em tempo real.

Em conjunto, estas três áreas da neurociência compõem um arsenal experimental revolucionário, que já revelou, empiricamente ou em estrutura hierárquica, mecanismos operativos e funções de vastos sistemas neurais, tais como aqueles envolvidos na mediação da visão, memória, motricidade (função motora), cognição, emoção, integração somatossensorial e linguagem.

Consciência e Evolução

Eric Kandel (2006) argumentou que toda revolução tem suas origens no passado e que a revolução que culminou na nova ciência da mente não é exceção. Embora o papel central da biologia no estudo dos processos mentais ou psicológicos fosse novo, a profunda habilidade da biologia de influenciar a forma como vemos a nós mesmos, não era. Em meados do século 19, Charles Darwin argumentou que não fomos singularmente criados, mas sim evoluímos gradualmente a partir de ancestrais dos animais inferiores. Ele propôs a ideia ainda mais ousada de que a força motriz da evolução não era um propósito divino, inteligente, ou consciente, mas um processo "cego" de seleção natural, um processo de classificação completamente mecanicista de triagem de tentativa e erro aleatórios (um remendo) com base em variações hereditárias.

As ideias de Darwin desafiaram o ensino da maioria das religiões. Porque o propósito original da biologia tinha sido explicar o projeto divino da natureza, suas ideias desfiavam o vínculo histórico entre religião e biologia. Eric Kandel (2006) observa que, consequentemente, para alguns, a neurobiologia da mente é potencialmente mais perturbadora, pois sugere que não só o corpo, mas também a mente e as moléculas específicas que constituem nossos maiores processos mentais, da consciência de si e dos outros e do passado e do futuro, evoluíram a partir de nossos ancestrais animais. No entanto, como veremos mais adiante neste livro, esta perspectiva evolutiva facilitou profundamente a nossa compreensão, nos guiando para o estudo do sistema nervoso dos animais inferiores, como o molusco Aplysia. Por meio do estudo da aprendizagem, tal como habituação, sensibilização e condicionamento neste animal, os padrões neurais da aprendizagem e memória foram claramente e consistentemente codificados pela primeira vez. Com o tempo e o aumento de sofisticações tecnológicas, padrões neurais semelhantes foram descobertos no funcionamento humano, confirmando ambas as ideias de Darwin da conexão evolucionária e as teorias de Ramon y Cajal da plasticidade sináptica.

Características da Consciência

Nos últimos 20 anos, a consciência também tem sido descrita e investigada com relação a três características: unidade, subjetividade e previsão.

Unidade de Consciência

A natureza unitária da consciência refere-se ao fato de que nossas experiências vêm a nós como um conjunto unificado. Todas as diferentes modalidades sensoriais (ou seja, cor, forma, profundidade, som, gosto e cheiro) são integradas e fundidas em uma experiência consciente única e coerente.

Subjetividade

O precedente fala sobre a informação que nos chega do mundo exterior. O mesmo, no entanto, também é verdade em relação a nossas experiências proprioceptivas internas, onde as modalidades tais como associações, memórias e emoções também são integradas e fundidas com as nossas experiências sensoriais para produzir uma experiência subjetiva coerente. Consideraremos esta questão de forma mais ampla e com mais detalhes posteriormente.

Previsão

Em relação à previsão, tem sido observado por Llinas (2001) que a consciência, ou o estado de mindness (conscientização de processos internos), que pode ou não representar a realidade externa (estados subjetivos, imaginação ou sonho), tem

> evoluído como o dispositivo orientado para metas que efetua interações previsíveis/intencionais entre um organismo vivo e seu ambiente. Tais transações, para serem bem sucedidas, requerem um instrumento herdado, pré-conectado, que gera uma imagem subjetiva interna do mundo externo, que pode ser comparada com informações sensoriais objetivas transduzidas do ambiente externo. (p. 3)

Tendo em conta que esta comparação funcional de imagens sensoriomotoras geradas internamente, com informação sensorial em tempo real do ambiente imediato do organismo, é definida como percepção, então a função dos funcionamentos subjacentes da percepção é mediar previsão, isto é, "a expectativa útil de eventos ainda por vir" (p. 3). De uma perspectiva evolucionária/de sobrevivência, que é a força motriz que todas as espécies têm em comum, a previsão, com a sua natureza capaz de se orientar em direção a uma meta, está no cerne da função cerebral e da consciência. Obviamente, a capacidade de prever é fundamental no reino animal; a vida de uma criatura depende dela. Ainda assim, o mecanismo de previsão é muito mais onipresente no controle cerebral das funções corporais.

A Previsão em Ação

Considere o simples ato de pegar uma caixa de leite na geladeira. Sem muito pensar em nossas ações, temos de prever o peso da caixa, o quão escorregadia ela é, o quanto está cheia, e, finalmente, o equilíbrio compensatório que devemos aplicar para uma trajetória suave bem-sucedida do conteúdo da caixa para o nosso copo.

A capacidade previsiva do cérebro também pode ser gerada na ausência de percepção consciente. Como um exemplo, você já se encontrou piscando pouco antes de um inseto pousar no seu olho? Você não percebeu o inseto, pelo menos em um nível consciente, mas você, de alguma forma, previu o evento e piscou de forma adequada para evitar a sua entrada em seu olho. Previsão é o cerne desse mecanismo de proteção (Llinas, 2001).

A previsão, continuamente operando em níveis conscientes, inconscientes e reflexos, permeia a maioria, se não todos os níveis de funcionamento do cérebro. Como veremos mais tarde, a fim de que o sistema nervoso possa prever, ele deve executar uma rápida comparação entre as propriedades/entradas sensoriais do mundo exterior com uma representação de mundo interna/subjetiva isolada. Nos seres humanos (e em alguns animais), esta representação interna é guiada por experiências sensoriomotoras, associações, memórias e emoções. Este equilíbrio precário entre objetividade externa e subjetividade interna e as previsões que isso gera sobre nós mesmos, o nosso ambiente, e aqueles que nos rodeiam é o cerne de nosso conhecimento, criatividade, alegrias e tristezas, e da qualidade de nossos relacionamentos.

Previsão e Terapia EMDR

Como veremos mais adiante neste livro, previsão e processamento de informação também ocupam um lugar crucial no tratamento EMDR, dada a centralidade das crenças negativas e positivas, ambas as quais articulam as previsões relativas ao ambiente, aos outros/objetos, e a si mesmo. Assim, uma crença negativa distorcida é claramente sintomática de processamento de informação previsivo não adaptativo.

Em todas essas trocas entre consciência e processamento de informação, sistemas neurais oscilantes, que correspondem às várias modalidades sensoriais externas e proprioceptivas internas, são sincronizados no que diz respeito às suas oscilações para produzir experiências conscientes coerentes (unificadas). Voltaremos de forma detalhada a esta questão, conhecida como integração temporal, em todo o livro, ao examinarmos a consciência, transtornos da consciência e EMDR.

Capítulo 3

Comunicação Celular

O Ambiente Neural

Nosso cérebro tem a consistência de geleia firme e é, portanto, protegidamente envolto por um crânio ósseo espesso. O cérebro literalmente flutua em cerca de 150 ml de líquido cefalorraquidiano (LCR) secretado pelo plexo coroide. Aproximadamente 500 ml de LCR é secretado diariamente, que lentamente circula através do cérebro e sai para as veias cerebrais através das vilosidades aracnoides. O cérebro não tem sistema de lubrificação linfático, por isso o LCR serve como um substituto parcial (Kandel, 1991a). Tal é o ambiente da célula neuronal.

Origem dos Neurônios

Neurônios, as células nervosas que formam o cérebro, são dispositivos de sinalização de uma espécie bastante notável, constituindo uma especialização evolutiva significativa da célula eucariótica (animal elementar básico), o que permitiu a evolução da "computação" natural por conjuntos celulares (Kandel, 1991a; Llinas, 2001). Em outras palavras, a fim de que a evolução criasse o cérebro, a transformação de células eucarióticas básicas em células neuronais foi necessária. Consequentemente, as capacidades de sinalização dos neurônios está na base de todos os aspectos de nossa vida mental, da percepção sensorial ao controle de movimento, incluindo a geração de pensamento, memória e a experiência e expressão de emoção. Compreender as propriedades de sinalização dos neurônios, portanto, é essencial para a compreensão da base biológica de qualquer aspecto de processamento da informação.

Como já foi observado acima, nossos conhecimentos iniciais em como a sinalização ocorre no cérebro vêm do final do século 19 e, especialmente, das contribuições extraordinárias de Santiago Ramon y Cajal (1899). Foi Ramon y Cajal que observou pela primeira vez que as células nervosas em todos os animais têm características anatômicas surpreendentemente semelhantes. Como resultado desta descoberta, agora sabemos que as diferentes capacidades de aprendizagem de diferentes animais estão relacionados não tanto com o tipo de células nervosas que um animal tem em seu cérebro, mas sim com o número de células nervosas e com a maneira que elas estão interligadas.

Com poucas exceções, quanto maior o número de células nervosas, e quanto mais complexo seu padrão de interconexão, maior será a capacidade de um animal para diversos e complexos tipos de aprendizagem. Por exemplo, os caracóis têm aproximadamente 20.000 neurônios em seus cérebros. As moscas de fruta têm cerca de 300.000 células nervosas. Ratos podem ter até 10 bilhões de neurônios e os seres humanos um excesso de 100 bilhões de células neurais. Nos seres humanos, cada neurônio no cérebro, por sua vez, pode fazer aproximadamente 1.000 conexões, em determinado momento, com outros neurônios em junções de integração especializadas chamadas sinapses (Squire e Kandel, 1999).

Enquanto refletimos sobre o vasto número de neurônios, é importante notar que as células gliais superam os neurônios em nosso sistema nervoso central, em uma proporção de 50:1. Glia (ou células gliais) são as células que fornecem suporte aos neurônios. Da mesma forma que a fundação, estrutura, paredes e telhado de uma casa fornecem a estrutura por onde passam várias linhas elétricas, cabo e linhas telefônicas, juntamente com vários tubos para água e resíduos, as células gliais não somente fornecem o quadro estrutural que permite que redes de neurônios permaneçam ligadas, mas também participam de várias funções de manutenção do cérebro (tais como a nutrição neuronal, a formação de mielina e a remoção dos detritos após a morte neuronal).

Estrutura Neuronal

Estruturalmente, cada neurônio tem quatro componentes: um corpo celular, um número de dendritos, um axônio, e um grupo de terminações do axônio chamados terminais pré-sinápticos (veja a Figura 3.1).

O corpo celular é a grande porção esférica central do neurônio, contendo o núcleo, no qual, por sua vez, abriga o DNA que codifica os genes do neurônio. Ao redor do núcleo está o citoplasma, uma substância líquida, semelhante à seiva, que contém uma variedade de maquinaria molecular (estruturas) necessárias para a função da célula. O corpo da célula dá origem a dois tipos de longos fios finos, ou extensões, genericamente conhecidos como processos de células nervosas e especificamente conhecidos como os dendritos e o axônio. Os dendritos tipicamente consistem de sistemas elaboradamente ramificados (extensões) que se estendem do corpo celular, muitas vezes na forma de galhos de árvores, e formam os componentes de entrada ou área receptiva para sinais recebidos de outros neurônios. O axônio, o componente de saída do neurônio, é um sistema tubular que se estende do corpo celular. Dependendo da função específica do neurônio, o axônio pode percorrer distâncias tão curtas quanto 0,1 mm e tão longas quanto de um metro ou mais. Perto de sua terminação, o axônio se divide em muitos ramos finos, cada um dos quais tem uma região terminal especializada chamada de terminal pré-sináptico. Os terminais pré-sinápticos comunicam-se com as superfícies receptivas especializadas (dendritos) de outras células. Através deste contato na sinapse, a célula nervosa transmite informação sobre a sua atividade para outros neurônios ou para órgãos tais como músculos e glândulas (Kandel, 1991; Squire & Kandel, 1999).

Com base na formulação de polarização dinâmica de Ramon y Cajal, sabemos agora que a informação neural flui em uma direção previsível e consistente dentro de cada célula nervosa. As informações são recebidas nos dendritos para o corpo celular, e então a partir destes locais de recepção, a informação é transmitida para o axônio, do axônio para os terminais pré-sinápticos, e adiante para o próximo neurônio.

Tensão Neuronal

Um neurônio é, em muitos aspectos, como uma bateria, e como uma bateria, gera tensão. Esta tensão é conhecida como o potencial de membrana. Os neurônios, tal como todas as células vivas, são rodeados por uma membrana plasmática que é impermeável aos íons de fora (átomos carregados negativamente e positivamente). Por conseguinte, esta propriedade permite que um neurônio mantenha diferentes concentrações de íons entre o interior e o exterior da célula. Em um neurônio típico de mamífero, existe uma grande diferença na concentração de íons [átomos carregados positivamente (sódio e potássio) e carregados negativamente (cloro)] entre os ambientes intracelular (dentro) e extracelular (fora). Além disso, o interior do neurônio tem uma elevada concentração de grandes proteínas negativamente carregadas. Voltaremos a este assunto em mais detalhes ao longo deste capítulo.

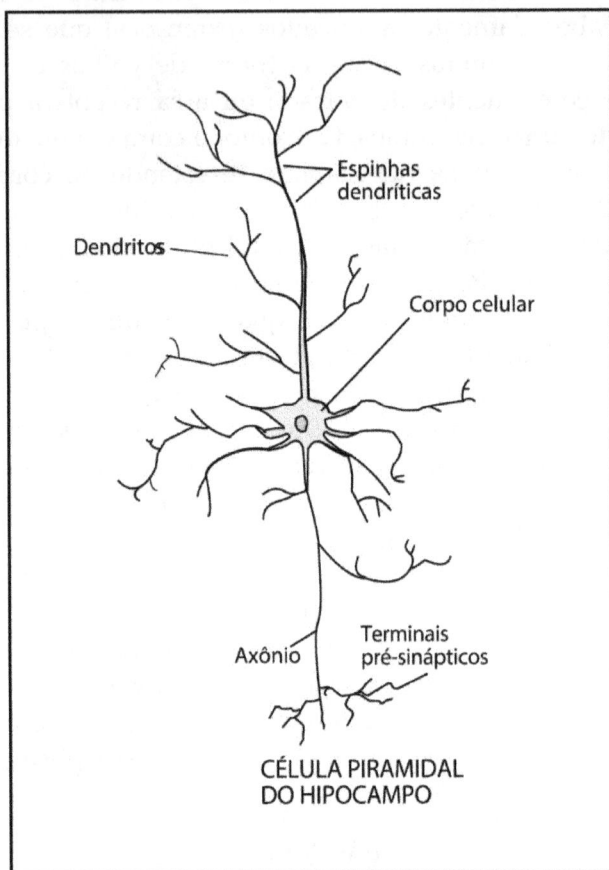

Figura 3.1 Independente de sua forma, todos os neurônios contêm dendritos, um corpo celular, axônios e terminais pré-sinápticos.

Membrana Plasmática

A membrana plasmática (o revestimento exterior do neurônio), composta de lipídios (um amplo grupo de moléculas que ocorrem naturalmente, que inclui gorduras, ceras e vitaminas lipossolúveis), impede a difusão de íons através da membrana. Portanto, a única maneira que os íons podem atravessar esta barreira (seja pra fora ou pra dentro do neurônio) é por meio de canais ou portões especializados. Estes canais são essencialmente poros transmembrânicos que permitem o movimento de íons específicos, enquanto exclui outros. Assim, estes canais podem estar em um estado aberto ou fechado. Quando um neurônio está em repouso, a maioria dos canais iônicos estão fechados. No entanto, os canais de potássio e de sódio podem às vezes estar ligeiramente abertos, permitindo um vazamento minúsculo de íons de potássio para fora da célula e íons de sódio para dentro da célula, ostensivamente, para afinar tensão.

Em um neurônio típico, a concentração interna de potássio carregado positivamente é maior do que a concentração externa, enquanto que a concentração interna de íons de sódio carregados positivamente é marcadamente menor do que a concentração externa. Além disso, como observado acima, o interior do neurônio tem uma elevada concentração de grandes proteínas carregadas negativamente. Por conseguinte, a separação de íons, no interior em relação ao exterior do neurônio, medeia e mantém diferenças de tensão (Kandel, Siegelbaum, e Schwartz, 1991). Voltaremos a isso, várias vezes, em detalhes.

Gradientes Elétricos e Químicos

Os opostos se atraem. Portanto, os íons carregados positivamente buscam um ambiente negativo, enquanto íons carregados negativamente buscam um ambiente positivo, cada um se movendo em direção à neutralidade elétrica. Esta é a parte elétrica do gradiente de movimento iônico (força do movimento).

Os íons também têm uma preferência por concentrações iguais. Portanto, se a concentração de íons de sódio, por exemplo, é maior em um dos lados da membrana, os íons de sódio irão, se dado acesso, atravessar a membrana numa tentativa de igualar a distribuição. Esta é a parte química do gradiente de movimento iônico (Koester, 1991; Llinas, 2001). Por conseguinte, a combinação entre o acionamento elétrico e as diferenças de concentração interna com relação ao exterior da célula, determinam o fluxo direcional iônico. Se os íons irão fluir depende de questões de permeabilidade, ou seja, se os canais iônicos estão abertos ou fechados.

Portais/Canais Iônicos

Se o canal iônico da membrana celular está aberto, ele representa um caminho para a passagem de íons específicos. Este canal, portanto, é considerado ser especificamente permeável para um determinado tipo de íon. Portanto, se o canal está fechado, ele se torna impermeável para aquele determinado íon. Consequentemente, o tamanho da corrente de membrana é determinado pela taxa de movimento de íons através dos seus respectivos canais. Esta taxa é mediada por três ocorrências: em primeiro lugar, os respectivos canais devem estar abertos; em segundo lugar, as espécies de íon apropriadas para o canal aberto devem estar presentes; e em terceiro lugar, deve haver uma força motriz agindo sobre tal íon (irá diminuir seus gradientes eletroquímicos).

Sinalização Neural

Os neurônios utilizam dois tipos de sinais: eles empregam um potencial de ação "tudo ou nada" para a sinalização dentro do neurônio para passar informações de uma região ou compartimento do neurônio para outro (como, por exemplo, a partir dos dendritos para o corpo celular e do corpo celular para o axônio e para os terminais pré-sinápticos). Além disso, eles utilizam um potencial sináptico "graduado" para passar informação de uma célula a outra por meio do processo de transmissão sináptica. Iremos revisar isso em detalhes abaixo.

Potencial de Repouso

Antes de explorar os potenciais de ação e sinápticos, é preciso considerar o potencial de repouso, que é o estado inicial sobre o qual todos os outros sinais celulares são expressos. A membrana plasmática externa do neurônio mantém, em repouso, uma diferença elétrica interna de cerca de 70 mini volts (mV), em relação à tensão no exterior da célula. Este é o potencial de repouso. É o resultado da distribuição desigual de sódio, potássio e outros íons através da membrana da célula nervosa, de modo que o interior da membrana celular é marcadamente carregado negativamente em relação ao exterior. Dado que a parte externa da membrana é arbitrariamente definida como 0 mV, podemos, portanto, afirmar que o potencial de repouso da membrana é de cerca de -70 mV. Ao descrever essa situação, poderíamos dizer que há uma diferença magnética entre as tensões interna e externa. Por conseguinte, quando no potencial de repouso, o neurônio é considerado como estando polarizado.

Mudanças na Polarização

Os potenciais de ação e potenciais sinápticos resultam de perturbações (distúrbios) da membrana celular, induzida por potenciais sinápticos recebidos de neurônios próximos que fazem com que o potencial de membrana aumente ou diminua. Por conseguinte, um aumento no potencial de membrana, por exemplo de -70 a -80 mV, é chamado de hiperpolarização, ao passo que uma diminuição no potencial de membrana, de -70 a +10 mV, é chamado de despolarização. Como veremos em detalhe abaixo, a despolarização aumenta a capacidade da célula de gerar um potencial de ação e é considerado excitatório. Por outro lado, a hiperpolarização torna menos provável que uma célula irá gerar um potencial de ação e é, portanto, considerado inibitório.

Potencial de Ação

O potencial de ação é um sinal elétrico resultante da despolarização do neurônio que percorre dos dendritos e do corpo celular do neurônio, ao longo de todo o comprimento do axônio, para os terminais pré-sinápticos, onde o neurônio faz contato com outra célula nervosa. Os potenciais de ação derivam seu nome do fato de que eles são sinais que se propagam ativamente ao longo do axônio (Squire e Kandel, 1999).

Despolarização

Quando um neurônio é estimulado pela neurotransmissão de outro neurônio, isto resulta em uma breve abertura dos canais de sódio e de uma ligeira infusão de íons de sódio carregados positivamente, fazendo com que o seu potencial de membrana se torne ligeiramente mais positivo (de -70 a -50 mV). Isto é referido como uma despolarização parcial e é preparatória para a despolarização completa. Isto é seguido por uma despolarização completa, na qual os canais de sódio abrem-se completamente, permitindo desse modo que íons de sódio carregados positivamente difundam-se rapidamente dentro da célula. Como resultado, a tensão no interior da membrana torna-se mais positiva do que no lado de fora (20 mV) brevemente, é considerada despolarizada, e facilita o disparo do potencial de ação.

Repolarização
Isto é seguido pelo fechamento dos canais de sódio. Os canais de potássio agora se abrem. Repelidos pela carga positiva dentro do neurônio (o gradiente elétrico), íons de potássio de carga positiva agora propagam-se através dos canais de potássio para o exterior. Este movimento para fora dos íons de potássio reduz a valência positiva da carga interna, facilitando o retorno à carga negativa de descanso, assim repolarizando o neurônio. Os canais de potássio agora fecham. Antes que o potencial de membrana se estabilize novamente, a cerca de -70 mV, há uma pequena subexecução no potencial de membrana (a aproximadamente -80 mV). Durante esse breve período refratário, o neurônio não pode disparar um outro potencial de ação. Isto é conhecido como o potencial refratário/de recuperação. Quando o potencial de membrana rapidamente retorna ao seu estado de repouso/potencial de recuperação (-70 mV), então está pronto para disparar um outro potencial de ação, quando necessário (Koester, 1991).

Sinapses e Transmissão Sináptica
Como já foi observado acima, foi Ramon y Cajal (1899) quem primeiro observou que os neurônios se comunicam uns com os outros em pontos de contato altamente especializados chamados sinapses. Como veremos, a maior parte das notáveis atividades de processamento de informação do cérebro surgem a partir das propriedades de sinalização das sinapses. Isto é mediado pelas ações de sinapses químicas, bem como elétricas (ou eletro tônicas) e pelas interações dos potencias de ação e dos potenciais sinápticos.

Tipos de Sinapses
No que diz respeito a essa discussão, as sinapses elétricas são utilizadas para sincronizar grande número de neurônios semelhantes (ou seja, do hipocampo, da amígdala, auditivos, ou visuais/de cor), criando sistemas sincronizados. Essencialmente, isso permite que um grande número de neurônios semelhantes "tornem-se como um só neurônio". Sinapses químicas, por outro lado, são geralmente utilizadas para comunicações entre sistemas (isto é, sistemas do hipocampo se comunicando com os sistemas da amígdala), bem como outras funções de comunicação não-sincrônicas (Squire e Kandel, 1999). Voltaremos a este assunto.

Tipos de Potenciais

No que diz respeito à diferença entre os potenciais de ação e potenciais sinápticos, enquanto o sinal no axônio (potencial de ação) é grande, imutável, e tudo ou nada, o sinal na sinapse (potencial sináptico) é graduado e modificável (Squire & Kandel 1999). Examinamos as duas diferenças em detalhes abaixo.

Estrutura Sináptica

Uma sinapse típica tem três componentes: um terminal pré-sináptico; uma célula-alvo pós-sináptica, e um pequeno espaço cheio de líquido entre estes dois processos, separando os dois neurônios. Este espaço, chamado fenda sináptica, é de aproximadamente 20 nm (2 x 10–8 m) de largura (Squire e Kandel, 1999). O terminal pré-sináptico de uma célula se comunica por meio da fenda sináptica com o corpo da célula ou com os dendritos da célula-alvo pós-sináptica.

Sinapses Químicas e Comunicação Celular

Embora os biólogos tenham compreendido várias dessas características distintivas da transmissão sináptica na década de 1930, grande parte do nosso conhecimento sobre neurotransmissão e comunicação neural vem do trabalho de Bernard Katz (1959a, 1959b, 1971) e seus colegas, que organizaram muitos dos belos detalhes e sequências. Como resultado, a inter-relação entre os potenciais de ação, transmissores e potenciais sinápticos foi, pela primeira vez, articulada de forma clara e empírica (ver Figura 3.2).

A partir do trabalho de Katz e seus colegas, agora sabemos claramente que a corrente produzida pelo potencial de ação na célula pré-sináptica não pode saltar diretamente através da fenda sináptica para ativar a célula-alvo pós-sináptica. Em vez disso, o sinal sofre uma transformação importante na sinapse. À medida que o potencial de ação atinge os terminais pré-sinápticos (no final do axônio), faz com que haja uma abertura de canais de íons para íons de cálcio de carga positiva. Isso faz com que haja uma difusão interior grande e rápida de íons de cálcio nos terminais pré-sinápticos. Esta infusão acentuada de íons de cálcio leva à liberação de um neurotransmissor químico.

Katz fez suas descobertas no início de 1950, justo no momento em que os pesquisadores começaram a usar o microscópio eletrônico para observar as células nervosas, permitindo a difusão de imagens de alta resolução de estruturas neurais subcelulares. Estas imagens, além de revelar claramente as estruturas comuns a todas as células, também revelaram estruturas únicas de células nervosas.

Neurotransmissão

Uma das descobertas mais importantes de Katz foi a de que os neurotransmissores são liberados não como moléculas individuais, mas como um ou mais pacotes de tamanho fixo, cada um contendo cerca de 5000 moléculas do neurotransmissor. Cada um destes pacotes está contido em vesículas, que ele chamou de *vesículas sinápticas*, e é liberado à moda "tudo ou nada". Katz chamou estes pacotes de quanta e entendeu que eles eram as unidades elementares da liberação de neurotransmissores.

Relação entre Neurotransmissores e Receptores

Portanto, os neurotransmissores se propagam em toda a fenda sináptica em direção à célula pós-sináptica, integrando-se às moléculas receptoras na superfície da célula pós-sináptica (área de canal iônico), fazendo com que os canais iônicos (poros especializados na superfície da membrana) se ampliem e abram. Aparentemente, a relação entre os neurotransmissores e os locais receptores de canais é como uma chave para uma fechadura, respectivamente. A abertura dos canais de íons faz com que haja uma difusão de íons carregados positivamente (geralmente sódio) para a célula pós-sináptica, que leva a um potencial sináptico excitatório despolarizante na célula pós-sináptica, que, se for grande o suficiente, gera um potencial de ação nessa célula (Kandel, 1991b).

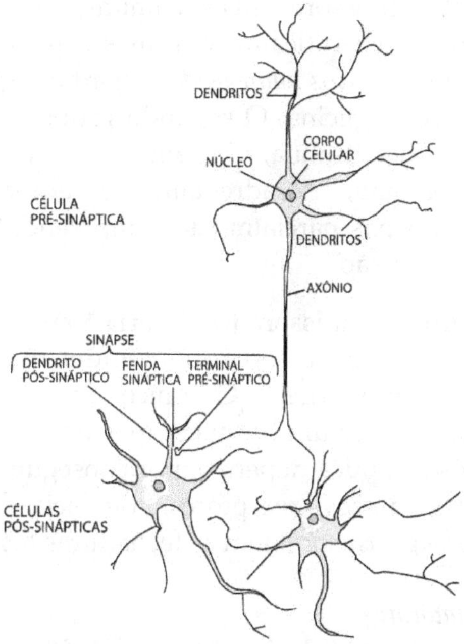

Figura 3.2 As longas ramificações de axônios na sua extremidade em numerosos terminais pré-sinápticos que formam sinapses com os dendritos de uma ou mais células pós-sinápticas. Os terminais pré-sinápticos de um único axônio pode fazer sinapse com até 1000 outros neurônios.

Recaptação de Transmissor

A neurotransmissão química termina com a remoção do neurotransmissor da fenda sináptica. Para a maioria dos neurotransmissores, isso ocorre por meio da utilização de transportadores na membrana pré-sináptica. Aparentemente, estes transportadores permitem que as moléculas de neurotransmissores entrem novamente na célula, um processo chamado de *recaptação*, que lhes permite ser reciclados para reutilização. Em outros casos, os neurotransmissores propagam-se para longe da fenda sináptica e acabam por ser degradados por substâncias tais como a monoaminoxidase. Esses mesmos processos são repetidos de neurônio para neurônio (Kandel, 1991b).

Classificação do Transmissor

Os neurotransmissores mais comuns, relacionados a esta discussão, podem ser classificados em duas classes abrangentes. O primeiro grupo consiste dos *aminoácidos* aspartato, glutamato, ácido gama-aminobutírico, e glicina. O segundo grupo é composto pelas *aminas biogênicas* acetilcolina, histamina e serotonina, e as *catecolaminas* dopamina, noradrenalina e adrenalina. Existem inúmeros outros, apenas parcialmente compreendidos e para além do âmbito desta discussão.

Função Neurotransmissora Excitatória Versus Inibitória
Alguns neurotransmissores são comumente descritos como "excitatórios" ou "inibitórios." O único efeito direto de um neurotransmissor é ativar um ou mais tipos de receptores. O efeito sobre a célula pós-sináptica depende, por conseguinte, inteiramente das propriedades desses receptores, ou seja, as chaves (os neurotransmissores) correspondem às fechaduras (os receptores).

Transmissão Excitatória
Acontece que, para alguns neurotransmissores (por exemplo, o glutamato), todos os mais importantes receptores têm efeitos excitatórios, ou seja, aumentam a probabilidade de que a célula-alvo irá disparar um potencial de ação ao mediar a despolarização da célula-alvo. Neurotransmissores excitatórios são, portanto, os "interruptores de ligar" do sistema nervoso; eles aumentam a probabilidade de que um sinal excitatório seja enviado. Transmissores excitatórios podem ser comparados ao acelerador de um carro, regulando muitas das funções mais básicas do corpo, incluindo os processos de pensamento, pensamentos superiores e atividade simpática (neuroexcitatória). Fisiologicamente, os transmissores excitatórios agem como estimulantes naturais do corpo, em geral servindo para promover o estado de vigília, energia e atividade.

Transmissão Inibitória
Para outros neurotransmissores (tais como o ácido gama aminobutírico), todos os mais importantes receptores têm efeitos inibitórios. Neurotransmissores inibitórios são os "interruptores de *desligar*" do sistema nervoso; eles diminuem a probabilidade de que um sinal excitatório seja enviado ao mediar a hiperpolarização da célula-alvo. Transmissores inibitórios regulam a atividade dos

neurotransmissores excitatórios, muito parecido com os freios em um carro. Fisiologicamente, os transmissores inibitórios atuam como tranquilizantes naturais do corpo, em geral servindo para induzir o sono, promover calma, e diminuir agressão.

Transmissão Combinada Excitatória e Inibitória

Existem, no entanto, outros neurotransmissores, tais como a acetilcolina, para os quais existem ambos os receptores excitatório e inibitório. Além disso, existem alguns tipos de receptores que ativam complexas vias metabólicas na célula pós-sináptica para produzir efeitos que não podem ser adequadamente chamados de excitatórios ou inibitórios (Squire e Kandel, 1999). Isto é particularmente verdadeiro no caso da norepinefrina (noradrenalina), a qual, dependendo de circuitos e receptores específicos, pode mediar a excitação e/ou agitação simpática, bem como a calma parassimpática. Assim sendo, é uma simplificação chamar de forma rígida um neurotransmissor de excitatório ou inibitório.

Sistemas Transmissores e Função

Os neurotransmissores e seus sistemas são muitas vezes nomeados a partir dos receptores aos quais se ligam (Schwartz, 1991).

Sistema Noradrenérgico

O sistema noradrenérgico utiliza noradrenalina (também chamada norepinefrina) como o seu transmissor, a qual se liga a receptores noradrenérgicos (no canal iônico) e frequentemente faz a mediação da excitação ou dos mecanismos de regulação de excitação.

Sistema Dopaminérgico

O sistema dopaminérgico utiliza dopamina como seu transmissor, que se liga aos locais de receptores dopaminérgicos e medeia aspectos da função motora, recompensa, cognição e mecanismos endócrinos.

Sistema Serotoninérgico

O sistema serotoninérgico utiliza serotonina como seu transmissor, que se liga aos locais de receptores serotoninérgicos e medeia aspectos do apetite, sono, memória e aprendizagem, temperatura, humor, comportamento, contração muscular e a função dos sistemas cardiovascular e endócrino.

Sistema Glutamatérgico

O sistema glutamatérgico utiliza glutamato como seu transmissor, o qual se liga a receptores glutamatérgicos e medeia a maior parte das sinapses que são "modificáveis", isto é, capazes de aumentar ou diminuir de intensidade. Como veremos em um momento posterior, sinapses modificáveis são considerados os principais elementos de aprendizagem e de armazenamento de memória no cérebro (Kandel et al., 1991).

Sistema Colinérgico

Por último, o sistema colinérgico utiliza acetilcolina como seu transmissor, que se liga aos locais de receptores colinérgicos e medeia aspectos da aprendizagem, memória de curto prazo, excitação, sono REM, e mecanismos de recompensa.

Sinalização Química não ligada a Transmissores

A sinalização química não está limitada aos transmissores sinápticos ou apenas às células nervosas do cérebro. Quando organismos multicelulares começaram a aparecer centenas de milhões de anos atrás, eles desenvolveram diferentes tipos de tecidos que se tornaram especializados em diferentes sistemas funcionais, tais como o coração e os sistemas circulatório, gástrico e digestivo. Consequentemente, dois tipos de sinais químicos se desenvolveram para coordenar as atividades dos vários tecidos: hormônios e transmissores sinápticos (Squire & Kandel, 1999). Ambas as formas de comunicação química têm determinadas características em comum.

Transmissão Hormonal

Na ação hormonal, uma célula da glândula libera um mensageiro químico (um hormônio) na corrente sanguínea para sinalizar tecido distante. A título de exemplo, após uma refeição, o nível de glicose (açúcar) no sangue sobe. Este aumento na glicose sinaliza células específicas do pâncreas para liberar o hormônio insulina, que atua sobre os receptores de insulina no músculo, de modo que a glicose é levada para células musculares, em seguida, convertida e armazenada como glicogênio, a forma de reserva de energia de glicose.

Diferenciando Neurotransmissores e Hormônios

Há, no entanto, duas grandes diferenças entre hormônios e transmissores sinápticos. A primeira é que os transmissores sinápticos geralmente operam em distâncias muito mais curtas do que o fazem os hormônios. Portanto, o que faz a transmissão sináptica fundamentalmente diferente é que a membrana da célula que recebe o sinal encontra-se perto da célula que libera o sinal. Como resultado, a transmissão sináptica é muito mais rápida do que a sinalização hormonal e muito mais seletiva quanto aos seus alvos. A segunda diferença entre hormônios e transmissores sinápticos é que um único transmissor sináptico é capaz de produzir uma variedade de respostas diferentes nas células-alvo. Em contrapartida, os hormônios tendem a agir ao longo de grandes distâncias em todo o corpo e sempre da mesma forma em um determinado conjunto de células-alvo (Schwartz, 1991).

Potenciais Elétricos

Voltando aos nossos dois potenciais elétricos, o potencial sináptico e o potencial de ação são ambos sinais elétricos. No entanto, os dois são acentuadamente diferentes. Considerando que o potencial de ação é normalmente um sinal forte de cerca de 110 mV, o potencial sináptico é um sinal muito mais fraco, gerando desde uma fração de um milivolt até várias dezenas de milivolts. Isto depende de uma série de fatores, que incluem o número de terminais pré-sinápticos que estão ativos e que têm, portanto, neurotransmissores liberados que alcançam a mesma célula pós-sináptica (Squire e Kandel, 1999).

Potenciais Sinápticos

Como foi mencionado acima, os potenciais sinápticos são produzidos pela liberação de neurotransmissores a partir das vesículas (quanta), cada um dos quais é denominado potencial miniatura (Llinas, 2001). Basicamente, a despolarização parcial resultante da célula pós-sináptica é chamada de *potencial sináptico*.

Este é o sinal elétrico que impacta os dendritos da célula pós-sináptica. Estes são considerados eventos elétricos locais que podem desencadear eventos de reação em cadeia (outros potenciais de ação na célula pós-sináptica). No entanto, apesar de potenciais sinápticos serem individualmente pequenos, eles podem se agregar para criar potenciais maiores. Se houver um número suficiente destes eventos (potenciais de ação chegando de outros neurônios) dentro de um curto período de tempo, eles podem agregar-se até despolarizar parcialmente a célula receptora a aproximadamente -55 mV, levando a uma despolarização completa (+20 mV), criando um outro potencial de ação (Llinas, 2001).

Comparação entre Potenciais de Ação e Sinápticos

Como foi observado acima, o potencial de ação é tudo ou nada, enquanto o potencial sináptico é graduado em sua força. Finalmente, o potencial de ação se propaga ativamente e sem falhas de uma extremidade à outra do neurônio.

Em contraste, o potencial sináptico se propaga passivamente e extingue-se, a não ser que ele dispare um potencial de ação na célula pós-sináptica. Assim, o potencial de ação transporta o sinal internamente de uma das extremidades da célula para a outra. Em contraste, o potencial sináptico medeia o movimento do sinal a partir dos terminais pós-sinápticos da célula pré-sináptica aos terminais pré-sinápticos da célula pós-sináptica, ou seja, de uma célula (de transmissão) para a outra (receptora) (Llinas, 2001; Squire & Kandel, 1999).

Natureza Eletroquímica da Sinalização

Assim, a transferência de sinais de um neurônio a outro é primeiro elétrica (no potencial de ação), torna-se química (na transmissão sináptica), e, em seguida, se torna de novo elétrica com a geração do potencial de ação seguinte. Por conseguinte, a comunicação neural é muitas vezes denominada "acoplamento eletroquímico" ou "sinalização eletroquímica."

Sinapses Elétricas/Eletrônicas e Sincronização Neural

Em contraste com a sinapse química, onde o espaço entre os neurônios (a fenda sináptica) está na ordem de cerca de 20 nm, os neurônios que formam conexões eletrotônicas entram em contato muito mais estreito (cerca de 3,5 nm) e geram pontes estruturais entre si. Estas pontes eletricamente condutoras são chamadas de junções comunicantes (Bennett, 1997; Kandel et al, 1991.).

Junções Comunicantes

Em tais junções entre dois ou mais neurônios, existem canais de junções comunicantes. Se alguém injeta corante fluorescente em um desses neurônios conectados, o fluxo do corante é livre através destes canais e, por conseguinte, entre todas as células conectadas (ver figura 3.3).

Estes canais de junção comunicante permitem a condução de íons (corrente elétrica) diretamente entre as células, tornando-as assim unidas eletricamente (Kandel et al., 1991). Não há nenhum neurotransmissor utilizado no fluxo eletrotônico, resultando em um atraso mínimo, se houver, nas mudanças de tensão criadas pelo fluxo de eletricidade (íons) de uma célula a outra.

Comparando Junções Comunicantes e Sinapses Químicas

Em contraste, há um pequeno atraso inerente ao processo de sinalização eletroquímica, devido aos muitos passos envolvidos na liberação de neurotransmissores, no tempo de difusão através da fenda, na integração subsequente do transmissor, e, finalmente, na ativação dos respectivos canais de íons para permitir fluxo de corrente para dentro e para fora da área local da membrana. Este processo pode levar de 1 a 5 ms (Kandel et al, 1991; Llinas, 2001). Por outro lado, com a conectividade eletrotônica, o fluxo de íons ocorre por meio de canais que já estão abertos, e a corrente flui entre as células diretamente, uma vez que o interior das células estão interligados. Consequentemente, quando um neurônio dispara um potencial de ação, quaisquer neurônios que estejam ligados eletronicamente a ele são forçados a receber o sinal simultaneamente e disparam aos seus potenciais de ação.

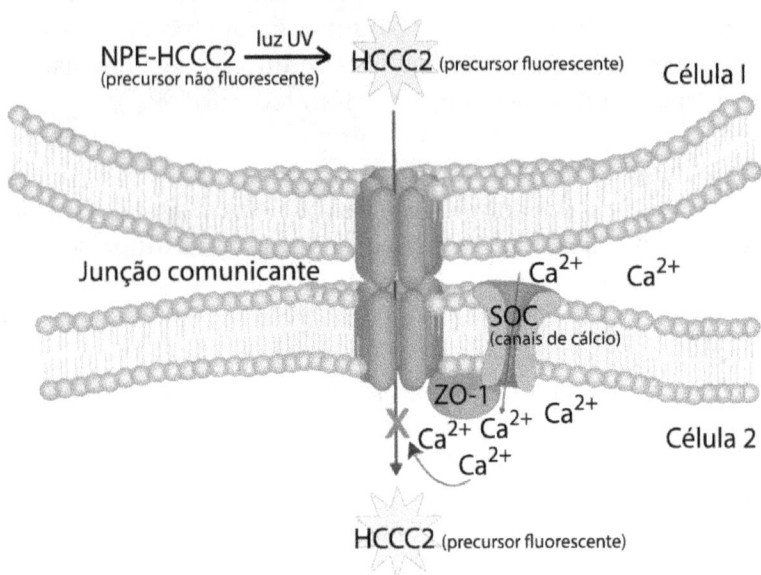

FIGURA 3.3 Diagrama de uma junção comunicante ilustrando a sua função como uma ponte estrutural, ou túnel, conectando uma célula a outra.
Adaptado de Spray, D.C (2005). Illuminating gap junctions. Nature Methods, 2 (1), p.13, com permissão, Copyright 2005. Nature Publishing Group.

Direcionalidade do Fluxo Iônico - Junção Comunicante

Além disso, muitas junções comunicantes regulam o fluxo de íons de uma maneira uniforme e *bidirecional*. Isto acontece em contraste com as junções sinápticas, que permitem o fluxo de íons em apenas uma direção. Este fluxo direto de corrente entre os neurônios por meio de acoplamento eletrônico resulta em disparos rápidos e sincrônicos de células interligadas.

Finalidade Neural das Junções Comunicantes

Por que precisamos de sinapses elétricas? A razão principal é que as sinapses elétricas não são restritas à ligações entre duas células. Mais que isso, elas são encontradas principalmente em grupos de neurônios semelhantes interconectados, onde servem para sincronizar sua atividade. Quando vários neurônios estão eletricamente acoplados uns aos outros, a sua capacidade de gerar potenciais de ação se torna elevada. Desta forma, os grupos de neurônios acoplados eletricamente são sincronizados e tornam-se como um (Kandel et al., 1991).

Vejamos um exemplo simples. Células cardíacas individuais podem ser experimentalmente cultivadas em um recipiente especial e, se mantidas separadas, elas vão pulsar/contrair por conta própria. Estas são as mesmas células que compõem os dois átrios e dois ventrículos, as câmaras de bombeamento que causam a contração do coração. Uma vez que estas células cardíacas individuais entram em contato umas com as outras, elas se tornam eletrotonicamente acopladas, uma célula à outra, quando então começam a bater em conjunto, como uma só. Quanto maior for o número destas células cardíacas, mais rapidamente leva para a sua sincronização (Kojima, Kaneko & Yasuda, 2004). Dado que a função das células cardíacas é mecânica (fazer o coração contrair e bombear), podemos, portanto, afirmar em termos mecanicistas que a coordenação/sincronização das propriedades bioelétricas dessas células individuais, quando somadas, geram um sistema; neste caso, um sistema cardíaco (atrial e ventricular).

Sincronização do Sistema Neural

Exatamente da mesma maneira, por todo o cérebro, o acoplamento eletrotônico sincroniza a atividade de um grande número de neurônios similares, criando sistemas visuais (cor, forma, profundidade, etc.), auditivos, emocionais, cognitivos, somatossensoriais, associativos e temporais/de memória. Como veremos mais adiante, todos os aspectos do processamento de informação são mediados por ligações e integrações no interior destes sistemas. Llinas (2001) observa que as transmissões sinápticas químicas e elétricas são "... a cunhagem básica que une os diferentes elementos celulares em estados funcionais multicelulares únicos" (p. 91).

Esses "estados funcionais multicelulares únicos" são os elementos neurais e o fundamento de qualquer experiência de consciência e de seu inerente processamento de informação.

Oscilação Neuronal

Oscilação, em geral, é uma flutuação rítmica para frente e para trás que faz parte de qualquer aspecto dos fenômenos naturais. Os neurônios no sistema nervoso são dotados de determinados tipos de atividade elétrica intrínseca que os imbuem com determinadas propriedades funcionais (Llinas, 2001). Pelo fato de os neurônios serem semelhantes às baterias, tal atividade elétrica é manifestada por variações (oscilações) da tensão instantânea através da membrana do neurônio (Llinas, 1988).

Mecanismos Oscilatórios

Como foi ilustrado acima, no que diz respeito à alteração nos potenciais de membrana, oscilações são o resultado das *despolarizações* e *repolarizações* que são causadas pela interação do neurônio com outros neurônios. Simplificando, as oscilações de tensão derivam das mudanças na atividade neural, conforme o potencial de membrana se move de potencial de repouso (-70 mV) a potencial de pré-ação (-50 mV), a potencial de ação (+20 mV), a potencial refratário (- 80 mV), e de volta a potencial (-70 mV) de descanso. Essas oscilações em tensão permanecem nas redondezas do corpo do neurônio e dos dendritos e são medidas em hertz.

Dependendo do tipo de neurônio, estas frequências variam de menos de 1 Hz a mais de 40 Hz. Llinas (2001) observa que nestas ondas de tensão e, em particular, em suas cristas, eventos elétricos muito maiores, conhecidos como potenciais de ação, são evocados. Estes disparos elétricos são os sinais elétricos poderosos e de grande alcance que formam a base para a comunicação neurônio a neurônio. O que se tornará óbvio, conforme esta exploração continua, é que atividade elétrica oscilatória, em todas as suas complexas permutações, não é apenas fundamental na comunicação neurônio a neurônio ou no funcionamento de todo o sistema, mas é a cola elétrica que permite que o cérebro se organize funcionalmente.

Coerência e Ritmicidade

Neurônios que exibem comportamento oscilatório *rítmico* arrastam-se um para o outro, eletrotonicamente, por meio de seus potenciais de ação (Llinas, 2001), tornando-se sistemas distintos, funcionalmente *coerentes* (Singer, 1993, 2001). Em outras palavras, ao disparar seus potenciais de ação ao mesmo tempo (como resultado de acoplamento eletrotônico), suas oscilações de tensão (variações de tensão refletindo a mudança de potencial de descanso a potencial de ação) são sincronizadas, permitindo que eles se tornem como um. A consequência resultante e de grande alcance desta função é a de grupos neuronais que oscilam em fase, criando, assim, aspectos (representações) de percepção humana e funcionando como um resultado de suas oscilações sincronizadas (Braitenberg, 1978; Edelman, 1987; Palma, 1990; Cantor et al., 1997).

Sistemas Oscilantes Coerentes

Como observamos acima, por exemplo, os neurônios cardíacos sincronizam suas oscilações, tornando-se um sistema local de neurônios que fazem com que o coração se contraia (Kojima et al, 2004; Llinas, 2001). Neurônios do hipocampo sincronizam suas oscilações para executar a sua parte nas funções de memória (Montgomery & Buzaki, 2007). O mesmo se aplica aos sistemas neuronais somatossensorial (Steriade, Amzica, & Contreras, 1996; Murthy & Fetz, 1996), visual (Gray, 1994), motor (Kristeva-Feige, Feige, Makeig, Ross & Elbert, 1993), auditivo (Eggermont, 1992; DeCharms & Merzenich, 1996; Joliot, Ribary, & Llinas, 1994), amigdalóide (Collins, Pelletier, & Paré, 2001), cortical (Vaadia et al,

1995) e de associação (Jeffrerys, Traub, & Whittington, 1996), conforme eles sincronizam suas oscilações, respectivamente, criando seus fragmentos especializados/de função específica de nossa consciência.

Frequências de Oscilações

Como foi observado, estas oscilações ocorrem em diferentes faixas de frequência, em diferentes áreas cerebrais, e têm sido relacionadas a funções específicas (Basar, Basar-Eroglu, Karakas, & Schürmann, 2000; Fernandez et al, 1998).

Sistemas do Lobo Parietal e Temporal

Nos córtices parietal e temporal os neurônios tendem a incluir as duas seguintes redes: uma rede tende a oscilar na faixa Delta (0,1-3 Hz) e está relacionada, funcionalmente, ao sono profundo, processamento de informação offline, e aspectos do funcionamento do sistema imunológico; a outra rede, oscilando na faixa Theta (3-8 Hz), está relacionada funcionalmente a aspectos do sono REM, processamento de informação offline, e mediação de funções de memória (Basar, BasarEroglu, Karakas, & Schürmann, 2001; Klimesch, 1999).

Sistema do Lobo Occipital

No córtex occipital, neurônios tendem a oscilar na faixa Alfa (8-12 Hz) e estão relacionados funcionalmente com aspectos do processamento visual (Klimesch, 1999).

Sistemas do Lobo Parietal e Frontal

Nos córtices parietal e frontal, neurônios tendem a incluir as seguintes três redes (Hari, Salmelin, Makela, Salenius, & Helle, 1997): uma rede tende a oscilar na faixa Beta baixa (12-15 Hz) e está relacionada a aspectos de foco e atenção; a segunda rede oscila na faixa Beta média (15-18 Hz) e está relacionada funcionalmente à capacidade mental, de associação, foco e agilidade, a terceira rede oscila na faixa Beta elevada (acima de 18 Hz) e está relacionada com o estado de alerta funcional completa.

Sistema Interlobal

Em todo o cérebro, interneurônios (nem sensoriais nem

motores) oscilam na faixa Gama (31-100 Hz). Predominantemente, no entanto, estes neurônios tendem a oscilar em torno de 40 Hz e mediar a sincronização, a ressonância, e as integrações dos vários sistemas neuronais, mencionados acima (Collins et al, 2001; Montgomery & Buzsaki, 2007; Sederberg et al, 2007; Steriade et al, 1996). Examinaremos isso com mais detalhes abaixo.

Sistemas Oscilantes e Consciência

Como já vimos e tornar-se-á mais evidente à medida que o livro avança, a capacidade de sinalização dos neurônios medeia todos os aspectos de nossa vida mental, desde a percepção sensorial até o controle do movimento, à geração de pensamento, à memória, à experiência e expressão de emoção. Compreender a propriedade de sinalização dos neurônios, portanto, é essencial para a compreensão da criação de sistemas neurais, bem como do seu funcionamento sincronizado criando redes de sistemas, que formam a base biológica de qualquer aspecto da consciência e processamento de informação.

Capítulo 4

Modelos de Processamento de Informação

Fundamentos

Dois modelos neurobiológicos de processamento de informação são atualmente dominantes no panorama da consciência: o processamento *paralelo e distribuído/conexionismo* e os modelos de *integração temporal-talamocortical*. Ambos têm sido exaustivamente estudados e refletem consenso, pelo menos no que se refere ao nível essencial de cada modelo. Onde controvérsia ou divergências existem é em geral no que diz respeito aos seus aspectos mais minuciosos e detalhes. No entanto, quando observados analiticamente, esses modelos são vistos como complementares ou no sentido de um modelo captando o que o outro deixa de lado. Assim, Damásio (1999) observa que todos os detalhes neurofisiológicos desses processos não foram ainda esgotados, mas uma estrutura conceitual geral foi estabelecida.

Anatomia Descritiva e Funcional

Neste ponto, parece-me razoável indagar sobre quais partes do cérebro são necessárias para a criação da mente/consciência e quais podem não ser. Nos últimos 20 anos, avanços significativos têm trazido novos conhecimentos à área de neurobiologia. Grande parte das pesquisas tem focado sobre os componentes que medeiam o nosso estado emocional, bem como aqueles que medeiam o processamento de informação. Em particular, a inter-relação entre a função das estruturas do tronco cerebral, da amígdala, tálamo, córtex pré-frontal dorsolateral esquerdo, áreas sensoriais e motoras, córtices de associação, e hipocampo tem sido articulada com uma clareza cada vez maior. A fim de compreender a função destas estruturas no processamento de informação, é necessária uma breve descrição das suas características funcionais (veja figura 4.1).

Medulla Spinalis – A medula espinhal

A medula espinhal inteira não parece ser um componente essencial da consciência. A perda completa da medula espinhal tem resultado em graves defeitos motores, profunda perda de sensações corporais e perturbação da função emocional. No entanto, desde que o nervo vago, que corre em paralelo à medula espinhal, é preservado, os caminhos de sinalização cruzada entre o corpo e o cérebro permanecem intactos para mediar os aspectos da consciência que precisam de entrada corporal (Damásio, 2010). Como um exemplo, a mente de Christopher Reeve sobreviveu a seu extenso ano na medula espinhal, assim como sua consciência.

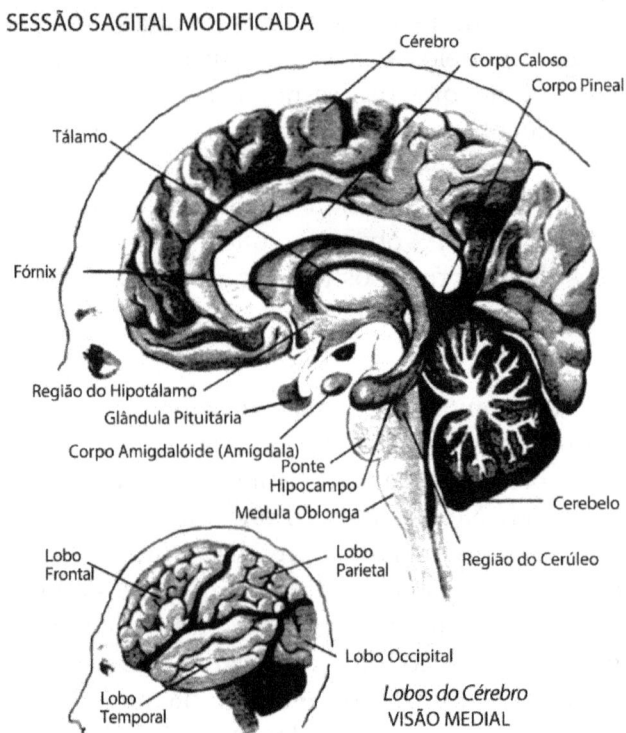

FIGURA 4.1 Estruturas selecionadas do encéfalo, que vão desde os lobos externos às zonas mais internas.

A Amígdala

A amígdala é um aglomerado, em forma de amêndoa, de estruturas interligadas localizadas acima do tronco cerebral. É composta de duas estruturas aninhadas no lobo temporal, no interior dos hemisférios direito e esquerdo. A amígdala corticomedial está conectada principalmente com o bulbo olfatório, o hipotálamo, e os núcleos viscerais do tronco cerebral. A amígdala basolateral está conectada com o tálamo e partes do córtex cerebral (Brodal, 1980, 1992).

A amígdala fornece a junção de cruzamento central onde as informações de todos os sentidos são unidas e dotadas de significado emocional. Na arquitetura do cérebro, a amígdala está preparada tal qual um alarme, no qual sinais incompletos ou confusos dos sentidos levam a amígdala a escanear experiências para identificar perigo. Sinais sensoriais dos olhos, boca, pele e ouvidos viajam primeiro no cérebro para o tálamo e em seguida, por meio de uma única sinapse, para a amígdala. Sinais sensoriais do nariz são encaminhados diretamente para a amígdala, sem passar pelo tálamo (LeDoux, 1986, 1992, 1994). Um segundo sinal do tálamo é encaminhado para o neocórtex, o cérebro pensante. Esta ramificação permite que a amígdala responda antes do neocórtex, que pondera sobre a informação por meio de várias camadas de circuitos cerebrais antes de apreender o todo e iniciar uma resposta (LeDoux, 1986).

Ativação Amigdalóide

Conforme a amígdala fica ativada, a partir de estresse externo, excitação ou ansiedade interna, um nervo que vai do cérebro para a glândula adrenal provoca uma secreção de adrenalina e, a partir do cerúleo no tronco cerebral, noradrenalina, ambas as quais, em seguida, percorrem o corpo, provocando estado de alerta. Estes neurotransmissores ativam os receptores do nervo vago (LeDoux, 1986). Enquanto o nervo vago transporta mensagens do cérebro para regular o coração, ele também carrega sinais, disparados por adrenalina e noradrenalina, de volta para o cérebro. A amígdala é o local principal no cérebro para onde esses sinais são transportados. Eles ativam neurônios no interior da amígdala que sinalizam outras regiões do cérebro para reforçar a memória do que aconteceu. Esta ativação da amígdala parece imprimir na memória, com um maior grau de força, a maioria dos momentos de excitação emocional (agradáveis ou desagradáveis) (Goleman, 1995). Quanto mais intensa a ativação da amígdala, mais forte é o registro na memória (LeDoux, 1986).

Então, vamos olhar para alguns exemplos do papel da amígdala no processamento de informação. Se eu lhe perguntar (referindo-se aos residentes dos Estados Unidos, embora pudesse ser pertinente também a cidadãos de outras partes do mundo) a data da morte do presidente Eisenhower (referindo-se aos residentes dos Estados Unidos, embora pudesse ser pertinente também a cidadãos de outras partes do mundo) e onde você estava quando soube da notícia, acredito que só alguns de vocês podem se lembrar da data e que muito poucos de vocês, ou talvez nenhum de vocês, vai se lembrar de onde estava quando recebeu a notícia. Por outro lado, se eu fizer a mesma pergunta a respeito da morte do presidente Kennedy, quase todos que tenham mais de 50 anos irão se lembrar da data, onde estavam ao ouvir a notícia, e, possivelmente, até mesmo a pessoa que deu a notícia. Para os leitores mais jovens, a mesma pergunta poderia ser aplicada aos ataques terroristas de 11 de setembro de 2001. A razão para as diferenças no processamento de informação e na recuperação da memória está na mediação do sistema amigdalóide, que imbui a codificação neural da morte do presidente Kennedy e do 11 de Setembro com profunda emoção. Assim, para reiterar, quanto mais intensa é a ativação da amígdala, mais forte o registro na memória.

O Córtex Pré-frontal Dorsolateral

A parte do cérebro que pode amortecer a reação da amígdala parece estar na outra extremidade de uma grande rota para o neocórtex, no lobo pré-frontal esquerdo, logo atrás da testa (Brodal, 1980). Algumas destas circuitarias são também encontradas no lobo temporal. Esta parte pré-frontal dorsolateral do cérebro traz uma resposta mais analítica e adequada aos nossos impulsos emocionais, modulando a amígdala e outras áreas límbicas (LeDoux, 1986).

Esta circuitaria nos permite traduzir nossas *emoções*, que são fisiológicas e viscerais, em imagens/mapas cognitivos, que chamamos de *sentimentos*, o que nos permite compreender e expressar que estamos felizes, tristes ou com raiva. Embora na linguagem comum a tendência é nos referirmos a sentimentos e emoções como sinônimos, eles são, no entanto, fenômenos distintos do ponto de vista neurológico, pois criam mapas neurais completamente diferentes (LeDoux, 1996, 2002).

A presença de circuitos, como observado acima, conectando a amígdala aos lóbulos pré-frontais implica que os sinais de emoção, ansiedade, raiva e terror, gerados na amígdala, podem causar uma ativação diminuída na área dorsolateral, sabotando assim, a capacidade do lobo pré-frontal de manter a memória de trabalho e a homeostase (Selemon, Goldmanrakic, e Tamminga, 1995).

O Hipocampo

O hipocampo tem sido considerado a "porta de entrada" para o sistema límbico (Winson, 1985). Tal como a amígdala, ele é composto por duas estruturas hipocampais, uma em cada um dos hemisférios, adjacente à respectiva amígdala (Brodal, 1980, 1992). É aqui que a informação do neocórtex é processada e transmitida para o sistema límbico, onde memória e emoção são integrados (Reiser, 1994).

Portanto, parece que ele que processa memória em termos de padrões perceptuais e contextos (LeDoux, 1992; van der Kolk, 1994). É o hipocampo que reconhece a diferença de significado de um urso que você vê no zoológico contra um que você vê no seu quintal (Goleman, 1995). Também diferencia o significado de eventos que ocorreram há muito tempo de eventos que são recentes (Reiser, 1994; Inson W, 1985).

Bessel van der Kolk (1994) observa que, quando as pessoas se encontram sob estresse severo, elas secretam hormônios endógenos do estresse que afetam a força da consolidação da memória. Ele postula que "a secreção massiva de neurormônios no momento do trauma desempenha um papel na potenciação de longa duração (e, portanto, na consolidação excessiva) de memórias traumáticas" (pág. 259). Ele cita o trabalho de LeDoux (1986, 1992, 1994), constatando que esse fenômeno é em grande parte mediado pela entrada de noradrenalina na amígdala. Esta estimulação excessiva da amígdala interfere no funcionamento do hipocampo, inibindo a avaliação cognitiva da experiência e a representação semântica. As memórias são então armazenadas em forma sensoriomotora, de sensações somáticas e imagens visuais (van der Kolk & van der Hart, 1989).

Mediação Temporal Hipocampal

Vejamos um exemplo de mediação temporal hipocampal da memória. Dois veteranos de guerra do Vietnã estão tendo uma conversa. Um deles tem transtorno de estresse pós-traumático (TEPT), enquanto o outro não. De repente, um grupo de helicópteros aparece ao alto. Dado que helicópteros eram bastante utilizados na luta no Vietnã, podemos esperar o seguinte: O veterano sem TEPT se lembrará do Vietnam e pode estremecer momentaneamente, dizendo: "Uau, isso realmente me fez voltar lá, por um momento!". O veterano com TEPT provavelmente ficará ativado e com medo de um ataque iminente.

Então, por que a diferença? No caso do veterano sem TEPT, a experiência de momentaneamente voltar no tempo é rapidamente sanada pela função hipocampal (mediação temporal de memória) que diferencia o passado do presente. O veterano de combate traumatizado, na ausência de mediação temporal de memória, não será capaz de diferenciar o passado do presente, consequentemente, encontrando-se como se estivesse de volta ao Vietnã.

Mediação Contextual Hipocampal

Na ausência de mediação contextual hipocampal, as pessoas traumatizadas muitas vezes são incapazes de diferenciar situações de perigo daquelas não perigosas (por exemplo, o urso está no livro ou no meu quintal?). Consequentemente, ou elas percebem perigo onde não há nenhum ou são incapazes de identificar o perigo quando ele está presente, muitas vezes colocando-se em risco.

Além disso, a rede neuronal hipocampal medeia a criação de um conjunto de "indicadores" neurológicos, ou ligações, para a informação mediada pelos outros sistemas neuronais, quando essa informação é necessária para a recuperação da memória (McClelland, McNaughton, e O'Reilly, 1995). Isto será ilustrado em detalhe abaixo, assim como a relação desta função com a integração talâmica.

As Áreas de Associação

Os córtices associativos constituem a maior parte da superfície cerebral do encéfalo humano e são em grande parte responsáveis pelo processamento multifacetado (multimodal), que acontece *entre* a chegada de estímulo nos córtices sensoriais primários e a geração de comportamento e/ou pensamento. As variadas funções dos córtices de associação são amplamente conhecidas como "cognição", que nos fala do processo pelo qual chegamos a conhecer o mundo. Mais especificamente, cognição refere-se à *percepção*, à capacidade de acolher estímulos externos ou motivações internas (*sensação*), para identificar o significado de tais estímulos, e planejar respostas significativas a eles. Dada a complexidade destas funções, não é surpreendente que os córtices de associação recebam e integrem informação a partir de uma variedade de fontes e que influenciem uma vasta gama de alvos corticais e subcorticais (Kandel, 1991a).

Estímulos para os córtices de associação incluem projeções dos córtices sensoriais e motores primários e secundários, do tálamo e do tronco cerebral. Emissões dos córtices de associação alcançam o hipocampo, os gânglios da base e cerebelo, o tálamo, e outros córtices de associação.

Estudos de lesões, neuroimagem e registros eletrofisiológicos indicam que, entre outras funções, o *córtex de associação parietal-temporal-occipital* é especialmente importante para acolher estímulos complexos dos ambientes externo (sensorial) e interno (levando-nos da sensação à percepção e à linguagem), o *córtex de associação temporal-límbico* é especialmente importante para identificar a natureza e o significado de tais estímulos, e o *córtex de associação pré-frontal* é especialmente importante para o planejamento cognitivo de respostas comportamentais adequadas aos estímulos (Kupfermann, 1991b).

O Tálamo

O tálamo tem sido descrito como a porta de entrada para o córtex cerebral e, portanto, para a consciência. Como muitas das principais estruturas do cérebro, o tálamo é bilateral. Os dois tálamos de forma amendoada são compostos por cerca de 50 grupos de células nervosas, tecido neural e fibras, chamados núcleos. Com exceção do olfato (cheiro), que é projetado primeiro para a amígdala, toda entrada sensorial externa é projetada primeiro para o tálamo.

Além disso, o tálamo está mutuamente interligado com o córtex pré-frontal, o gânglio basal, o córtex somatossensorial, as áreas de associação, o córtex auditivo, o córtex visual, o córtex motor, o cerebelo, o tronco encefálico, e as estruturas límbicas. O tálamo é, portanto, um centro de retransmissão para processamento de informação descendente ('top-down')[3] e ascendente ('bottom-up')[4]. Suas funções integrativas são ativadas por aspectos atencionais de excitação, alerta, ou interesse. Como já foi observado, e será mostrado em detalhes a seguir, a sua capacidade de sincronizar os vários conjuntos neurais em todo o encéfalo, cada um oscilando em sua própria frequência de assinatura, em combinações coerentes infinitas de redes funcionais, podem consagrá-lo como a pedra angular da integração perceptual, cognitiva, de memória, e somatossensorial.

O Cerebelo

Localizado atrás do tronco encefálico superior, tem-se observado que, dentro do cerebelo alargado e com múltiplas dobras, o número de células nervosas aparentemente excede a população do córtex cerebral (Noback & Demarest, 1981; Shepherd, 1983; Zagon, McLaughlin, e Smith, 1977), tornando-se a maior estrutura no cérebro humano (Williams & Herrup, 1988).

O cerebelo e seu extraordinário número de neurônios está acoplado a uma alta relação de axônio de entrada e saída de 40:1 (Carpenter 1991) e está mutuamente interligado a partes do tronco encefálico, áreas límbicas, córtex cerebral e os lobos frontais (Brodal

---

[3] Nota da Tradutora: de cima para baixo, ou seja, do córtex em direção ao tronco cerebral

[4] Nota da Tradutora: de baixo para cima, ou seja, das partes mais primitivas do cérebro, em direção ao córtex

1980; Larsell & Jansen 1972; Llinas & Sotelo 1992). Tal relação de aferente-eferente combinada com a sua interconectividade abrangente, sugere processamento de informação, integração (Courchesne & Allen, 1997) e a consideração do cerebelo como uma área de associação adicional no cérebro (Leiner Leiner e Dow 1986, 1991). Isto está muito longe da visão tradicional de que a intervenção do cerebelo está limitada ao movimento muscular voluntário e ao equilíbrio.

Assim, surgiram evidências de que o cerebelo lateral é notavelmente ativado quando um indivíduo realiza processamento de informação (Courchesne & Allen, 1997), associação semântica (Peterson, Fox, Posner, Mintun, & Raichle, 1989), memória semântica (Andreasen et al., 1995), e memória de trabalho (Awh, Smith & Jonides, 1995), bem como tarefas de memória declarativa e episódica (Andreasen et al., 1995). Com base na sua posição fisioanatomica, que lhe permite afetar sistemas atencionais conhecidos, tem sido demonstrado durante a última década que o cerebelo contribui para operações de atenção, ao permitir que a atenção seja mudada rapidamente, com precisão, de forma suave e sem esforço (Akshoomoff & Courchesne, 1992, 1994; Courchesne et al, 1994; Courchesne & Allen, 1997). A importância disto será ilustrada abaixo, no que diz respeito à função do cerebelo na mediação dos mecanismos neurais subjacentes à terapia EMDR.

Estruturas do Tronco Encefálico

As estruturas neurais acima mencionadas abrangem a visão tradicional de que a consciência é mediada apenas por áreas corticais e límbicas. Recentemente, no entanto, Jaak Panksepp (1998), Bjorn Merker (2007) e outros têm argumentado que a primeira manifestação de consciência origina-se no tronco encefálico. Damásio (2010) devaneia ironicamente que "a ideia de que o processamento mental começa ao nível do tronco encefálico é tão pouco convencional que não é ainda nem mesmo impopular" (p. 75).

Lembre-se do argumento de Eric Kandel (2006), de que para alguns, a neurobiologia da mente é potencialmente mais inquietante, pois esta sugere que não só o corpo, mas também a mente e as moléculas específicas que fundamentam nossos mais elevados processos mentais, da consciência de si e dos outros e do passado e do futuro, evoluíram de nossos ancestrais animais. Isso certamente levanta a questão de como nossa consciência pode ser mediada somente por estruturas corticais e límbicas, que são exclusivamente humanas. Voltaremos a este tema abaixo.

Núcleos do Tronco Encefálico

Damásio (2010) argumenta que dois núcleos do tronco cerebral, o núcleo do trato solitário e o núcleo parabraquial, estão envolvidos na geração de aspectos básicos da consciência, isto é, as sensações de dor e prazer. Damásio sugere que essas emoções

> ... são, com toda a probabilidade, os constituintes primordiais da mente, com base na sinalização direta do próprio corpo ... são também componentes primordiais e indispensáveis do self e constituem a primeira e rudimentar revelação para a mente, de que seu organismo está vivo. (p. 76)

Damásio (2010) observa que a postura convencional postula que as ínsulas esquerda e direita (estruturas corticais) medeiam as emoções primordiais de dor e prazer, observando também que estudos têm mostrado que a destruição total dos córtices insulares (de trás para a frente e em ambos os hemisférios esquerdo e direito) não resulta em completa abolição da dor ou do prazer (Damásio, Eslinger, Damásio, van Hoesen, & Cornell, 1985). Portanto, ele afirma que o núcleo trato solitário e o núcleo parabraquial enviam seus sinais para o córtex insular, via núcleos talâmicos.

Por conseguinte, Damásio (2010) e Merker (2007) sustentam que os núcleos do tronco encefálico mediariam o nível básico de emoção (dor e prazer), ao passo que os córtices insulares proporcionariam uma versão mais diferenciada/complexa dessas emoções e também seriam capazes de retransmitir essas emoções para outros aspectos da cognição mediados por atividade em outras partes do cérebro.

Implicações Evolutivas

Se examinarmos isto a partir de uma perspectiva evolutiva, a evidência é convincente. O núcleo do trato solitário e o núcleo parabraquial recebem ampla sinalização relacionada com o estado do meio interno em todo o corpo (Damásio, 2010; Dodd & Papel,

1991). Os sinais são originários da medula espinhal, do núcleo trigeminal, e mesmo das áreas do cérebro cujos neurônios respondem diretamente às moléculas que viajam na corrente sanguínea. Estes sinais medeiam um retrato amplo do ambiente interno e das vísceras (órgãos do corpo), um retrato que constitui o principal componente de nossas emoções.

Lembre-se de que observamos que as emoções são somáticas e viscerais, ao contrário dos sentimentos, que são a tradução cortical, cognitiva das nossas emoções. Além disso, estes núcleos são também ricamente interconectados com a substância cinzenta periaquedutal (SCP). Panksepp (1998), Merker (2007) e Damásio (2010) observaram que o SCP é um conjunto complexo de núcleos do tronco encefálico e é considerado o instigador de uma grande variedade de respostas emocionais relacionadas à defesa, agressão e dor. Além disso, riso, choro, nojo e medo são todos disparados a partir do SCP. Portanto, o mapa de fiação básico dessas regiões as qualifica para um papel de levantamento de imagem, e as imagens que esses núcleos criam são nossas emoções.

Damásio (2010 argumenta,

> Porque essas emoções são passos iniciais e fundamentais na construção da mente e são essenciais para a manutenção da vida, faz todo o sentido em relação à engenharia (com isso refiro-me ao sentido evolutivo) da maquinaria de apoio que esta esteja baseada em estruturas que estejam alojadas literalmente vizinhas àquelas que regulam a vida. (p. 80)

Hidranencefalia

Talvez a evidência mais convincente da mediação do tronco encefálico na consciência pode ser vista em casos de hidranencefalia, onde as crianças nascem com estruturas do tronco encefálico intactas, mas sem seu córtex cerebral, tálamo e gânglios basais. Esta condição trágica é, muitas vezes, consequência de um grave acidente vascular cerebral, que ocorre na fase intrauterina, resultando em danos profundos e reabsorção do córtex, deixando a cavidade do crânio cheia de fluido cefalorraquidiano.

De acordo com a visão convencional sobre a mediação da consciência, essas crianças deveriam estar vegetativas. No entanto, as observações destas crianças têm mostrado evidências do contrário. Elas parecem ser capazes de mover a cabeça e os olhos livremente e exibir expressões de emoção nos seus rostos. Estas crianças não só estão acordadas e muitas vezes alertas, mas também mostram capacidade de resposta ao seu ambiente, na forma de reações emocionais ou reações de orientação a eventos ambientais, mais prontamente aos sons, mas também para estímulos visuais salientes. Elas expressam prazer pelo sorriso e riso e aversão pela "agitação", arqueamento das costas, e chorando (em muitas gradações), com seus rostos sendo animados por esses estados emocionais (Shewmon, Holmes & Byrne, 1999; Merker, 2007).

Portanto, na ausência de córtices sensoriais, o que quer que estas crianças veem ou ouvem é mediado no tronco encefálico. Jaak Panksepp (1998), Bjorn Merker (2007), e António Damásio (2010) argumentaram que o colículo superior, uma região do tronco encefálico que está intimamente relacionada com o SCP e indiretamente com o núcleo do trato solitário e o núcleo parabraquial, é o candidato para tal mediação. Consequentemente, Damásio sugere, o que quer que essas crianças sintam deve, por conseguinte, ser mediado subcorticalmente pelo núcleo do trato solitário e núcleo parabraquial, que estão intactos.

Consciência Primária Versus Reflexiva

Uma reflexão sobre o exposto levanta uma série de questões. Por que a visão convencional de consciência nega a importância das estruturas do tronco encefálico? Quão importante é para nós apreciar as nuances de envolvimento do tronco encefálico na consciência, uma vez que já temos uma imagem clara do sofisticado circuito talamocortical que medeia a complexidade de nossa consciência?

No que diz respeito aos níveis de consciência, há um grande consenso de que existe uma clara distinção entre a consciência *reflexiva* e *primária* (Block, 2005; Chalmers, 1996; Edelman, 2006; Morin, 2006; Rosenthal, 2002). Consciência reflexiva é caracterizada por processos simbólicos, memória e, por fim, pela capacidade de consciência de si e dos outros e de monitoramento do próprio comportamento. Por outro lado, Merker (2007) e Panksepp (1998) argumentam que consciência primária é *reflexiva*, caracterizada por processos sensoriais que geram experiências subjetivas, tais como emoções, e pela consciência de objetos no ambiente e a capacidade de resposta a estes. Consequentemente, há discordância quanto à consideração de ambos os níveis de consciência. Muitos neurocientistas insistem em limitar a definição com a inclusão apenas da consciência reflexiva, argumentando que nada menos que isto é exclusivamente humano, mas também indicativo de outras espécies animais. A posição oposta foi elegantemente articulada por Panksepp (cf. Merker):

> Consciência não está crucialmente relacionada com ser inteligente; não é apenas processamento de informação inteligente. Consciência é a experiência do corpo e do mundo, sem necessariamente haver a compreensão do que se está vivendo. Estados perceptíveis primários têm dois ramos distintos, porém altamente interativos: a capacidade de perceber o mundo e de se orientar nele, e a capacidade de sentir os valores biológicos da existência... se quisermos compreender cientificamente a natureza da consciência, devemos estudar a esfera subcortical, onde equivalências emocionais e perceptivas incrivelmente robustas existem em todas as espécies de mamíferos. Sem que haja trabalho sobre modelos de consciência animal, pouco progresso, além da colheita de correlatos, podem ser feito sobre este tema de interesse irrevogável. (p. 102).

Isso reforça a crença de muitos investigadores da neurociência de que uma verdadeira compreensão da consciência humana só pode ser alcançada relacionando os mecanismos humanos de consciência e processamento de informação aos mecanismos de consciência em outras espécies animais. Como foi observado e será analisado mais detalhadamente, ao estudar habituação e sensibilização no molusco Aplysia, os padrões neurais de aprendizagem e memória foram claramente e consistentemente codificados pela primeira vez. Esta pesquisa orientou estudos posteriores sobre a memória humana e trouxe a Eric Kandel o Prêmio Nobel de Fisiologia ou Medicina em 2000. Embora, obviamente, a um grau mais complexo, o que foi aprendido com o sistema nervoso do Aplysia verificou-se ser verdadeiro em humanos.

Implicações para a Prática Médica

Finalmente, em um nível menos esotérico e mais prático, há também questões éticas envolvidas que se relacionam com a prática médica. A partir de uma perspectiva ontogênica (desenvolvimento intrauterino), a capacidade de consciência subcortical/do tronco encefálico, como observado acima, parece estar presente em cerca de 30 semanas de gestação (Clancy, 1998; Myers & Bulich, 2005). Portanto, se aceitamos que uma consciência subcortical é possível na 30ª semana, então também pareceria mais do que possível que os fetos e recém-nascidos podem experimentar algo *similar* à dor.

Pensava-se que recém-nascidos humanos, prematuros e a termo, eram insensíveis à dor e eram rotineiramente submetidos a intervenções cirúrgicas sem anestesia ou analgesia adequada (Anand & Aynsley-Green, 1985; Anand & Carr, 1989). Um grande número de recém-nascidos são expostos atualmente a procedimentos invasivos dolorosos sem analgesia adequada (Johnston, Collinge, Henderson, e Anand, 1997; Porter & Anand, 1998; Simons et al, 2003.) enquanto estudos médicos recentes continuam a questionar a capacidade de recém-nascidos prematuros ou fetos de sentir dor (Derbyshire, 2006; Lee, Ralston, Drey, Partridge, & Rosen, 2005; Mellor, Diesch, Gunn, e Bennet, 2005).

Apesar de uma maior prevalência de dor em pacientes com função cortical prejudicada (Breau, Camfield, McGrath, & Finley, 2004; Ferrell, Ferrel, & R Ivera, 1995; Parmelee, 1996; Stallard, Williams, Lenton, & Velleman 2001), tais pacientes, não muito diferente das crianças com hidranencefalia descritas por Merker

(2007), recebem menos analgésicos em comparação com pacientes correspondentes cognitivamente intactos (Bell, 1997; Feldt, Ryden, e Miles, 1998; Koh, Fanurik, Harrison, Schmitz, & Norvell, 2004; Malviya et al, 2001;. Stallard et al, 2001). Pacientes idosos com demência também recebem menos e menores doses de analgésicos opióides ou não-opióides do que as recebidas pelos adultos mais velhos comparáveis, mas cognitivamente intactos (Bell, 1997; Closs, Barr, & Briggs, 2004; Feldt et al, 1998; Forster, Pardiwala, & Calthorpe, 2000; Horgas e Tsai, 1998). Tal é a loucura de ignorar a função do tronco encefálico na consciência.

Processamento Paralelo e Distribuído/Conexionismo

O processamento paralelo e distribuído (PPD) fornece uma estrutura para a compreensão da natureza e da organização da sensação, percepção, pensamento, aprendizagem, memória, linguagem, emoção e motricidade (função motora). De acordo com o modelo de PPD (McClelland, 1994; Rumelhart & McClelland, 1986), a mente é composta por um grande número de unidades elementares unimodais (visual, auditiva, olfativa e tátil) e multimodais (perceptual, associativa, somatossensorial, emocional e de memória) conectadas em redes ou sistemas neurais. O processamento da informação se dá por meio da interação dessas unidades de processamento, que são organizadas em módulos. Portanto, processos mentais (percepção, aprendizagem, memória, cognição, emoção, linguagem e integração somatossensorial) são interações entre estas unidades/sistemas, que estimulam e inibem umas às outras em operações paralelas ao invés de sequenciais. Deste modo, a representação de informação neural ativa toma a forma de um padrão de ativação (um mapa neural) em relação às unidades (unimodais e multimodais) que estão, a qualquer momento, envolvidas no processamento dessa informação específica. Voltaremos a este assunto com mais detalhes.

Armazenamento de Memória

Neste contexto, conhecimento ou memória já não podem ser pensados como armazenados em estruturas cerebrais específicas. Em vez disso, consistem, e são armazenados como tal, em alterações na força sináptica entre grupos de unidades ou sistemas que estão distribuídos por todo o cérebro (Rumelhart & McClelland, 1986).

Então, vamos voltar ao exemplo do conhecimento/memória de que o presidente Kennedy foi assassinado em 22 de novembro de 1963. Este tipo de conhecimento ou memória é armazenado como pesos de conexão/padrões sinápticos de força entre sistemas neurais. Quando pensamos objetivamente sobre nossa percepção, conhecimento ou memória em relação à morte do presidente Kennedy, temos isso em mente como um padrão neural (um mapa) de ativação. Portanto, quando pensamos sobre memórias episódicas específicas, por exemplo, restabelecemos o padrão de ativação (o mapa neural) representando os aspectos sensoriais, bem como os elementos contextuais, como a associação, outras memórias e emoção, que estavam envolvidos na codificação desta informação.

Assim, quando as pessoas no final dos seus 50 anos ou mais velhos lembram a data da morte do presidente Kennedy, eles não só a recordam semanticamente (como um fato histórico memorizado ou lembrado), mas muitos também se lembrarão do dia em que aconteceu, onde estavam quando ouviram a notícia, bem como suas reações emocionais. Então, novamente, tais memórias são padrões de ativação quando as recuperamos, mas o conhecimento que permite esta recuperação é armazenado em mapas neurais ou engramas, que codificam os pesos de conexão destes padrões de ativação. Então, a memória é essencialmente a recriação do padrão do mapa neural (pesos de conexão) que foi criado durante a codificação daquela informação. Aparentemente, então, memórias não são substantivos, mas, sim, verbos (A. Konkle, comunicação pessoal, abril de 2009). Muito mais sobre isso virá a seguir, com mais detalhes.

Origens do PPD e Teorias Conexionistas

As ideias por trás do PPD e abordagens conexionistas têm uma história que remonta a especulações luminosas e inspiradoras originalmente articuladas perto do fim do século 19. Não seria até a década de 1960 que as técnicas de pesquisa e projetos estariam disponíveis para a testagem e prova destas teorias especulativas brilhantes.

John Hughlings Jackson

Algumas das mais antigas raízes dessas abordagens pode ser encontrada no trabalho do neurologista John Hughlings Jackson (1869-1958), particularmente na sua crítica persuasiva às *doutrinas localizacionalistas* simplistas, que promoveram, por exemplo, a noção de que o processamento de informação seria realizado por células especializadas em locais específicos (ou seja, as memórias seriam armazenadas em células de memória). Jackson argumentou convincentemente sobre conceitos distribuídos e multiníveis de sistemas de processamento.

Sigmund Freud
Apesar de não ter sido publicado em alemão até 1950 ou traduzido para o inglês até 1954, o *Projeto de Sigmund Freud para uma Psicologia Científica*, escrito em 1895, apontou uma série de ideias prescientes sobre aprendizagem e memória. Freud argumentou que os sistemas neurais que medeiam a percepção difeririam em relação à plasticidade neural dos sistemas neurais que medeiam a memória. Assim, Freud afirmou que os circuitos neurais que medeiam a percepção pareciam formar conexões sinápticas que eram bastante fixas, garantindo assim a precisão do nosso mundo perceptual. Os circuitos neurais que medeiam a memória pareciam formar conexões sinápticas que mudam de força com a aprendizagem. Por conseguinte, foi feita a hipótese de que este mecanismo neuroplástico forma a base da memória e das funções superiores. Voltaremos a este trabalho mais adiante neste texto.

Santiago Ramon y Cajal
Em uma notável perspicácia, Santiago Ramón y Cajal (1899), além das contribuições produtivas observadas acima, formulou a hipótese da plasticidade sináptica, que articulava o seguinte: a força das conexões sinápticas não é fixa, mas plástica e modificável; alterações na força sináptica podem ser modificadas por atividade neural tal como a percepção; aprendizagem produz alterações prolongadas na força das conexões sinápticas, ao provocar um aumento de novos processos sinápticos; a persistência destas alterações anatômicas sinápticas podem servir como o mecanismo para a memória; neurônios devem ser capazes de modular sua capacidade de se comunicar uns com os outros; e a persistência dessas alterações na comunicação sináptica básica, uma propriedade

funcional chamada plasticidade sináptica, pode fornecer os mecanismos elementares para armazenamento de memória. Os testes e provas dessas hipóteses iriam esperar 75 anos.

Donald Hebb

Igualmente perspicazes, as formulações de Donald Hebb (1949) prenunciaram nossas avançadas conceituações e nossa compreensão da cognição, memória e consciência em geral. Suas concepções do "Postulado de Hebb" articulou que aprendizagem condicionada e memória eram o resultado de mudanças na força sináptica. Sua discussão sobre o "agrupamento de células" descreveu uma organização entre conjuntos de células, mediada por suas propriedades intrínsecas e pela hipersincronia de disparo neural. No que diz respeito à memória, Hebb postulou que, quando um agrupamento neural é disparado como resultado de estímulos sensoriais, sua atividade representa a percepção do estímulo. Quando disparado na ausência de estímulos sensoriais correspondentes, a atividade representa o conceito do estímulo. Como se tornará evidente a seguir, a semelhança entre esta conceituação e nossa compreensão atual da relação entre a codificação perceptual e recuperação de memória é notável. Ele também observou que "quaisquer duas células ou sistemas de células que são repetidamente ativadas, ao mesmo tempo, tendem a tornar-se "associadas" a fim de que a atividade de uma facilite a atividade da outra" (p. 70). Esta observação, muitas vezes resumida por outros como "neurônios que disparam juntos, tornam-se interligados" ('neurons that fire together, wire together'), prenunciou nossa compreensão da dinâmica de agrupamento neuronal, memória estado-dependente e disparadores de memória.

Karl Lashley

Um contemporâneo de Hebb, Karl Lashley (1950) também insistiu na ideia de representação neural distribuída, ecoando a crítica de Jackson às doutrinas localizacionalistas simplistas. Suas percepções sobre a função e o armazenamento de "engramas" neurais foram significativas, e sua compreensão essencial sobre a representação distribuída é capturada em sua insistência de que,

... a alternativa para a teoria da preservação de memórias por alguma mudança sináptica local é o postulado de que os neurônios estão de alguma forma sensibilizados a reagir a padrões ou combinações de excitação. É só por tais permutações que o número limitado de neurônios pode produzir a variedade de funções que eles executam... Todas as células do cérebro estão constantemente ativas e estão participando de uma espécie de soma algébrica de todas as atividades. Não existem células especiais reservadas para memórias especiais. (p. 500)

A noção de soma algébrica prenunciou a descoberta do mapa neural da somatória (detalhada abaixo), que é inerente à integração tálamo-cortical-temporal. Da mesma perspicácia foi sua consciência de que as memórias não são armazenadas localmente no cérebro, mas são distribuídas de forma fragmentada e armazenadas em mapas neurais (engramas).

Processamento Paralelo e Neuroplasticidade

Como podemos ver, já era aparente nos primeiros anos de investigação e especulação neural que o verdadeiramente vasto número de representações possíveis (sensorial, perceptual, cognitivo, de memoria, somatossensorial, motor, linguístico e emocional) que o cérebro precisaria criar a todo momento, excedia em muito o número de neurônios disponíveis, se essas representações fossem apenas mediadas por células especializadas. O que eram necessários eram padrões de *neuroplasticidade* que possibilitassem que os neurônios se associassem, alternadamente, em múltiplos aglomerados sobrepostos. Isso permitiria, por exemplo, que neurônios fizessem parte de agrupamentos que mediassem a posição do braço em um dado momento, a velocidade do movimento em um outro momento, e força do aperto de mão, um momento depois. Somente desta forma, distribuídos e paralelos em função, poderiam meros 100 bilhões de neurônios exercer sua função em todos os aspectos da consciência.

Os anos 1960 e 1970, inauguraram os modelos matemáticos (Anderson, 1973, 1977; Grossberg, 1976; McClelland, 1979; von der

Malsburg, 1973; Willshaw, 1981), que tentaram codificar ainda mais a existência do processamento de informação paralelo e distribuído. Modelos similares sob diferentes nomes também foram propostos enquanto a neuroimagem funcional emergia. O modelo de processamento de conexão apropriada afirmou que as memórias são representadas em termos das operações cognitivas que estavam envolvidas quando o evento foi inicialmente processado (Morris, Bransford, & Franks, 1977). Recuperação de memória bem sucedida ocorre quando as operações anteriores são recriadas. Na mesma linha, o modelo de restabelecimento cortical postulou que a memória/lembrança de um evento ocorre quando um padrão de atividade cortical/ligações correspondente à codificação do evento é restabelecido pela ativação de uma recriação/reconexão daquele padrão mediada pelo hipocampo (Alvarez & Squire, 1994).

Mapeamento Neural

A fim de compreender a função de *conexão* do PPD e do papel de *sincronização* da integração tálamo-cortical-temporal, o processo de mapeamento neural deve ser ilustrado. O processo de PPD cria *mapas espaciais* neurais, enquanto que a integração temporal cria *mapas temporais* neurais (Llinas, 2001). Dito de outra forma, mapas espaciais são mapas de sistemas interligados (oscilando em suas próprias frequências de assinatura) que devem ser sincronizados com relação à frequência, temporalmente (em tempo real), criando assim mapas temporais.

Embora a gestão da vida seja, sem dúvida, a principal função do encéfalo humano, não é sua característica mais marcante. Há, certamente, grande evidência de que a vida pode ser gerenciada sem um sistema nervoso, para não falar de um cérebro completo. Muitas formas de vida primitivas a gerenciam, até mesmo organismos unicelulares.

Mapeamento e Representações

A característica marcante de cérebros como o nosso é a sua incrível capacidade de criar mapas. Mapeamento Neural é vital para o sofisticado processamento de informação. Damásio (2010) argumenta que quando o cérebro faz mapas, ele se *informa* a si mesmo. As informações contidas nestes mapas podem ser usadas inconscientemente para guiar função motora e conscientemente para mediar sensação e percepção. Estas funções pertencem à maioria das formas de vida. No entanto, Damásio afirma que "quando os cérebros fazem mapas, eles também estão criando *representações* [ênfase adicionada], a principal moeda de nossas mentes. Em última análise, a consciência nos permite experimentar mapas como representações, manipular tais representações e aplicar o raciocínio a elas" (p. 63). Portanto, as representações resultantes do mapeamento neural são visuais, auditivas, táteis, somatossensoriais, cognitivas, associativas, emocionais e de memória. Elas também podem estar além da consciência, mediando grande parte da nossa função motora, bem como aspectos das nossas funções intrapsíquicas e interpessoais.

A Estrutura de Mapas

Então, o que exatamente é um mapa neural? Se bem se lembram, observamos que os neurônios que exibem comportamento oscilatório rítmico atraem uns ao outros, eletrotonicamente, por meio de seus potenciais de ação, tornando-se agrupamentos e sistemas funcionalmente coerentes e distintos. Portanto, as consequências desta função são sistemas neuronais que oscilam em fase, criando, assim, aspectos (representações) de percepção e funcionamento humanos.

O mapa neural é, essencialmente, uma outra maneira de descrever a conexão (que cria mapas espaciais) e a integração sincronizada (que cria mapas temporais) destes sistemas neurais.

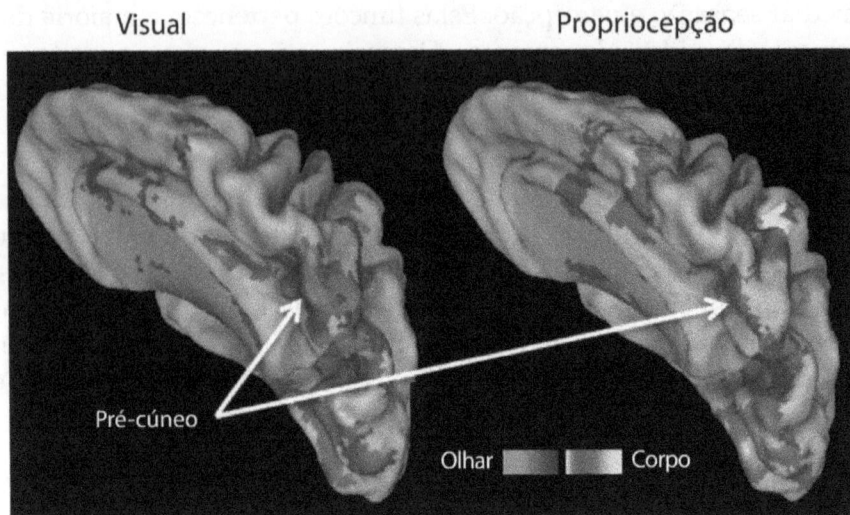

FIGURA 4.2 Mapas cerebrais acima estão representados por variações no sombreado. Alvos visualmente definidos de alcance são definidos por um mapa centrado no olhar. O alcance direcionado a locais ocultos do corpo, usando o sentido proprioceptivo, usa um mapa do corpo mental.

Circuitaria Neural Versus Neuroplasticidade

O processamento de informação vai além da *circuitaria rígida* do cérebro, o qual é reservado para as regiões neurais cujo trabalho é regular o processo da vida e que contêm *mapas pré-definidos* que representam variados aspectos do nosso corpo e, portanto, não podem mudar a sua representação ou mapeamento. Isso ocorre porque somente uma estreita faixa de estados corporais é compatível com a vida e nós, como organismos, somos geneticamente projetados para manter essa faixa estreita e somos equipados para buscá-la, não importa como. A estabilidade dessa faixa estreita é mediada pelo cérebro por meio de uma programação neural complexa e de aparelhagem concebida para detectar variações mínimas nos parâmetros do perfil fisiológico do organismo e para mediar as ações que corrigem tais variações. Não há espaço para nada além de plasticidade neural mínima nestes domínios (Damásio, 1999, 2010).

Lembre-se da hipótese visionária de Freud (1895-1954) sobre diferenças na plasticidade neural sistêmica, na qual ele postula,

Parece, portanto, que os neurônios devem ser tanto *influenciados* [ênfase adicionada] quanto *inalterados, imparciais* [ênfase adicionada] ... a situação é, portanto, preservada ao prover a característica de ser permanentemente influenciada pela excitação de uma classe de neurônios, e, por outro lado, pela característica de inalterabilidade... para outra classe. Assim, surgiu a distinção atual entre as células perceptivas e células mnêmicas. (p. 299)

Freud, em 1895, propõe que os circuitos neurais que medeiam percepção sensorial externa formam conexões sinápticas (mapas neurais) que são bastante fixas, garantindo assim a precisão do nosso mundo perceptual. Por outro lado, os circuitos neuronais que medeiam a aprendizagem e memória (referido por Freud como células mnêmicas) formam conexões sinápticas (mapas) que mudam de força com a aprendizagem.

Portanto, excluindo-se os processos que regulam a vida (nossa instalação física) e percepção externa, nosso cérebro está constantemente religando a si próprio, expressando sua plasticidade neural, em reação à nossa realidade externa (estímulos sensoriais) e interna (memória, associações e emoções), como diferentes sistemas ligam-se e religam-se em infinitas combinações e em velocidade relâmpago. Assim, Damásio (2010) observa que, excluindo a fisiologia básica, mapas cerebrais não são estáticos como a cartografia clássica. Ao contrário, ele os descreve como "vivos, mudando de momento a momento para refletir as mudanças que estão acontecendo nos neurônios que os alimentam, o que por sua vez, refletem as mudanças no interior do nosso corpo e no mundo que nos rodeia" (p. 66). Cada conexão e reconexão cria seu próprio mapa neural.

Lembre-se da hipótese presciente da plasticidade sináptica de Ramon y Cajal (1899), que articulou que a força das conexões sinápticas não é fixa, mas plástica e modificável e que as alterações na força sináptica podem ser modificadas pela atividade neural, tais como percepção e aprendizagem. Como ilustração, vamos retornar à morte do presidente Kennedy. Quando os americanos ouviram falar do assassinato, eles processaram esta notícia perceptivamente, cognitivamente, de forma somatossensorial e emocionalmente. Portanto, seus cérebros codificaram esta informação por meio da ativação paralela dos sistemas visual, auditivo, cognitivo, associativo, somatossensorial, de memória, e emocional. Estas ativações se manifestaram em mudanças contínuas na circuitaria neural e, portanto, na força sináptica, à medida que as pessoas continuavam a experimentar os dias que se seguiram. Alterações na força sináptica são essencialmente alterações em mapas neurais. Como será demonstrado, agora estes mapas neurais podem ser visualizados por meio do uso de dados de análises multivariadas de alta resolução de ressonância magnética funcional (RMf) e de magnetoencefalografia (MEG).

Mapeando o Self e o Objeto

Mapas neurais são construídos como resultado de nossa interação com os objetos do mundo exterior. O termo *interação* é fundamental, na medida em que a produção de mapas neurais, que é essencial para o funcionamento motor, muitas vezes ocorre em um cenário de ação em primeiro lugar. Ação e mapas neurais, movimento e mente, são partes essenciais de um ciclo contínuo, uma noção brilhantemente descrita por Rodolfo Llinas (2001), que atribui a origem da mente à necessidade evolutiva do cérebro de controle de movimento organizado. Vamos rever isso em detalhes abaixo.

Mapas também são construídos quando relembramos objetos de dentro de bancos de memória do nosso cérebro ou quando experimentamos emoções. Damásio (2010) opina que a construção de mapas nunca para, mesmo durante o sono, tal qual os sonhos demonstram. Ele oferece mais,

> O cérebro humano mapeia quaisquer objetos que estejam fora dele, qualquer ação que ocorra fora dele, e todas as relações que os objetos e as ações assumam no tempo e no espaço, em relação ao outro e à nave mãe conhecida como o organismo... (p. 64)

Assim, consciência, conexão neural e mapeamento neural devem ser entendidos em termos de dois jogadores-chave, o *organismo/self* e o *objeto*, e na relação que estes jogadores empreendem durante todo o curso de suas interações. Damásio (1999) descreve isso elegantemente, observando,

> O organismo em questão é aquele dentro do qual a consciência ocorre; o objeto em questão é qualquer objeto que venha a ser conhecido no processo de consciência; e a relação entre organismo e objeto é o conteúdo do conhecimento que chamamos de consciência. Visto desta perspectiva, a consciência consiste em construir conhecimento sobre dois fatos: que o organismo está envolvido no relacionamento com algum objeto, e que o objeto na relação causa uma mudança no organismo. (p.20)

Consequentemente, compreender a biologia da consciência torna-se uma questão de descobrir como o cérebro é capaz de mapear o organismo/self e o objeto, e o impacto neural de um sobre o outro.

Integração Temporal

Como temos visto até agora, funções neurais tais como percepção, memória, linguagem e outros aspectos da consciência são baseadas em um sistema de processamento de informação muito bem distribuído por todo o cérebro. Uma das grandes questões, até agora, é a forma como esta informação é integrada de forma síncrona e como estados de representação coerentes podem ser estabelecidos nos sistemas neuronais distribuídos que auxiliam estas funções. Em outras palavras, PPD e conexionismo informam-nos sobre a construção e o mapeamento espacial dos conteúdos destes sistemas neurais distribuídos. Portanto, o PPD medeia a ativação dos sistemas necessários (mapas espaciais) a serem conectados por qualquer aspecto do processamento da informação. Como, então, esses sistemas, cada um deles criado pela sincronização dos potenciais de ação, cada um oscilando em sua própria frequência de assinatura, se unem para formar experiências e representações perceptuais, de memória, somatossensoriais ou emocionais (mapas temporais) coerentes e integrados? Então, se o PPD fornece as partes/sistemas a serem conectados, bem como o mapa espacial de sua localização, o que é que facilita a conexão/integração necessária para função e experiência (mapas temporais) coerentes e integradas (e não fragmentados)?

Estas foram as perguntas colocadas à medida que os modelos PPD e conexionismo foram desenvolvidos nas décadas de 1970 e 1980 e foram chamadas de "problema da integração" ("binding problem"). A década de 1980 também introduziu o uso da magnetoencefalografia, uma tecnologia que acrescentou resolução de ressonância magnética à eletroencefalografia, facilitando assim o exame de redes neurais e da ativação do sistema ao longo de todo o cérebro, em simultâneo, em tempo real. O corpo de investigação que resultou daí (a ser detalhado posteriormente) nos deu o modelo de integração temporal, ou seja, quantos mapas espaciais (oscilando em suas próprias frequências de assinatura) estão sincronizados e integrados em um mapa temporal (oscilando em uma frequência de rede).

Integração Temporal-Talamocortical

Antes de explorarmos a integração neural temporal, vejamos um outro exemplo de um problema de integração, que foi confrontado por músicos séculos atrás, quando começaram a tocar em conjuntos. Para que um conjunto toque adequadamente, os instrumentos devem estar em sintonia, simultaneamente. A fim de experimentar tal sintonia, todo o conjunto deve tocar a mesma nota. Por exemplo, para orquestras e bandas musicais, se a nota/frequência Si bemol é utilizada e tocada por todo o conjunto é chamado de um concerto Si bemol. Tipicamente, uma banda musical é composta por instrumentos de sopro de madeira e de metal e de instrumentos de percussão, bem como o maestro.

Aqueles de vocês que são músicos sabem muito bem que, se todos na banda tocassem a nota Si bemol simultaneamente em seus instrumentos, o resultado seria uma terrível cacofonia de som. Cada instrumento produziria a frequência de Si bemol. No entanto, devido à diversidade física destes vários instrumentos, a modulação de frequência deles não seria sincronizada, resultando em um ruído terrível. Por isso, é necessário que haja um sistema que permita uma modulação (ou manipulação) adequada de frequências em cada grupo (ou sistema) de instrumentos, o que lhes permite sincronizar sua frequência de emissão temporalmente (em tempo real), produzindo-se assim o som coerente de um concerto Si bemol. O fator de integração, neste caso, é o maestro e o seu conhecimento da *teoria da transposição musical*, que indica a prática da modulação de frequência do conjunto, com base no conhecimento das propriedades físicas dos vários instrumentos.

Por conseguinte, o maestro irá sugerir as seguintes modulações de frequência: as tubas, fagotes, oboés e flautas tocarão Si bemol; as trombetas, trombones, saxofones tenores, clarinetes e clarinetes baixos tocarão Dó; saxofones altos e barítonos e clarinetes contrabaixo vão tocar Sol, e as trompas irão tocar Fá. Quando todos na banda musical tocam as notas que foram instruídos a tocar (ou seja, modulam suas frequências), o resultado será o som temporalmente coerente de um concerto Si bemol. Desse modo, vários sistemas de instrumentos (cordas, metais e madeira) oscilando em diferentes frequências são sincronizados e levados a produzir o fenômeno coerente e unificado de uma frequência de rede. Como veremos, o mesmo processo ocorre no cérebro.

O Problema da Integração

Movendo de conjuntos musicais para conjuntos neurais, notamos problemas semelhantes. Dado que estímulos sensoriais geram apenas uma representação fragmentada da nossa experiência consciente (mapas espaciais), a questão da unidade perceptiva diz respeito aos mecanismos que permitem que estes componentes sensoriais diferentes sejam reunidos em uma imagem ou experiência global (mapa temporal). Nos últimos anos, isto tem sido descrito como "integração", um processo que é executado por conjunção temporal, na qual ocorre uma sincronização simultânea, em tempo real, de diversos sistemas neuronais (Bienenstock & von der Malsburg, 1986; Llinas, 1988; Gray & Singer, 1989; Singer, 1993; Llinas & Ribary, 2001). Esta interação dinâmica de redes/sistemas neuronais, com base na coerência temporal (sincronização em tempo real), parece gerar estruturas neurais funcionais flexíveis e dispersas (mapas), com uma capacidade de mudança tão rápida quanto as percepções que elas geram. Estas dão ao cérebro a capacidade de remapear e reconfigurar suas redes neurais, de forma constante e flexível, conforme necessário.

Portanto, a principal suposição nesta discussão é de que as propriedades elétricas intrínsecas dos neurônios, e os eventos dinâmicos resultantes de sua conectividade, resultam em estados ressonantes globais, que nós experimentamos como percepção, cognição e memória integradas. Colocado de outra forma, a integração temporal é mediada pela circuitaria talamocortical (detalhada abaixo), que integra de forma coerente diferentes sistemas neurais (visual, auditivo, tátil, somatossensorial, olfativo, motor, associativo, de memória, linguístico e emocional), cada uma criado pela sincronização de potenciais de ação, cada um oscilando em sua própria frequência de assinatura, para formar representações e experiências perceptuais, de memória, somatossensoriais ou emocionais coerentes e integradas. Colocado ainda de uma outra forma, para além da construção de mapas complexos em uma variedade de locais neurais distintos, o cérebro deve relacionar os mapas uns com os outros, em redes coerentes e em tempo real (Damásio, 2010). Mais sobre isso mais adiante.

Onda de Frequência 40 Hertz Gama

Como já vimos, as redes e sistemas neurais são criados por junções comunicantes/eletrotônicas e pela sincronização resultante de potenciais de ação. Consequentemente, cada rede e cada sistema ressoa em sua própria frequência comum. Essas oscilações de frequência ocorrem dentro de diferentes faixas de frequência em diferentes áreas do cérebro e têm sido relacionadas a funções neurais específicas. Assim, não deve haver surpresa no fato de que as oscilações corticais também podem reunir sistemas de neurônios em regiões dispersas do cérebro para exercer atividade coordenada e sincronizada, tanto quanto um condutor iria convocar várias seções de uma orquestra. Então, que padrão de atividade elétrica existente no cérebro pode fazer isso, e em que frequência específica?

Ondas Gama

Pesquisas recentes em neurociência utilizando magnetoencefalografia indicam que a atividade oscilatória de 40 Hz, gerada por interneurônios talâmicos e corticais, é predominante em todo o sistema nervoso central ativo de mamíferos, exibindo, assim, um alto grau de organização espacial (Collins et al, 2001; Jeffreys et al. de 1996; Joliot et al, 1994; Montgomery & Buzsaki, 2007; Steriade et al, 1996; Vaadia et al, 1995). Portanto, interneurônios inibitórios, em vários níveis corticais e especialmente os dos núcleos talâmicos reticulares, seriam responsáveis pela sincronização de oscilações gama em locais distantes do tálamo e córtex. Em outras palavras, ondas de oscilações de frequência gama (40 Hz) movem-se por todo o cérebro em resposta à necessidade de sincronizar os sistemas/mapas que estão sendo criados e que estão ativos em um dado momento.

Tem sido sugerida a ideia de que esta atividade de 40 Hz reflete as propriedades ressonantes do sistema talamocortical, que é em si dotado de atividade intrínseca oscilatória de 40 Hz, gerada por interneurônios inibitórios reticulares talâmicos e corticais. Consequentemente, a atividade oscilatória da frequência de 40 Hz serve para mediar mapeamento temporal global, por meio do *escaneamento, direcionamento* e *sincronização* da atividade das diferentes redes e sistemas neuronais, cada uma oscilando em sua própria respectiva frequência (mapas espaciais), criando ressonância de rede, e integrando-as em uma consciência perceptual externa e/ou interna coerente e integrada (mapa temporal) (Llinas, Leznick & Urbano, 2003; Steriade, CurroDossi & Contreras, 1993). Vamos considerar isso em mais detalhes.

Capítulo 5

Consciência

Processando Nossas Realidades Externa e Interna

Compreender consciência e processamento de informação, como observamos anteriormente, envolve a resolução de dois problemas inter-relacionados. O primeiro é o problema de apreciar como o cérebro, por si mesmo, engendra os padrões mentais e mapas neurais que geram as imagens, ou representações, de um objeto (Damásio, 1999). Estas representações podem ser sensoriais, táteis, cognitivas, somatossensoriais, associativas ou emocionais. Assim, essas representações podem transmitir aspectos dos traços físicos do objeto, reações de simpatia ou antipatia, planos para o objeto, ou sua relação com outros objetos. O segundo problema envolve o entendimento de como, em paralelo com a geração dos padrões mentais/mapas do objeto, "o cérebro também engendra um sentido de si (self) no ato de conhecer" (p. 9).

Então, como exatamente é isso? Neste presente momento, você está visualizando esta página, lendo o texto e construindo o sentido da minha escrita. As imagens sensoriais que você percebe externamente, bem como as imagens internas relacionadas que você pode evocar, podem ocupar a maior parte da extensão da sua mente, mas certamente não toda ela. Além de todas as representações, há também a presença que representa você em uma relação particular com o objeto (a minha escrita). Damásio (1999) pergunta: "Se não houvesse tal presença, como é que os seus pensamentos pertenceriam a você?" Ele mostra,

> A forma mais simples de tal presença é também uma representação, na verdade o tipo de representação que constitui uma percepção. Nesta perspectiva, a presença do 'você' é o sentimento do que acontece quando seu ser é modificado pelo ato de apreender algo. A presença nunca cessa, desde o momento do despertar até o momento em que o sono começa. Se a presença não estiver lá, não há um 'você'. (p. 10)

Processamento Paralelo e Distribuído e Função Motora

Rodolfo Llinas (2001) argumenta que "a geração principal de movimento e a geração da conscientização de processos internos (mindedness) estão profundamente relacionadas; elas são na verdade diferentes partes de um mesmo processo. Em meu ponto de vista, desde sua concepção evolutiva, a conscientização de processos internos *(mindedness) é a internalização de movimento* [ênfase adicionada] "(p. 5). De fato, para Llinas, a mente é a categoria, dentre todos os estados cerebrais funcionais, na qual as *representações sensoriomotoras,* incluindo a autoconsciência, são geradas. Deste ponto de vista, todas as representações neurais são consideradas sensoriomotoras em sua origem e constituem a combinação ou a integração de todos os estímulos sensoriais relevantes (internos e externos) que produz um estado funcional distinto que, finalmente, resulta em *ação.*

Evolução do Sistema Nervoso

Por que isso, você pode perguntar? Para responder a esta pergunta, é preciso fazer uma outra pergunta: Como e por que o sistema nervoso evoluiu? Consequentemente, a primeira preocupação é a de saber se um sistema nervoso é realmente necessário para todos os organismos vivos. A resposta parece ser não. Organismos vivos *sésseis* (sem capacidade de movimento), como cracas, pólipos de coral ou plantas, têm evoluído de forma bastante eficaz sem um sistema nervoso. Aí reside a primeira pista. O sistema nervoso parece ser necessário somente para as criaturas que expressam movimento ativo, uma propriedade biológica conhecida como *motricidade.*

Llinas (2001) observa que, curiosamente, as plantas, que têm sistemas circulatórios bem organizados, mas não têm coração, apareceram um pouco mais tarde na evolução do que a maioria dos animais primitivos (com sistema nervoso). Ele argumenta que "é como se os organismos sésseis tivessem, de fato, optado por não ter um sistema nervoso" (p. 15). O que está claro, no entanto, é que a evolução escolheu criar organismos sem um sistema nervoso após a criação de organismos que possuíam sistemas nervosos.

Motricidade e o Cérebro

Para ilustrar a conexão entre as primeiras manifestações evolutivas de um sistema nervoso e os organismos de movimento ativo versus organismos sésseis (estáticos), vamos olhar para o primitivo Ascidiacea, uma ascídia que representa uma conjuntura intrigante em nossa própria descendência de animais cordados (genuína espinha dorsal) primitivos (cf Llinas, 2001).

A forma adulta desta criatura é séssil, enraizada por seu pedículo em um objeto fixo no mar. A ascídia realiza duas funções básicas em sua vida. Ela se alimenta por meio da filtragem da água do mar, e se reproduz por brotamento. A estrutura larval, no entanto, por um breve período exerce nado livre (geralmente por um ou dois dias) e é equipada com um gânglio assemelhado ao cérebro contendo cerca de 300 células.

Este sistema nervoso primitivo recebe informação sensorial sobre o ambiente próximo por meio de um estatocisto (um órgão de equilíbrio), um fragmento primitivo de pele sensível à luz, e uma corda dorsal (a medula espinhal primitiva). Esses recursos permitem que estas criaturas parecidas com girinos reajam e negociem com o ambiente, que está em constante mudança, no qual nadam. No entanto, ao encontrar um lugar adequado no mar, esta larva passa a enterrar a cabeça no local selecionado, tornando-se séssil novamente. Uma vez recolocada a este objeto fixo no mar, a larva absorve e literalmente digere a maior parte de seu próprio cérebro, incluindo a sua corda dorsal. Ela também digere a cauda e a musculatura da cauda, revertendo-se assim para a fase adulta primitiva, séssil e sem um verdadeiro sistema nervoso, a não ser o necessário para a ativação da atividade de filtragem simples. Llinas (2001) entende que a lição aqui é bastante clara: o desenvolvimento evolutivo de um sistema nervoso é um requisito exclusivo e, portanto, uma propriedade de criaturas que se movem ativamente.

Automação Neural e Padrões Fixos de Ação

Embora o self seja a centralização da previsão e da ação, ele não pode orquestrar conscientemente cada ação que o corpo deve realizar a cada momento, em um mundo externo e interno que está em constante mudança. Consequentemente, ele utiliza um sistema chamado de *padrões fixos de ação* (PFA) por Llinas (2001) e *disposições* neurais por Damásio (2010). Estes PFA e disposições compreendem um conjunto de padrões motores neurais bem definidos, isto é, mapas motores fundamentais. Quando ligados, estes PFA produzem movimentos bem definidos e coordenados, tais como as respostas de luta ou fuga, marcha, deglutição e outros aspectos de função prémotora e motora. Estes PFA e disposições também medeiam funções não motoras, como memória, emoção e linguagem, que iremos explorar mais tarde.

Por conseguinte, esses padrões neurais são vistos como "fixos", pois parecem ser estereotipados e relativamente imutáveis, não só individualmente, mas também em todos os indivíduos dentro de uma espécie. Esta constância pode ser observada em reflexos espinhais simples (que não necessitam do cérebro) até padrões motores complexos. Por exemplo, o nosso caminhar, uma vez iniciado pelo sistema motor superior do cérebro, com pequenos ajustes quando necessário, é mediado em grande parte pelos circuitos da medula espinhal. As redes neuronais que medeiam estes movimentos específicos estereotipados, muitas vezes rítmicos e relativamente imutáveis, são conhecidos como *geradores de padrão central*. Estes geradores de padrão central geram os padrões neuronais (mapas neurais rígidos) de atividade que impulsionam as PFA básicas, como o caminhar.

Assim, PFA podem ser vistos como módulos de atividade motora que livram o self de gastar desnecessariamente tempo e atenção em cada aspecto de um movimento em curso ou, na verdade, no movimento como um todo. Como resultado, pode-se beneficiar da experiência de ter andado por quilômetros em um caminho arborizado, quase às cegas, enquanto envolvido em uma magnífica conversa com um amigo. Consequentemente, se lembrarmos deste evento, o que tende a vir à mente é a experiência com nosso amigo e nossa conversa. Nossa memória visual, no entanto, pode conter apenas detalhes que chamaram nossa atenção e nos desviaram temporariamente de nosso amigo ou da conversa, tal como um evento (por exemplo, um tropeço) ou a ocorrência de algo incomum no ambiente. Este PFA do caminhar nos liberta para usufruir tempo e atenção em aspectos da experiência que são mais importantes do que apenas gerenciar nossa marcha. Se tivéssemos que nos concentrar em todos os músculos e articulações e na mecânica do caminhar, conscientes de nossa locomoção básica, nunca poderíamos desfrutar da experiência. Portanto, os PFA nos permitem o tempo e a capacidade para multiprocessamento, enquanto media nossa atividade motora no fundo de nossa consciência.

Padrões Frequentes de Ação e Evolução

Do ponto de vista da evolução e da seleção natural, pode-se perguntar como um animal é capaz de implementar determinados desejos ou objetivos, uma vez que estas metas são muitas vezes executáveis de um número impressionante de formas. Obviamente, fazer a escolha motora correta é fundamental para a sobrevivência. Portanto, pode-se suspeitar que, no mínimo, a evolução e a seleção natural de alguma forma muito eficaz tenham polido e enraizado no sistema nervoso mecanismos para a redução de eventuais más escolhas, que poderiam ser erros fatais. A evolução e a seleção natural fizeram isso, e esses mecanismos são parte de PFA. Consequentemente, o enorme número de graus de liberdade do sistema nervoso, ou escolhas, é reduzido por PFA a serviço da previsão precisa. Ao mesmo tempo, a capacidade de romper ou modificar esses mecanismos restritivos, isto é, a capacidade de ir além e fazer uma escolha, permanece intacta em humanos.

Processamento Paralelo e Distribuído, Sensação e Percepção

Tire um momento e olhe por cima da página, observando atentamente tudo o que está à sua frente. Agora, volte para a página. Ao fazer isso, as muitas áreas de seu sistema visual, desde as retinas até várias regiões do seu córtex cerebral, deslocaram-se rapidamente do mapeamento da página do livro para o mapeamento do quarto à sua frente, e então de volta para o mapeamento da página novamente. Se você agora virar para o lado e observar o que está lá, o mapeamento da página cessa para que seu sistema visual-perceptual possa agora mapear o que você vê ao lado. Evidentemente, então, em rápida sucessão, precisamente as mesmas regiões do cérebro construíram uma série de mapas completamente diferentes em virtude das diferentes ações motoras que você realizou. Então, como é que isto acontece?

Sensação

As informações do mundo externo passam primeiro por córtices sensoriais unimodais específicos (visuais, auditivos, motores, somatossensoriais e olfativos) que criam representações/imagens internas separadas do estímulo observado em cada modalidade sensorial. Cada um destes estímulos são processados por suas respectivas regiões do córtex sensorial unimodal (Lyons, Sanabria, Vatakis, & Spence, 2006; Macaluso & Driver, 2005; Martin, 1991; Squire & Kandel, 1999). Como será ilustrado em detalhes mais adiante neste capítulo, estas representações sensoriais são então mapeadas e sincronicamente combinadas como resultado da mediação do tálamo e dos circuitos da rede neuronal talamocortical (Llinas, Grace & Yarom, 1991; Llinas & Ribary, 2001Singer, 1993; Steriade, Jones, & Llinas, 1990).

Percepção

A esta altura, alguma percepção consciente, mas incompleta, ou algum vestígio das sensações ocorreu (Schacter, Chiu, & Ochsner, 1993). Conforme esta informação flui através do sistema de representação perceptual, uma memória da sensação é formada dentro dele (Squire & Kandel, 1999). A partir dos córtices sensoriais, a informação flui para outras redes neurais. Um conjunto de percursos carrega informação para as regiões do córtex de associação, onde representações multimodais (perceptuais, associativas, de memória, linguísticas e emocionais) são construídas/mapeadas (Macaluso & Driver, 2005; Martin, 1991; Squire & Kandel, 1999).

Para a percepção visual, a informação é transmitida para o córtex de associação parietal-temporal-occipital, onde o objeto é identificado e, por meio da mediação de áreas de linguagem, é nomeado (Ishai, Ungerleider, Martin, Schouten, & Haxby, 1999). A identificação dos sons ouvidos ou dos objetos tocados é mediada por caminhos semelhantes. Para que memórias estáveis se formem, é necessária a rede neuronal do complexo do hipocampo. Ao mesmo tempo, informações tanto das redes de representação semântica quanto das perceptuais fluem até o complexo do hipocampo.

Mapeamento Hipocampal

A rede do hipocampo medeia duas funções principais (McClelland et al., 1995). Inicialmente, enquanto os vestígios de memória formados nas redes de memória perceptuais e semânticas no córtex são demasiado fracos para favorecer recordação direta, a rede neuronal hipocampal medeia a formação de uma memória estável, combinada com o afeto associado a ela (conteúdo emocional ou valência) mediado pela rede neuronal da amígdala, que resulta na capacidade de recordação de longo prazo. No entanto, as memórias não são armazenadas no hipocampo. Em relação a isso, como observamos, parece não haver centros de memória, ou neurônios de memória, onde memórias completas são armazenadas (Squire & Kandel, 1999).

Por conseguinte, a rede neuronal hipocampal medeia a criação de um conjunto de "indicadores" neurológicos ou elos (links) para as informações mediadas pelos outros sistemas neurais (McClelland et al., 1995). Estes indicadores incluem elos para todas as modalidades sensoriais que foram ativadas durante o evento, para quaisquer memórias semânticas inicialmente ativadas pelo estímulo sensorial, para o material processado pelas redes de áreas de associação, e para as respostas emocionais ao evento, mediados pela ativação neuronal da rede neuronal amigdalóide (McClelland et al, 1995; Nadel & Moscovitch, 1998; Squire & Kandel, 1999; Stickgold, 2002). O total de ativações sincronizadas de redes neuronais (mapas espaciais, cada um oscilando em sua própria frequência de assinatura) que foram necessários para codificar/criar uma percepção "unificada" (mapa temporal) é conhecido como um *engrama* (Squire & Kandel, 1999).

Engramas

Damásio (2010) observa que esses padrões mapeados, ou engramas,

... constituem aquilo que nós, seres conscientes, viemos a conhecer como sons, tatos, cheiros, sabores, odores, prazeres e análogos – em resumo, representações. As representações em nossas mentes são os mapas momentâneos do cérebro de tudo e de qualquer coisa, dentro do nosso corpo e em torno dele, de concreto bem como abstrato, real ou previamente gravado na memória. (p. 70)

Portanto, as palavras neste texto que estão sendo utilizadas para transmitir essas ideias a você foram inicialmente formadas em minha mente como representações auditivas, visuais ou somatossensoriais antes de minha implementação destas para a versão escrita. Da mesma forma, você inicialmente processa estas palavras escritas como representações verbais (representações visuais de linguagem escrita) antes de suas ações sobre o cérebro promoverem a evocação de outras representações de natureza não-verbal. Estas representações não-verbais lhe permitem processar mentalmente os conceitos que correspondem a estas palavras.

Além disso, quaisquer sentimentos ou associações em segundo plano constituem representações mapeadas também. Damásio (2010) argumenta que no nível mais elevado de abstração ou introspecção, essas representações provavelmente resultam do *cérebro fazendo mapas de si mesmo fazendo mapas*. A este nível, representações podem encontrar o seu caminho em composições musicais, literatura ou matemática abstrata. Consequentemente, as mentes se manifestam em uma combinação fluida de representações reais e representações recordadas, em uma matriz que constantemente se transforma.

Por fim, as representações derivadas da sensação e percepção podem ser tanto conscientes ou inconscientes. As representações continuam a ser produzidas por meio de percepção ou a partir de recordação, mesmo que de forma não consciente. No entanto, em muitos casos, tais representações são capazes de influenciar nossos pensamentos, emoções e ações.

Em suma, as representações perceptuais são impulsionadas por mudanças que ocorrem no corpo e no cérebro como resultado de nossa interação com o mundo (o objeto). Sinais enviados por sensores em todo o corpo organizam padrões neurais que mapeiam nossas interações com os objetos de nosso mundo. Esses padrões neurais são formados fugazmente nas amplas regiões sensoriais e motoras do cérebro que normalmente recebem sinais de regiões específicas do corpo. Portanto, o mapeamento cerebral é a característica funcional de um sistema neural dedicado a gerir e controlar o processo da vida.

Em seu nível mais simples, o mapeamento sensorial e perceptual pode detectar a presença e posição de um objeto no espaço ou a sua trajetória. Isso nos permite rastrear o perigo e evitá-lo ou rastrear uma oportunidade e aproveitá-la. Em níveis mais elevados, quando nossa mente se beneficia de mapas complexos sofisticados de cada variedade sensorial e cria uma perspectiva multifacetada semelhante a um filme do mundo externo para nós, podemos reagir ao objeto e a eventos nesse mundo com maior precisão. Além disso, uma vez que os mapas estão comprometidos com a memória e podem ser recriados na recordação imaginativa, somos capazes de planejar com antecedência e projetar respostas aprimoradas.

Processamento Paralelo e Distribuído e Memória

Lembre-se de algumas de suas memórias mais vívidas e observe os detalhes. O elemento central que torna estas memórias vívidas será sua relevância emocional, na medida em que a codificação dessas experiências certamente ocorreu em circunstâncias que eram ou muito agradáveis ou muito desagradáveis. Desde que um evento perceptual tenha valor significativo e, portanto, emoção, os vários âmbitos de imagens, sons, tatos, sensações, cheiros, etc., serão reavivados, assim que houver algum estímulo para tal.

Considere agora a maravilha que é a recordação de memórias e reflita sobre os recursos que o cérebro deve ter para construí-la. Além de representações perceptuais em diversos domínios sensoriais, o cérebro precisa ter meios de armazenar os padrões neurais específicos e precisa manter um caminho para recobrar os padrões, para que a reprodução/recordação experimentada funcione. Uma vez que tudo isso é feito, experimentamos o *fenômeno* de recordar algo. A nossa capacidade de negociar o complexo mundo que nos rodeia depende apenas dessa habilidade de assimilar e recordar. Damásio (2010) argumenta que "nossa capacidade de imaginar possíveis eventos também depende de assimilação e recordação e é a base do raciocínio e da vivência do futuro e, mais genericamente, da criação de novas soluções para um problema" (p. 131).

Assim, uma série de perguntas vem à mente. O que exatamente muda no cérebro quando assimilamos e, em seguida, recordamos? Memória explícita e implícita empregam diferentes sistemas cerebrais e utilizam estratégias diferentes para o armazenamento de memória? Será que estes sistemas de memória distintos fazem uso de diferentes passos moleculares para armazenamento, ou os mecanismos de armazenamento são essencialmente similares? Como o armazenamento de curto prazo pode se tornar armazenamento de longo prazo? Será que eles ocorrem em diferentes localizações neurais, ou podem os mesmos neurônios armazenar informações de memória de curto e de longo prazo?

Classificando a Memória

Alguma incerteza ainda existe sobre exatamente quantos sistemas de memória distintos existem e como estes deveriam ser nomeados. No entanto, um acordo geral surgiu sobre os principais sistemas de memória e sobre as áreas do cérebro que são mais essenciais para cada sistema de memória.

Memória Declarativa

A memória declarativa medeia a recordação de fatos, ideias e eventos, ou seja, para informações que podem ser trazidas à consciência, como uma afirmação verbal ou como uma imagem visual. Este tipo de memória também tem sido chamada de *explícita* ou *episódica*.

Outro tipo de memória declarativa, originalmente descrita em 1972 por Endel Tulving, é conhecida como *memória semântica*. Em vez de mediar a recordação de fatos ou eventos específicos, considerado domínio da memória episódica, a memória semântica medeia conhecimento conceitual.

Memória Episódica Versus Semântica

Muito pouco do que vivemos é lembrado como memória episódica. Por exemplo, uma pessoa com cerca de 40 anos de idade, teria aproximadamente de um quarto de 1 milhão de horas de experiência de vigília. No entanto, essa pessoa pode não possuir nem mesmo 1.000 horas de memórias revogáveis em todos os detalhes de riqueza original sensoriomotora e emocional (Stickgold, 2002). Em vez disso, seu cérebro terá extraído, resumido e armazenado as informações criticamente úteis contidas em todas essas horas de experiência. Assim, por exemplo, podemos não reter a memória episódica do dia em que aprendemos a adicionar na aritmética ou quem estava sentado ao nosso lado neste dia. O que retemos é a memória semântica e a compreensão da função aditiva da aritmética. Da mesma forma, retemos a memória semântica para subtração e multiplicação aritmética, bem como a memória semântica para a gramática e a escrita.

O processamento semântico também pode ir além do significado conceitual cognitivo. Ele pode mediar o sentido ou significado dos acontecimentos da nossa vida. Como um exemplo, as crenças positivas utilizadas na terapia EMDR podem ser vistas como processamento semântico. O aspecto semântico de um evento é muitas vezes mais importante do que o aspecto episódico/memorial. Pense nisso: "Acabou" pode ser mais importante do que "Foi horrível e assustador e eu pensei que ia morrer". É um nível mais profundo de processamento semântico.

Memória Não-Declarativa

A memória não-declarativa também resulta da experiência, mas é expressa como uma mudança no comportamento ou na emoção, em vez de como uma lembrança. Ao contrário da memória declarativa, a memória não-declarativa é inconsciente ou implícita. Quando aprendemos habilidades motoras, nos referimos a isso como memória de procedimento. Quando envolve aprendizagem emocional, nos referimos a isso como habituação, sensibilização, ou condicionamento.

Primeiras Pesquisas sobre Memória

A fim de compreender a complexidade da aprendizagem e da memória no cérebro humano, a progressão dos estudos científicos, começando com animais simples tais como moluscos, devem ser examinados, sequencialmente. Kandel (2006) opina,

> É uma hipótese clara desta pesquisa que o potencial para formas elementares de mudança plástica condicionada é uma propriedade inerente e fundamental de toda coletividade de seres com sistema nervoso central, sejam simples ou complexos.... Eu estava testando a ideia de que os mecanismos celulares subjacentes à aprendizagem e memória provavelmente tenham sido conservados através da evolução e, portanto, poderiam ser encontrados em animais simples, mesmo quando se usa métodos artificiais de estimulação. (p. 162)

Prevenidos pela hipótese de plasticidade sináptica Ramon y Cajal (1899), os estudos iniciais sobre aprendizagem e memória se concentraram em habituação, sensibilização e condicionamento clássico, todas formas de aprendizagem e memória não-declarativas.

Habituação

Como resultado da habituação, a forma mais simples de aprendizagem, um animal pode aprender a reconhecer a inocuidade de um estímulo. Por exemplo, quando um animal percebe um ruído inesperado, inicialmente responde com uma série de alterações defensivas em seu sistema nervoso autônomo, incluindo dilatação das pupilas e aumento das frequências cardíaca e respiratória. Se o ruído se repete inúmeras vezes, as pupilas do animal já não se dilatam, e sua frequência cardíaca e respiratória não aumentam. Por meio da habituação o animal aprendeu que o estímulo pode ser ignorado com segurança. Se o estímulo é removido por um tempo e, em seguida, apresentado novamente, o animal responderá a ele de novo. Essa é a natureza da habituação de curto prazo.

Em relação ao projeto da evolução, a eliminação de respostas que não servem a um propósito funcional ajuda a focar o comportamento do animal. Animais imaturos frequentemente mostram respostas de fuga a todo um conjunto de estímulos não ameaçadores. Uma vez que se tornam habituados a tais estímulos, eles podem se concentrar em estímulos que são novos ou que estão associados ao prazer ou perigo. Assim, a habituação, como forma de aprendizagem e memória, é importante na organização da percepção.

Em seres humanos, devido à sua simplicidade como um teste para o reconhecimento de objetos familiares, a habituação é um dos meios mais precisos de se estudar o desenvolvimento da percepção visual e memória em crianças. Análogo aos animais, as crianças normalmente respondem a uma nova imagem com pupilas dilatadas e aumento das frequências cardíaca e respiratória. Se for mostrada a elas uma imagem repetidas vezes, elas vão parar de responder à imagem. Portanto, as crianças às quais foram mostradas repetidamente um círculo, irão ignorá-lo. No entanto, se às mesmas crianças for mostrado um quadrado, as pupilas voltarão a dilatar e seus batimentos cardíacos e respiratórios aumentam, indicando que elas podem se lembrar e distinguir entre as duas imagens (Kandel, 2006; Squire & Kandel, 1999). Como veremos mais adiante, a habituação é parassimpática (neuronalmente inibitória e calmante) em sua natureza e voltada para a orientação e processamento de informações.

Sensibilização

A sensibilização pode ser vista como o oposto da habituação. Em vez de ensinar um animal a ignorar um estímulo, a sensibilização é uma forma de aprendizagem que ensina o animal a se concentrar e responder mais vigorosamente a quase qualquer estímulo, depois de ter sido exposto a um estímulo ameaçador. Por exemplo, imediatamente após um choque ter sido aplicado aos pés de um animal, o animal consequentemente exibirá retraimento e respostas de fuga exagerados diante de um sino, um tom ou até mesmo um toque macio.

Como a habituação, a sensibilização como método de aprendizagem e memória é comum nas pessoas. Assim, depois de ouvirem uma arma disparar, as pessoas normalmente mostram uma resposta exagerada e irão saltar quando ouvirem um barulho ou sentir um toque no ombro. A sensibilização aumenta as nossas reações, tornando-nos mais intensamente concentrados, às vezes ao ponto de ficarmos ansiosos ou até mesmo ao ponto de ficarmos traumatizados. Consequentemente, como veremos mais adiante, em contraste com a habituação, que é parassimpática e orientada para processamento da informação, a sensibilização é de natureza simpática (neuralmente excitatória e ativadora) e, portanto, orientada para a ação.

Condicionamento Clássico

O condicionamento clássico foi descrito pela primeira vez por Ivan Pavlov (1927), na virada do século 20. Ao estudar os reflexos digestivos de cães, Pavlov descobriu que um cachorro começava a salivar assim que via um assistente que o havia alimentado no passado se aproximando. Pavlov observou que um estímulo inicialmente neutro, fraco ou ineficaz, poderia tornar-se eficaz na produção de uma resposta, como resultado de ter sido associado a um forte estímulo. Neste caso, o assistente da pesquisa foi o *estímulo inicialmente ineficaz ou condicionado*, e o assistente associado ou emparelhado com a comida do cão foi o *estímulo eficaz ou não condicionado*. Após repetido emparelhamento, Pavlov descobriu que o estímulo condicionado (o assistente da pesquisa) também foi capaz de provocar a salivação por conta própria. Pavlov chamou a salivação de *resposta condicionada*.

No que diz respeito à aprendizagem, os seres humanos e os animais mais simples precisam distinguir antecipadamente relações entre os eventos no seu ambiente. Eles devem ser capazes de discriminar o alimento que é comestível do alimento que é nauseante ou venenoso e discriminar o predador da presa. De uma perspectiva evolucionária, os humanos e os animais podem obter o conhecimento adequado de uma destas duas maneiras: ou de forma inata, resultante das conexões do sistema nervoso, ou pela aprendizagem por meio da experiência. Nos humanos, uma grande quantidade de aprendizagem emocional ocorre por meio deste processo. Voltaremos a este assunto.

Estudos sobre Habituação

A primeira tentativa de análise neural da habituação foi realizada já em 1906 por Sir Charles Sherrington, concentrando-se no retraimento do braço de um gato envolvendo uma memória com a duração de alguns segundos. Em 1966, Thompson e Spencer tentaram um estudo semelhante, descobrindo que a habituação levava a uma diminuição na atividade sináptica nos interneurônios (neurônios que se interpõem entre os neurônios sensoriais, que detectam o toque, e os neurônios motores, que sinalizam os músculos para contraírem-se). No entanto, a organização dos neurônios na medula espinhal revelou-se demasiado complexa e difícil de examinar. Estes e outros estudos semelhantes deixaram claro que os cientistas necessitariam estudar sistemas neurais mais simples se quisessem observar e analisar padrões e circuitos neurais específicos. Consequentemente, vários investigadores se voltaram para animais invertebrados tais como caracóis e moscas pois seus sistemas nervosos continham um número relativamente pequeno de células, tornando o processo de análise celular e neural simplificado e preciso.

Eric Kandel e seus colegas perceberam que a Aplysia, uma grande lesma-do-mar, era perfeitamente adequada para estudos de habituação e sensibilização. A Aplysia tem um reflexo de retraimento branquial de defesa que é, de alguma forma comparável ao reflexo de retraimento do braço do gato. Quando o manto ou a cerata da Aplysia são tocados suavemente, a cerata se contrai e a brânquia se retrai rapidamente de forma protetora em uma cavidade embaixo do manto.

Em seus estudos sobre a habituação, Kandel e seus colegas (Thompson & Spencer, 1966; Kupfermann, Castellucci, Pinsker & Kandel, 1970; Tigh & Leaton, 1976; Bailey & Chen, 1983) repetidamente aplicaram um estímulo fraco e inofensivo à cerata. Tipicamente, o pesquisador tocava a cerata com um pincel fino, fazendo com que ambas a cerata e a brânquia se retraíssem rapidamente. Utilizando protocolos diferentes, eles foram capazes de produzir na Aplysia uma memória de curto prazo de 10 a 15 minutos de duração, bem como armazenamento de memória de longo prazo que durou mais de 3 semanas. Remeto o leitor a Squire e Kandel, 1999 e Kandel, 2006, para posterior aprofundamento sobre estes procedimentos experimentais fascinantes. Então, o que esses estudos nos ensinam?

Habituação de Curto Prazo

A circuitaria neural para este comportamento da Aplysia foi delineada no início de 1970 por Kandel e seus colegas Irving Kupfermann, Vincent Castelucci, Jack Byrne, Tom Carew e Robert Hawkins. Com esse conhecimento, esses pesquisadores poderiam agora abordar a seguinte questão: como pode ocorrer aprendizagem e como pode a memória se submeter a armazenamento em um circuito neural pré cabeado de forma inata? Kandel e seus colegas descobriram que a resposta era clara. Embora o padrão de conexões do reflexo de retraimento da brânquia seja definido de uma vez por todas no início do desenvolvimento, a força exata das conexões não é.

Em outras palavras, há a existência da plasticidade (a capacidade de modificar e alterar). Em resposta a um novo estímulo à cerata, os neurônios sensoriais que recebem informações da cerata estimulavam os interneurônios e os neurônios motores da brânquia de forma bastante vigorosa. Como este estímulo foi repetido sucessivamente, os potenciais de ação nos neurônios sensoriais não mais tão facilmente produziam um potencial de ação nos interneurônios ou nos neurônios motores. Qualquer potencial de ação que fosse criado pelo mais recente estímulo era tão fraco que disparava apenas alguns, até chegar a nenhum potencial de ação resultante nos neurônios motores alvo. O resultado deste enfraquecimento das conexões sinápticas (em relação à situação controle inicial) foi a cessação aprendida e evocada (curto prazo) do reflexo de retraimento da brânquia.

No que diz respeito à aprendizagem e memória de curto prazo, esses estudos confirmaram a hipótese presciente de Ramon y Cajal (1899) de que as conexões sinápticas elementares básicas passam por mudanças plásticas como consequência do aprendizado, e que essas mudanças são suficientemente consistentes para formar a base celular para o armazenamento da memória de curto prazo (Squire & Kandel, 1999; Kandel, 2006). Além disso, a causa das alterações na força sináptica é entendida como sendo o resultado de uma mudança no número de vesículas de neurotransmissores liberadas destes terminais. No Capítulo 3 citamos Llinas (2001) o qual afirma que a cunhagem que regula a força sináptica é a neurotransmissão. Estes estudos também codificaram, pela primeira vez, que o armazenamento de memória, mesmo para uma memória implícita simples, é distribuído por vários locais, ao invés de localizado em um lugar especializado em memória.

Em resumo, Squire e Kandel (1999) argumentam que a grande importância desses estudos iniciais é a ilustração de que,

> O armazenamento de memória não-declarativa não depende de neurônios especializados em memória, cuja única função é armazenar informações. Em vez disso, a capacidade de armazenamento simples de memória não-declarativa é incorporada diretamente nas sinapses que conectam os neurônios que compõem o circuito neural do comportamento a ser modificado. O armazenamento de memória resulta de alterações em neurônios que são eles próprios componentes da via reflexa. (p. 42)

Eles não são circuitos de memória especializados. A este respeito, como iremos explorar mais, a memória não-declarativa difere da memória declarativa no sentido de que um tanto de circuitaria especializada do lobo temporal (as formações hipocampais) é necessário para armazenar a capacidade de reativar os respectivos padrões neurais que medeiam recordação consciente. Contudo, mesmo neste caso, a maioria da circuitaria envolvida é, no entanto, não especializada em memória e portanto reflete os padrões neurais que foram adquiridos a partir do aprendizado e memória da Aplysia.

Habituação de Longo Prazo

Temos até agora considerado a memória de curto prazo. E quanto à memória de longo prazo? Como observamos acima, em contraste com o treinamento para a habituação de curto prazo, Kandel e seus colegas descobriram que, utilizando quatro sessões de treinamento de 10 ensaios por dia, espaçadas ao longo de 4 dias, foi produzida habituação (memória) que durou mais de 3 semanas. As perguntas a serem respondidas neste ponto foram as seguintes: como é que as formas de memória de curto e longo prazo se relacionam entre si? Elas ocorrem em diferentes localizações ou em um local comum?

Assim, eles testaram as conexões entre os neurônios sensoriais e neurônios motores, que sabidamente estão envolvidos na habituação de curto prazo, 1 dia, 1 semana e 3 semanas após o treinamento. Eles encontraram uma diminuição de 60% nas conexões sinápticas entre os neurônios sensoriais e motores. Assim, enquanto que a habituação de curto prazo envolveu a diminuição breve na força sináptica, a habituação de longo prazo produziu mudança mais prolongada, uma inativação completa de muitas das ligações previamente existentes. Além disso, o número de conexões sinápticas entre os neurônios sensoriais e os neurônios motores diminuiu, significando mudanças na estrutura física dos circuitos neuronais.

Estas experiências ilustram uma série de características da memória não-declarativa. Em primeiro lugar, os experimentos oferecem evidência direta de que, assim como a memória de curto prazo envolve mudanças de curto prazo na *força sináptica,* a memória de longo prazo necessita de mudanças de longo prazo na *força e estrutura sináptica.* Em segundo lugar, as mesmas conexões sinápticas elementares podem participar na armazenagem da memória de curto e de longo prazo. Em terceiro lugar, nem todas as sinapses na

Aplysia são plásticas e adaptáveis, pois algumas conexões sinápticas no sistema nervoso não alteram sua força.

No entanto, como sinapses que evoluíram para participar no armazenamento de memória, uma quantidade relativamente pequena de aprendizado produz alterações grandes e duradouras na força sináptica que podem persistir por semanas. Finalmente, os resultados mostram que as sinapses são plásticas não só no que diz respeito à quantidade de neurotransmissores que liberam, mas também na sua forma e estrutura. Como veremos mais adiante neste capítulo, essas mudanças na estrutura física dos neurônios representam a base anatômica fundamental para o armazenamento da memória de longo prazo em todas as espécies, incluindo os seres humanos.

Na Aplysia, estas memórias simples são armazenadas como um enfraquecimento de força de conexões sinápticas pré-existentes. Estes resultados, que emergiram no início de 1970, forneceram as primeiras evidências da sugestão de Ramon y Cajal (1899) de que a persistência de alterações na comunicação sináptica básica, uma propriedade funcional chamada plasticidade sináptica, pode fornecer os mecanismos fundamentais para o armazenamento de memória.

Kandel (2006) observa que, mais importante ainda, esses estudos ilustraram que a memória de longo prazo não era meramente uma extensão da memória de curto prazo. Na memória de longo prazo, não só as mudanças na força sináptica duram mais tempo, mas também, mais surpreendentemente, o número real de sinapses no circuito se altera. Especificamente, na habituação de longo prazo, o número de conexões pré-sinápticas entre os neurônios sensoriais e os neurônios motores diminui. Isto acontece em contraste com a habituação de curto prazo, na qual as alterações estão unicamente na força das sinapses existentes. Voltaremos a este assunto.

Temos até agora examinado apenas a forma mais simples de memória implícita: o traçado no cérebro enquanto um animal aprende e lembra de ignorar um estímulo. Uma série de perguntas vem à mente: formas mais complexas de aprendizagem também estabelecem traçados de memória, ao alterar a força das conexões sinápticas? Se assim for, conexões podem ser reforçadas, bem como enfraquecidas? Quais são os mecanismos moleculares por meio dos quais as sinapses são alteradas na sua força? A aprendizagem atrai novos tipos de moléculas que são dedicadas para armazenamento de memória, ou a memória empresta moléculas usadas para outros fins?

Estudos sobre Sensibilização

Sensibilização de Curto Prazo

As primeiras pistas sobre os mecanismos moleculares dos processos de memória surgiram a partir do estudo sobre a sensibilização, uma forma de aprendizagem não declarativa que resulta de um aumento na força sináptica. Em contraste com a habituação, na qual um animal aprende sobre as características de um estímulo benigno ou trivial, na sensibilização um animal aprende sobre as propriedades de um estímulo nocivo ou ameaçador. Portanto, a sensibilização é uma forma de medo aprendido, pois ensina o animal a se concentrar e responder mais vigorosamente a quase qualquer estímulo, após ter sido exposto a um estímulo nocivo ou ameaçador.

Como observamos acima, em contraste com a habituação, que é parassimpática e voltada para orientação e processamento de informação, a sensibilização é simpática por natureza e, portanto, voltada para o avivamento dos nossos reflexos defensivos, na preparação para luta, retraimento ou fuga (Squire & Kandel, 1999). Voltaremos a este assunto em detalhes, mais adiante. Portanto, no caso da habituação, há uma resposta alterada a um estímulo após apresentações recorrentes do mesmo estímulo. Em contraste, no caso da sensibilização, há uma resposta alterada a um estímulo como consequência da exposição a algum um outro estímulo, excepcionalmente nocivo.

Como um exemplo, vamos voltar novamente à Aplysia, onde o fundamento de nosso entendimento atual foi criado. Kandel e seus colegas descobriram que após a Aplysia receber um choque em sua cauda, sua reação à estimulação da cerata foi substancialmente reforçada, na medida em que retraia sua brânquia de forma mais intensa do que o faria em circunstâncias normais. A memória do animal para este estímulo nocivo, conforme medida pelo período de tempo que se lembrava de acentuar sua retirada branquial reflexa cada vez que a cerata era tocada, tornava-se mais duradoura quanto mais frequentemente o estímulo nocivo era repetido. Squire e

Kandel (1999) observaram que um único choque na cauda produziu uma memória de curto prazo que persistiu por minutos. Quatro ou cinco choques produziram uma memória de longo prazo que durou dois dias ou mais, e mais treinamento produziu uma memória que durou várias semanas.

Assim, se a habituação leva a uma diminuição da força sináptica, a sensibilização leva a um aumento? De fato, os estudos sobre a sensibilização evidenciaram aumento na força sináptica nas redes de neurônios sensoriais e interneurônios impactando em neurônios motores, quando comparadas pós-aprendizagem com pré-aprendizagem (Kandel, Brunelli, Byrne, & Castellucci, 1976; Bailey & Chen, 1983, Hawkins, Abrams, Carew & Kandel, 1983). Estes eram os mesmos conjuntos de sinapses que haviam sido deprimidos pela habituação.

Tomados em conjunto, estes estudos ilustraram que, em momentos diferentes, o mesmo conjunto de conexões sinápticas podem ser modulados em direções opostas por diferentes formas de aprendizagem, e, como resultado disso, o mesmo conjunto de conexões pode participar na mediação de diferentes memórias. Portanto, as sinapses que aumentam sua força, em um determinado momento, podem servir como mediação de memória para certos tipos de aprendizagem, por exemplo, sensibilização e condicionamento clássico. Estas são as mesmas sinapses que, em outro momento, diminuem sua força para servir como um processo de mediação para outros tipos de aprendizagem, por exemplo, habituação. Na habituação diríamos que as sinapses foram *deprimidas*, enquanto que na sensibilização diríamos que foram *facilitadas*.

Sensibilização de Longo Prazo

Como vimos acima, quatro ou cinco choques produziram a memória de longo prazo, que se prolongou por dois dias ou mais, e treinamento adicional produziu a memória que durou várias semanas. Como nos estudos sobre habituação, os dados ilustraram mais uma vez que a memória de longo prazo não era simplesmente uma extensão da memória de curto prazo. Por conseguinte, nos estudos de habituação de longo prazo, a quantidade de conexões pré-sinápticas entre os neurônios sensoriais e os neurônios motores diminuiu em número, ao passo que na sensibilização de longo prazo, os neurônios sensoriais produziram conexões que persistiram enquanto a memória foi mantida.

Estas alterações anatômicas foram manifestadas de diversas formas. Kandel (2006) assinala que na sensibilização de longo prazo, o número de terminais pré-sinápticos mais do que duplica (de 1300 a 2700), aumentando a proporção de sinapses ativas de 40% a 60%. Além disso, houve um crescimento nos neurônios motores para receber algumas das novas conexões.

Estes estudos forneceram a primeira evidência clara sobre as duas teorias concorrentes sobre armazenamento de memória. De acordo com a teoria de *um processo*, o mesmo local neural pode mediar tanto a memória de curto prazo como a de longo prazo, na habituação e sensibilização. Além disso, em cada caso (habituação e sensibilização), alterações na força sináptica ocorrem. No entanto, de acordo com a teoria de *dois processos*, os dados mostraram claramente que os mecanismos de mudança de curto e longo prazo eram intrinsecamente diferentes. Enquanto a memória de curto prazo produzia alterações na função das sinapses (fortalecendo ou enfraquecendo conexões preexistentes), a memória de longo prazo produzia alterações anatômicas. Assim, o treinamento de sensibilização recorrente fez com que os neurônios produzissem novos terminais, dando origem à memória de longo prazo, ao passo que a habituação fez com que os neurônios retraíssem os terminais existentes. Consequentemente, ao criar profundas mudanças estruturais neurais, a aprendizagem poderia ativar sinapses inativas ou desativar sinapses ativas.

Condicionamento Clássico

Em 1983, Kandel e seus colegas descobriram que o reflexo de retraimento branquial da Aplysia poderia ser condicionado de forma clássica (Carew, Hawkins & Kandel, 1983). Este achado em si foi extremamente importante, na medida em que os dados ilustraram que até mesmo o comportamento reflexo simples em um animal relativamente simples poderia ser alterado por aprendizagem associativa, um processo profundamente mais complexo que habituação e sensibilização, que são formas não associativas de aprendizagem.

A fim de produzir condicionamento clássico na Aplysia, um leve toque aplicado à cerata foi usado como estímulo condicionado, e uma corrente elétrica mais forte aplicada à cauda foi utilizada como estímulo não condicionado. Quando esses dois estímulos foram emparelhados por cerca de 10 ensaios, a estimulação leve da cerata sozinha foi capaz de provocar o retraimento acentuado da brânquia e da cerata. Como foi descoberto nos estudos sobre habituação e sensibilização, o treinamento estendido (aprendizagem) levou à mesma progressão, de memória de curto a longo prazo.

Então, o que acontece no interior do sistema nervoso para mediar este tipo de aprendizagem e de memória? Kandel e os seus colegas descobriram que os neurônios sensoriais liberam ainda mais neurotransmissores como um resultado de condicionamento do que após sensibilização. Portanto, pelo menos nesta parte do reflexo, o condicionamento clássico depende da manifestação do mesmo mecanismo utilizado na sensibilização. Squire e Kandel (1999) argumentam que os estudos sobre condicionamento clássico têm dois pontos vitais. Em primeiro lugar, eles apresentam mais uma hipótese dos muitos aspectos de uma sinapse única, uma vez que vemos as mesmas conexões sinápticas participando ainda de uma terceira variedade de aprendizagem, contribuindo assim para um processo de armazenamento de memória ainda diferente. Em segundo lugar, eles mostram que mesmo formas bastante complexas de aprendizagem e armazenamento de memória, no entanto, utilizam os mesmos mecanismos elementares de plasticidade sináptica, tanto pré e pós-sinapticamente, "em conjunto, quase como um alfabeto celular" (p. 64).

Memória de Longo Prazo e Genética Molecular

A fim de compreender a fase seguinte de investigação por Kandel e seus colegas e, consequentemente, os mecanismos subjacentes de alterações sinápticas e armazenamento de memória permanentes e a longo prazo, é necessária uma breve exploração da genética molecular.

Genética Mendeliana clássica e sua aplicação atual para a genética comportamental descreve a maneira pela qual os genes modulam comportamento, traços psicológicos e experiência psicológica. Por outro lado, a questão explorada pela *genética molecular* moderna é justamente oposta: como as experiências sensoriais extrínsecas do nosso ambiente externo e nossa experiência psicobiológica intrínseca de nosso ambiente interno modulam a expressão gênica? A compreensão de que a experiência humana no âmbito de processamento de informação está tão intimamente associada com a expressão gênica em um nível biológico é uma das descobertas mais surpreendentes da pesquisa atual em genética molecular.

Estudos de Genética Molecular
No final da década de 1970, como as bases estruturais/anatômicas do armazenamento de memória de curto e longo prazo na Aplysia estavam tornando-se consistentemente claras, Kandel e seus colegas voltaram sua atenção para seus fundamentos moleculares. Eles descobriram, no armazenamento de memória de curto e de longo prazo, um programa celular de expressão gênica e consequentes alterações na síntese de proteínas moleculares. Seus resultados ilustraram de forma consistente que o armazenamento de memória de curto prazo envolvia expressão gênica, resultando na modificação de proteínas pré-existentes. Isto foi expresso como uma alteração na eficácia de conexões sinápticas preexistentes.

Em contraste, as formas de armazenamento de memória de longo prazo necessitavam expressão gênica mais complexa e síntese de novas proteínas e eram expressas estruturalmente pelo crescimento e manutenção de novas conexões sinápticas. Especificamente, descobriu-se de forma consistente que proteínas conhecidas como *príons* agiam como um *interruptor de autoperpetuação* neural, permitindo a manutenção de mudanças sinápticas de longo prazo (mapas neurais/engramas), que permanecem estáveis, criptografadas, e recuperáveis sob demanda. Assim, o armazenamento de memória de curto prazo mostrou ser mediado por alterações na circuitaria neural existente, ao passo que o armazenamento da memória de longo prazo precisava do crescimento de novos circuitos.

A articulação e a explicação da biologia molecular subjacente das várias expressões de genes e síntese de proteínas está além do escopo deste livro. Remeto o leitor a Bailey, Bartsch e Kandel (1996) e para Kandel (2006) a respeito da elaboração dos mecanismos de monofosfato de adenosina cíclico (cAMP), proteína quinase A, proteína de ligação do elemento responsivo a cAMP, e proteína príon ligada ao elemento de poliadenilação citoplasmática.

Kandel (2006) conclui que "assim, na Aplysia, pudemos ver pela primeira vez que o número de sinapses no cérebro não é fixo – ele muda com a aprendizagem! Além disso, a memória de longo prazo persiste enquanto as alterações anatômicas são mantidas" (pp. 214-215). Em outras palavras, estes estudos identificaram, pela primeira vez, os mecanismos subjacentes à criação, estabilização e reativação (recuperação de memória) dos mapas neurais da Aplysia. Nós aprenderíamos nas décadas seguintes que essa conclusão, articulada na década de 1980, viria a ser igualmente verdadeira quando aplicada ao cérebro humano e à sua elaboração de formas complexas de memória.

Pesquisa em Memória Explícita

Em 1990, com a idade de 60 anos, encorajado pelo recente desenvolvimento de métodos para inserir e desativar genes individuais em ratos, Kandel voltou sua atenção para o hipocampo e memória explícita. Ratos ofereciam um sistema genético excelente para analisar o papel de genes individuais e modificação sináptica por um lado, e comportamento intacto, na forma de armazenamento de memória explícita, por outro lado. Além disso, ratos tinham lobos temporais mediais e hipocampos bem desenvolvidos, características primordiais para a memória explícita.

Kandel percebeu que estes avanços na engenharia genética faziam do rato um animal experimental excelente para identificar os genes e as proteínas responsáveis pelas várias formas de potenciação de longo prazo e seu concomitante armazenamento de memória. Poder-se-ia então relacionar estes genes e proteínas ao armazenamento de memória espacial. Embora os ratos sejam mamíferos relativamente simples em comparação com humanos, possuem um cérebro que é anatomicamente semelhante ao dos humanos e, como nos humanos, o hipocampo está envolvido no armazenamento de memórias de lugares e objetos, ou seja, memória explícita.

Além disso, haviam técnicas disponíveis para limitar a expressão de genes recentemente implantados, bem como para controlar o momento da expressão do gene no cérebro, tornando assim possível ligar ou desligar o gene. Consequentemente, o efeitos de genes específicos poderiam então ser estudados ativando ou desativando-os.

Impulsionado por seu profundo conhecimento sobre a evolução, Kandel sempre previu que os mecanismos subjacentes básicos de aprendizagem e memória em moluscos teriam que ser verdadeiros (embora mais complexos) no que diz respeito aos seres humanos. No entanto, isso teria, naturalmente, que ser comprovado. O estudo sobre a memória espacial explícita em ratos traria sua pesquisa muito mais perto do funcionamento humano.

Em uma série de artigos inovadores, Kandel (1989, 1998, 2000) documentou que a memória *explícita* mediada pelo hipocampo no cérebro de mamíferos envolvia uma maior regulação gênica. Tal como nos estudos sobre a Aplysia, o armazenamento de memória explícita de longo prazo também deu origem a alterações anatômicas, especificamente crescimento de novas conexões sinápticas. Em relação à evolução, Kandel (2006) observou que "apesar das diferenças comportamentais significativas entre memória implícita e explícita, os aspectos de armazenamento de memória implícita em invertebrados foram conservados ao longo de milhões de anos de tempo evolutivo nos mecanismos pelos quais a memória explícita é armazenada em vertebrados" (p. 294). Estes resultados, em conjunto com os estudos na Aplysia, bem como estudos em outros animais, tornou claro que vários dos principais mecanismos moleculares de memória são partilhados por todos os animais.

Estudos em Mapeamento Neural

Conforme Kandel perseguia essas investigações, o estudo de mapeamento neural foi trazendo mais conhecimentos. Em 1971, O'Keefe e Dostrovsky fizeram uma descoberta revolucionária sobre o processamento de informação sensorial do hipocampo. Eles descobriram que os neurônios no hipocampo do rato registravam informação que não era sensorial, mas relacionada com o espaço circundante do animal.

Eles descobriram que, conforme o rato caminhava ao redor de um gabinete, algumas células piramidais do hipocampo disparavam potenciais de ação somente quando o animal se movia para um local específico, enquanto outras disparavam potenciais de ação quando o animal se movia para outro lugar. Como agora sabemos ser verdadeiro em humanos, o cérebro do rato estava dividindo seus arredores em muitas áreas pequenas sobrepostas, semelhante a um mosaico, sendo cada uma representada por atividade em células específicas do hipocampo. Ao estudar o disparo de células piramidais do hipocampo, O'Keefe e Dostrovsky (1971) foram capazes de verificar que o hipocampo de um rato continha uma representação interna, um *mapa neural*, do seu espaço externo.

Kandel compreendeu que o estudo da memória explícita espacial, envolvendo complexo mapeamento neural e especialmente hipocampal, criaria a próxima ponte para a compreensão do armazenamento da memória humana. No que diz respeito à memória espacial, a diferença entre os ratos e os seres humanos não é tão significativa. Em todas as criaturas vivas, de moluscos a seres humanos, o conhecimento do espaço é de importância crítica para o comportamento e todos os outros aspectos da consciência. O'Keefe e Nadel (1978) argumentaram que "o espaço desempenha um papel em todo o nosso comportamento. Vivemos nele, nos movemos por meio dele, o exploramos, o defendemos "(p. 5).

Não surpreendentemente, Kandel e seus colegas descobriram que algumas das mesmas ações moleculares responsáveis pela potencialização de longo prazo foram, de fato, necessárias para preservar o mapa espacial durante um longo período de tempo. O bloqueio da síntese de proteína interrompia o mapa neural e a capacidade dos ratos de lembrar-se, oferecendo evidência genética e estrutural direta e clara que o mapa neural mediava e se correlacionava com memória espacial explícita. Especificamente, descobriram novamente proteínas *príon* mais complexas consistentemente agindo como um interruptor de autoperpetuação neural, permitindo a manutenção de mudanças sinápticas de longo prazo (mapas neurais/engramas), as quais permanecem estáveis, criptografadas e recuperáveis sob demanda. Esta série de estudos renderam a Kandel o Prêmio Nobel de Fisiologia ou Medicina em 2000.

O Imperativo Evolutivo

Os resultados mutuamente fortalecedores utilizando moluscos, moscas, camundongos e ratos foram profundamente reconfortantes. Estes eram animais muito diferentes, examinados para diversos tipos de aprendizagem e memória, os quais foram estudados utilizando-se abordagens profundamente diferentes. Conjuntamente, eles ilustraram claramente que os mecanismos celulares subjacentes a diferentes tipos de memória pareciam ser os mesmos em muitas espécies de animais e para muitas formas diferentes de aprendizagem, pois esses mecanismos foram conservados ao longo da evolução.

Além disso, esses estudos também reforçaram outro importante princípio biológico: que a evolução não requer moléculas novas e especializadas para a produção de um novo mecanismo adaptativo. Já era sabido nessa época que sistemas não neuronais tais como o gastrointestinal, rins e fígado utilizavam mensagem genética e síntese proteica similares. É assim até na bactéria E.coli. Portanto, as ações bioquímicas subjacentes à mediação da aprendizagem e da memória não surgiram especificamente para dar suporte à memória. Em vez disso, os neurônios simplesmente recrutaram um sistema de sinalização eficiente empregado para outros fins em outras células e o usaram para produzir as mudanças na força sináptica necessárias para armazenamento de memória.

François Jacob (1982) argumentou que a evolução é como um *funileiro*. Utiliza o mesmo conjunto de genes repetidamente de forma ligeiramente diferente. Trabalha alterando condições existentes, ao peneirar mutações aleatórias na estrutura dos genes que dão origem a variações ligeiramente diferentes de uma proteína ou a variações na forma como essa proteína é implantada nas células. Dito de outra forma, a evolução como um funileiro

> ... lida com miudezas... utiliza o que quer que encontre ao seu redor, papelão velho, pedaços de barbante, fragmentos de madeira ou metal, para fazer algum tipo de objeto viável. O funileiro pega um objeto que acontece estar em seu estoque e dá-lhe uma função inesperada. De uma roda de carro velho, ele vai fazer um ventilador; a partir de uma mesa quebrada, um guarda-sol. (p. 35)

Kandel (2006), fundamentado por seu conhecimento profundo da evolução, estava, ao longo de sua carreira, certo de que suas descobertas iriam apontar o caminho para os substratos da memória humana. Como Jacob, ele compreendeu que, em organismos vivos, novos recursos são obtidos simplesmente modificando levemente moléculas existentes e ajustando sua interação com outras moléculas existentes. Ele observou,

> Como os processos mentais humanos têm sido pensados como sendo exclusivos, alguns estudiosos iniciais do cérebro esperavam encontrar muitas novas classes de proteínas à espreita em nossa massa cinzenta. Em vez disso, a ciência descobriu surpreendentemente poucas proteínas que são verdadeiramente únicas para o cérebro humano e nenhum sistema de sinalização exclusivo a ele... toda a vida, incluindo o substrato de nossos pensamentos e memórias, é composto dos mesmos blocos de construção. (p. 236)

Armazenamento de Memória de Longo Prazo Humano

Como observamos acima, os detalhes neurofisiológicos completos desses processos não são, ainda, conhecidos, mas suas linhas gerais já são compreensíveis. O que parece ser mais evidente é que as memórias consistem, e são armazenadas como tal, em alterações na força sináptica no interior de conjuntos de neurônios (Squire & Kandel, 1999), que quando ativados *criam a experiência* de recordar uma memória.

Como pode-se notar, não há um centro de memória separado onde as memórias são armazenadas permanentemente. Uma longa série de evidências (McClelland et al, 1995; Nadel & Moscovitch, 1998; Herrmann, Munk & Engel, 2004; Slotnick, 2004; Prince, Daselaar & Cabeza, 2005; Mulligan & Lozito, 2006; Osipova et al, 2006; Jokisch & Jensen, 2007; Montgomery & Buzsaki, 2007; Sederberg et al., 2007) indica que as memórias parecem ser armazenadas nos mesmos conjuntos distribuídos de estruturas cerebrais que foram inicialmente envolvidos na percepção e processamento do que ainda está para ser lembrado.

Portanto, as regiões cerebrais no córtex que estão envolvidas na percepção e processamento de cor, tamanho, forma, e os vários outros atributos de objetos estão próximas, se não idênticas, às regiões cerebrais importantes para a recordação. Ostensivamente, recordar é a reativação da maioria dos componentes (conjuntos neuronais sincronizados) do engrama ou mapa neural utilizado para codificar a experiência que se está tentando lembrar (Squire & Kandel, 1999).

Damásio (2010) observa que, quando codificamos um encontro com qualquer objeto (pessoa, lugar, experiência, etc.) em nosso ambiente, é mais do que apenas a sua estrutura visual que é mapeada em imagens ópticas da retina. Os seguintes mapas neurais também são registrados: primeiro, o padrão/mapa sensoriomotor associado com a visualização do objeto (como movimentos dos olhos e pescoço ou movimentos do corpo inteiro, se aplicável); em segundo lugar, o padrão/mapa sensoriomotor associado com o toque e/ou manipulação do objeto, se for o caso; em terceiro lugar, o padrão/mapa sensoriomotor resultante da evocação de associações e memórias pertinentes ao objeto anteriormente adquiridos; e em quarto lugar, o padrão/mapa sensoriomotor relacionado com o desencadeamento de emoções e sentimentos em relação ao objeto. Note que estes mapas neurais são descritos como sensoriomotores, pois percebemos por envolvimento com o objeto, e não por receptividade passiva.

Estrutura de Memória

Aquilo a que geralmente nos referimos como a lembrança de algo (o objeto) é, na verdade, a reativação da maioria dos mapas/engramas temporais, descritos no parágrafo acima, que foram ativados durante a codificação. Robert Stickgold (2002) descreve isto de outra maneira, observando que "o que ocorre na realidade quando *armazenamos uma memória* [grifo nosso] é que nós simplesmente alteramos um sistema para que um determinado padrão de atividade cerebral e, portanto, percepção ou pensamento, tenha mais chances de ser reintegrado no futuro" (p. 64). O padrão de ativação de memória não é, obviamente, idêntico ao padrão de codificação, pois o padrão de ativação neuronal no que diz respeito aos olhos ou ouvidos, por exemplo, não seriam reativados, pois estaríamos *recordando*, não *experimentando*, um evento externo. Por outro lado, os padrões neurais (mapas) criados nos córtices visual e auditivo seriam reativados porque estaríamos experimentando um evento interno conhecido como memória. Portanto, a memória não é um fac-símile de algo a ser lembrado, uma espécie de cópia armazenada em um arquivo. Como observamos acima, não é um substantivo, mas sim um verbo, uma recriação do que já foi criado.

Engramas e Conexão Neural

O que é necessário para facilitar a reativação desses engramas (mapas espaciais, ou seja, recordar-se de algo) parece ser as ativações do hipocampo e outras áreas da região hipocampal. Portanto, a formação hipocampal está a serviço de uma função integrativa (McClelland, 1994, 1996; Squire & Kandel, 1999), que une os diversos conjuntos neuronais que foram estabelecidos de forma independente em várias regiões corticais em todo o cérebro, de modo que, em última instância, estes conjuntos são novamente ativados como uma rede sincronizada (Montgomery & Buzsáki, 2007; Prince et al, 2005).

Então, como é feita essa conexão de mapas neurais? Lembre-se de que exploramos a circuitaria rígida do cérebro, que é reservada para as regiões neurais cujo trabalho é regular o processo da vida e que contêm mapas *predefinidos* que representam diversos aspectos do nosso corpo e outros parâmetros fisiológicos e, portanto, não podem mudar a sua representação ou mapeamento. Recordação de memória também requer mapas predefinidos, mas de uma natureza diferente.

Disposições Neurais

Como observamos acima, Damásio (2010) refere-se a esses mapas predefinidos como *disposições* e postula que por um longo período na evolução, cérebros operavam unicamente em função dessas disposições ou das PFA de Llinas (2001). No entanto, à medida que os organismos tornaram-se mais complexos e sofisticados, desenvolveram a capacidade de mapeamento neural que ultrapassava respostas estereotipadas. Consequentemente, suas respostas se tornaram customizadas para objetos e situações ao invés de serem genéricas e instintivas, permitindo função mais precisa e sofisticada. Damásio discute,

O fato fascinante, então, é que o cérebro não descartou seu dispositivo genuíno e experimentado (disposições), em favor da nova invenção (mapas e suas imagens). A natureza manteve os dois sistemas em operação e com uma vingança: os reuniu e os fez trabalhar em sinergia. Como resultado da combinação, o cérebro simplesmente ficou mais rico, e esse é o tipo de cérebro que nós humanos recebemos ao nascer. (p. 135)

Como resultado desta mistura híbrida de disposições predefinidas e mapeamento neural plástico, que herdamos de muitas espécies anteriores, somos equipados com ricas redes de disposições que executam nossos mecanismos básicos de gestão da vida. Elas incluem, além de administrar nossa planta física corporal, os núcleos que medeiam nosso sistema endócrino, juntamente com os núcleos que medeiam os mecanismos de recompensa e punição, a ativação e conexão dos mapas de memória, e o disparo e execução de nossas emoções. É como um resultado desta combinação de sistemas que as emoções são expressas de forma somática e visceral no corpo. Voltaremos a este assunto com mais detalhes.

Voltando à memória, quando os cérebros humanos decidiram criar arquivos extremamente grandes de imagens gravadas, mas não tinham espaço para armazená-los, eles parecem ter emprestado a abordagem de disposições para resolver esse dilema de engenharia (Damásio, 2010). Dado que não era possível armazenar memórias como microfilme ou alguma outra versão de cópias em arquivos, a natureza parece ter desenvolvido o hipocampo e as regiões hipocampais circundantes, o que lhes permitiu mediar disposições de memória como um tipo de fórmula para a reconstrução de mapas neurais, e utilizaram nossa máquina perceptual existente para remontá-los da melhor maneira possível. É por isso que, quando nos lembramos de alguém, por exemplo, nosso sistema de percepção nos permite ver e/ou sentir aquela pessoa, por assim dizer, em nossa mente. Portanto, mapas neurais são gravados e armazenados de forma disposicional (inconsciente/implícitos, criptografados e inativos): à espera de tornarem-se imagens, ações ou memórias conscientes/explícitas ativadas sob demanda. Mais uma vez, vemos a funilaria da evolução em ação.

Consolidação de Memória e Potenciação de Longo Prazo

O que é menos claro são os processos de consolidação de memória, em que a memória episódica é eventualmente convertida em memória semântica, e o de potenciação de longo prazo, em que a reconstrução de mapas neurais (necessários para memória) fica possibilitada ao longo de muitas décadas.

Consolidação de Memória 'Offline'
Robert Stickgold (2008) opina,

> Memórias não são como fotografias. Elas se desenvolvem. Depois que uma memória é inicialmente formada, ela passa por um longo período de consolidação - um complexo conjunto de processos automáticos, que ocorrem sem intenção e fora da consciência - que modifica a memória. (p. 289)

Consequentemente, uma memória pode ser consideravelmente diferente da sua estrutura original, com alguns aspectos tão vívidos quanto no dia em que foram formadas e outros esquecidos. Durante todo este processo, as memórias tornam-se integradas em uma rede de memória ampla, criando contexto histórico para a memória original e, no processo, construindo uma interpretação do evento intrínseca, implícita (pessoal e subjetiva).

Sono

Durante a última década, uma literatura forte e de rápido crescimento demonstrou que o sono desempenha um papel vital no processamento de memórias inato, automático e autônomo, ao longo dos dias, meses e anos. Especificamente, essa literatura tem ilustrado de forma consistente que o sono contribui para os processos que mudam memórias após terem sido formadas (codificadas), portanto fortalecendo, estabilizando e integrando estas memórias episódicas em redes de memória semântica gerais. Lembre-se que nosso cérebro terá extraído, abstraído e armazenado as informações criticamente úteis contidas em todas as nossas horas de experiência.

Estruturas de memória (mapas neurais) que estão ativas durante a codificação de experiências são, em grande medida, reativadas, às vezes com precisão temporal significativa, durante o sono subsequente. Isto foi ilustrado em estudos de neurônios individuais (Pavlides & Winson, 1989), de redes neurais em animais (Wilson & McNaughton, 1994), e regiões inteiras do cérebro em humanos (Peigneux et al., 2004). Estes resultados apoiam a hipótese de que a reativação de memórias durante o sono realça a representação (mapas neurais) de tais memórias no cérebro. Robert Stickgold (2007) argumenta que tal reforço pode resultar do seguinte: fortalecimento das conexões sinápticas que foram criadas durante a codificação da experiência, criando conexões neurais similares para criar representações alternativas das informações aprendidas em outras regiões do cérebro, e conectando a memória recém aprendida a outras memórias relacionadas. Embora os estudos anteriores citados acima tenham sido correlacionados pela finalidade (ou seja, examinando apenas se as variáveis estudadas eram relacionadas positivamente ou negativamente ou se não eram relacionadas), uma série de estudos recentes têm fornecido suporte experimental direto para essas hipóteses.

Sono e Insight

Em um interessante estudo sobre memória dependente do sono (Wagner, Gais, Haider, Verleger, & Born, 2004), foi ensinado aos sujeitos um conjunto complexo de regras para a resolução de um grupo de problemas matemáticos. Sem o conhecimento dos sujeitos, uma solução mais simples também existia, que permitia que o problema fosse resolvido sem quaisquer cálculos. Quando os sujeitos foram novamente testados 12 horas após seu treinamento inicial, um número de sujeitos descobriu este método mais simples de executar a tarefa. No entanto, o número de indivíduos que tiveram essa percepção mais do que duplicou após uma noite de sono. Consistente com estudos anteriores, este estudo mostrou que nem todos os tipos de sono são igualmente eficazes no sentido de facilitar esta forma de insight. Deste modo, os 60% dos sujeitos que obtiveram este insight no dia seguinte evidenciaram significativamente menos sono não-REM [também conhecido sono de ondas lentas (SOL)] do que os 40% que não desenvolveram essa percepção.

Stickgold (2008) observa que, apesar do fato de que nem o sono REM nem o sono não-REM leve mostraram um aumento significativo, a diminuição do SOL profundo sugere que o sono REM é que foi extremamente importante. Portanto, a descoberta mais notável deste estudo é que durante o sono (marcadamente ausente de não-REM SOL profundo) o cérebro é capaz de analisar e manipular informações, coletadas a partir de experiências anteriores, de modo a facilitar o desenvolvimento de associações e percepções que se seguiram durante o subsequente despertar, mesmo quando o indivíduo não está consciente de que há algum insight para descobrir.

Este fenômeno é impressionantemente semelhante à nossa descrição de processamento semântico, onde redes de informação se conectam a outras redes de informação *aparentemente* não relacionadas para produzir novos insights. Voltaremos a esse fenômeno quando examinarmos sua semelhança com o processamento da terapia EMDR e os preceitos do modelo de processamento de informação adaptativa (PAI).

Sono e Memória Episódica

Em um estudo mais recente sobre memória episódica, Rasch, Buchel, Gais e Born (2007) apresentam evidências convincentes de que reativar experimentalmente memórias durante o sono, na noite seguinte à aprendizagem, pode realçar essas memórias. Neste estudo, os autores utilizaram uma tarefa projetada incomum, na qual os sujeitos eram expostos ao aroma de rosas sempre que conseguiam combinar um par de cartas durante um jogo de memória, semelhante ao jogo de concentração. Mais tarde, naquela noite, quando os registros do sono indicavam que os sujeitos estavam em sono SOL profundo, os sujeitos eram novamente expostos ao aroma de rosas.

Na manhã seguinte, os sujeitos expostos ao aroma de rosas durante o sono demonstraram memória superior para a localização dos pares combinados previamente aprendidos. Ainda mais importante, Rasch et al. (2007) demonstraram por meio de neuroimagem que pulverizar o perfume de rosas durante o sono SOL também levou a ativações específicas do hipocampo, a área do cérebro mais envolvida com a reativação de mapas neurais/engramas durante a recuperação de memória. Eles argumentam que reativando apenas esta característica contextual única do mapa neural/memória (a fragrância de rosas) fez com que o hipocampo completasse o traço de memória episódica/mapa neural, reativando a memória inteira da tarefa de aprendizagem, facilitando assim a sua consolidação e aprimoramento.

No que diz respeito à dinâmica de consolidação da memória de longo prazo, o estudo também mostrou que um de seus mecanismos parece ser o fortalecimento mediado por sono de mapas neuronais e a concomitante estabilização, fortalecimento e conversão de mapas neurais de memória em estruturas mais permanentemente recuperáveis .

Sono REM Versus Sono Não-REM
Estes estudos recentes oferecem suporte para evidências anteriores que sugerem que o sono REM e não-REM servem a funções relacionadas mas distintas no processamento de memória 'offline', sendo que o sono não-REM parece ser mais importante para o fortalecimento das memórias episódicas hipocampais e o sono REM parece ser mais importante para a criação e fortalecimento de memórias semânticas neocorticais (Plihal & Born, 1997).

Consistente com os dados acima, estudos de cérebro profundo com ratos mostraram que a informação flui a partir do hipocampo em direção ao córtex durante o sono não-REM (o que é sugestivo de fortalecimento da memória episódica mediada pelo hipocampo) e então reverte a direção durante o sono REM, fluindo do neocórtex ao hipocampo (sugestivo de criação e fortalecimento de memória cortical e semântica; Buzsáki, 1996). É provável, de acordo com o que vimos sobre a consistência da evolução e da leve funilaria, que um dia encontremos um padrão neural de sono em humanos.

De acordo com isso, estudos têm mostrado que em humanos, o sono REM preferencialmente ativa associações fracas (indicativo de processamento semântico), mas o sono não-REM ativa associações fortes (indicativo de fortalecimento de memória episódica) (Stickgold, Scott, Rittenhouse & Hobson, 1999). Estes dados representam os contornos da nossa compreensão sobre o processamento de informação 'offline', com os detalhes ainda por serem inferidos.

Uri Bergmann

Potenciação de Longo Prazo da Memória Humana

Recorde-se que estudos com caracóis, moscas, camundongos e ratos ilustraram que, em contraste com a memória de curto prazo, a memória de longo prazo (ou seja, a habilidade de reter informação por várias horas, dias ou décadas) depende da expressão dos genes e a consequente síntese de proteínas que dão origem a alterações anatômicas estáveis e recuperáveis (mapas neurais). Especificamente, descobriu-se que proteínas conhecidas como *príons* agem consistentemente como um interruptor de autoperpetuação neural, permitindo a manutenção de mudanças sinápticas de longo prazo (mapas neurais/engramas), as quais permanecem estáveis e recuperáveis sob demanda.

Dada a complexidade do sistema nervoso humano, a exploração definitiva da biologia molecular subjacente à memória de longo prazo em sua maior parte tem nos escapado. No entanto, tendo em conta as lições aprendidas a partir dos constantes, mas sempre tão ligeiros ajustes da evolução, suspeita-se há bastante tempo que os mecanismos moleculares básicos encontrados consistentemente em caramujos, moscas, camundongos e ratos, devem também ser encontrados, ao menos em sua forma básica, em humanos. Não é de se surpreende então que Papassotiropoulos et al. (2005), cientistas da Universidade de Zurique, descobriram que o gene da *proteína príon* (PRPN) desempenha um papel chave na memória de longo prazo dos humanos ao mediar (como em moluscos, moscas, ratos e camundongos) um estado de autoperpetuação neural que facilita a manutenção de mudanças sinápticas de longo prazo (mapas neurais/engramas), que permanecem estáveis e recuperáveis sob demanda.

Interessante notar que Stickgold (2005) observa que linhas adicionais de investigação ofereceram evidências convergentes em relação ao papel do sono na plasticidade neural. Especificamente, isso envolve observações de diversos genes que são regulados positivamente durante o sono, os quais, acredita-se, contribuem para a plasticidade neural e consolidação da memória. Obviamente, muitos mais estudos precisam ser realizados, com muitos mais detalhes a serem inferidos. No entanto, a porta para esse mistério foi finalmente aberta.

Processamento Paralelo e Distribuído e Emoção

A exploração da emoção nos força a enfrentar dois grandes problemas. O primeiro é a heterogeneidade dos fenômenos que podem ser incluídos neste grupo. Embora a discussão continue, a maioria das opiniões parece ser que a extensão da expressão emocional pode ser aproximadamente a seguinte: felicidade, desejo, amor, tristeza, medo, raiva ou nojo. Não importam as particularidades individuais da lista, a partir de uma perspectiva descritiva, ela nunca pode estar completa. O segundo problema, embora não seja tão complexo, é a distinção entre emoções e sentimentos.

Emoções Versus Sentimentos

As emoções são complicadas, programas amplamente automatizados (mapas neurais) mediados por sistemas de ação emocionais biológicos que foram construídos pela evolução e conservados por meio dela. Lembre-se de que desde sua própria concepção evolucionista, a conscientização de processos internos (mindedness) - neste caso, a emoção - é a internalização da ação. Portanto, o mundo das emoções é em grande parte uma das ações realizadas em nossos corpos, de expressões faciais e posturas até mudanças em nossa vísceras e ambiente fisiológico interno.

Os sentimentos, por outro lado, são percepções compostas (ou traduções cognitivas) do que está acontecendo no nosso corpo enquanto estamos no processo de emocionar, juntamente com as percepções de nosso estado de espírito durante esse mesmo período. Damásio (2010) argumenta que, no que se refere ao corpo, sentimentos são representações de ações e não as próprias ações. Assim, em organismos simples capazes de comportamento, mas não de processo mental, as emoções podem estar ativas e bem, mas estados de sentimento podem não acompanhá-las necessariamente. Em relação à interação de emoções e sentimentos nos seres humanos, Damásio oferece poeticamente,

As emoções são os executores e servos obedientes do princípio do valor, a prole mais inteligente do valor biológico. Por outro lado, filhos da própria emoção, os sentimentos emocionais que colorem toda nossa vida do berço ao túmulo, avultam sobre a humanidade, tendo a certeza de que as *emoções não são ignoradas* [grifo nosso]. (p. 108)

Sistemas Operativos Emocionais

Panksepp (1998) argumenta que o estudo do cérebro em geral e das emoções em particular, devem estar enraizados nas realidades evolutivas do cérebro, se é para ser uma ciência verdadeira. Mais uma vez, o tema dos ajustes constantes mas sutis da evolução é invocado para ressaltar a compreensão fundamental de que o funcionamento humano é apenas uma variação daquele encontrado em animais inferiores. Dessa forma, os sistemas emocionais do cérebro que criam misturas de tendências de ação inatas e aprendidas em humanos, bem como em outras criaturas, devem ser estudados a fim de verdadeiramente compreender os processos afetivos (emocionais) humanos.

Emoções como PAF

Paralelamente a isto, Rodolfo Llinas (2001) propõe que consideremos as emoções como elementos na classe de *padrões fixos de ação* (PAF), onde as ações não são motoras, mas pré motoras. Além disso, ele recomenda que consideremos que, como acontece com o tônus muscular, que serve como plataforma básica para a execução de nossos movimentos, as emoções representam a plataforma pré motora que ou impulsiona ou impede a maioria de nossas ações. Ele argumenta,

> A relação dos estados emocionais para as ações, e de fato para a motricidade, é de suma importância, pois, em condições normais, é um estado emocional que fornece o gatilho e o contexto interno para a ação. Mas o estado emocional subjacente, o PAF pré motor, não só dispara a ação como um PAF, mas é também expresso na forma de outro PAF motor anexo, tal como uma expressão facial, que telegrafa aos outros o contexto ou a motivação para a ação e, possivelmente, a iminência da própria ação. (p. 156-157)

Da mesma forma, as disposições de Damásio (2010) contribuem com os processos emocionais, gerando ações de vários tipos e de vários níveis de complexidade, tais como a liberação de hormônios na corrente sanguínea e a contração dos músculos nas vísceras, assim como os músculos no corpo, na face, ou no aparelho vocal.

Como um exemplo, os animais não precisam aprender a explorar o seu ambiente em busca de itens necessários para a sobrevivência. Um programa pré conectado (mapa neural) para a *busca* está embutido no cérebro. Além disso, os animais não precisam aprender a experimentar e expressar medo, raiva, dor, desejo ou alegria. Como veremos, a evolução imprimiu muitos *padrões de ação neurocomportamentais espontâneos* dentro da dinâmica neural herdada nos cérebros da maioria dos animais.

Consequentemente, Panksepp (1998) afirma que "todo mamífero, de fato todo organismo, vem ao mundo com uma variedade de habilidades que não requerem aprendizagem anterior, mas que proporcionam oportunidades imediatas para que aprendizagem mais complexas ocorram" (p. 25).

A Evolução dos Sistemas de Ação Biológicos

No que diz respeito à emoção, os sistemas operativos emocionais de Panksepp (1998), os PFA de Llinas (2001) e as disposições de Damásio (2010) oferecem soluções para problemas de sobrevivência como os seguintes: Como faço para obter o que eu preciso? Como faço para manter com segurança o que eu preciso? Como faço para permanecer intacto e seguro? Como posso me assegurar de que tenho contatos sociais e apoio? Essas grandes questões de sobrevivência, que todos os animais enfrentam, foram respondidas durante o longo curso da evolução neural pelo surgimento dessas tendências neurais emocionais intrínsecas (mapas predefinidos) dentro do cérebro.

Critérios Neurais dos Sistemas Emocionais

Panksepp (1998) argumenta que, do ponto de vista da neurociência afetiva, é essencial que tenhamos definições neuralmente baseadas que podem ser utilizadas também em pesquisas sobre o cérebro e nos estudos psicológicos e comportamentais que são conduzidos em humanos maduros, crianças e outros animais. Por conseguinte, Panksepp enumera seis critérios neurais objetivos que definem os sistemas operativos emocionais, os PAF e as disposições (sistemas de ação) no cérebro. Esses critérios são os seguintes:

1. Os circuitos subjacentes devem ser predeterminados geneticamente e projetados para responder incondicionalmente aos estímulos decorrentes das grandes circunstâncias desafiadoras da vida.

2. Estes circuitos devem organizar diversos comportamentos, ativando ou inibindo circuitos motores e alterações hormonais autonômicas simultâneas que se revelaram ser adaptativas em face das tais circunstâncias desafiadoras da vida durante a história evolutiva da espécie.

3. Esses circuitos emocionais devem alterar a sensibilidade dos sistemas sensoriais que são relevantes para as sequências de comportamento que foram despertadas. Em outras palavras, eles podem modular as entradas sensoriais tornando-as mais ou menos sensíveis aos estímulos recebidos.

4. A atividade neural destes sistemas emocionais deve durar mais que as circunstâncias precipitantes, indicando a sua estabilidade e consistência ao longo do tempo.

5. Esses circuitos emocionais devem estar sob o controle condicional de estímulos ambientais emocionalmente neutros. Em outras palavras, eles podem ser modulados por estímulos cognitivos, permitindo que a criatura adquira respostas aprendidas e condicionadas em relação a estímulos ambientais neutros.

6. Estes circuitos devem ter interações recíprocas com os mecanismos cerebrais que elaboram processos de tomada de decisão superiores e consciência.

Estes sistemas de ação são, portanto, organizadores e estabilizadores do self com relação à homeostase, tempo e contexto da experiência. Eles também são sistemas funcionais que têm sido desenvolvidos no curso da evolução e são análogos aos sistemas biológicos dos mamíferos e de outras espécies.

Classificando Sistemas Operativos Emocionais

Panksepp (1998), utilizando nomes descritivos ao invés de nomes científicos, designa os seguintes sistemas operacionais emocionais (sistemas de ação) como definidos principalmente por *circuitos neurais geneticamente codificados* que geram sequências emocionais e comportamentais bem organizadas, que podem ser evocadas por estimulação elétrica concentrada destes circuitos neurais no cérebro:

1. sistema de busca, que medeia interesse e exploração do meio ambiente, buscando alimento, calor e satisfação sexual
2. sistema de medo, que medeia fuga ou congelamento
3. sistema de raiva, que medeia luta
4. sistema de pânico, que medeia vocalização de perigo e vínculos sociais

O Sistema de Busca

Este sistema emocional é uma rede neural coerente que medeia uma determinada categoria de habilidades para sobrevivência. Este sistema torna os animais *intensamente interessados* em explorar o seu mundo e os leva a tornarem-se *animados* quando estão prestes a conseguir o que desejam. Permite que os animais encontrem e ansiosamente almejem as coisas que precisam para a sobrevivência, como alimentação, água, calor, e sua derradeira necessidade de sobrevivência evolutiva, sexo.

Aparentemente, quando totalmente ativado, este sistema preenche a mente com interesse e motiva os organismos a mover seus corpos sem esforço em busca daquilo de que necessitam, anseiam e desejam (Panksepp, 1998). Nos humanos, este provavelmente é um dos principais sistemas cerebrais que gera e sustenta a *curiosidade*, mesmo para atividades intelectuais. Além disso, este sistema é obviamente eficiente na facilitação da aprendizagem, especialmente no domínio de informações sobre onde os recursos materiais estão situados, e a melhor maneira de obtê-los.

O Sistema de Raiva

Trabalhando em oposição ao sistema de busca está o sistema que medeia a ira. Consequentemente, a raiva é despertada pela frustração e tentativas de limitar a liberdade de ação de um animal. Este sistema não só ajuda os animais e seres humanos a se defenderem, mas também energiza o comportamento quando um animal ou ser humano está irritado ou contido.

O Sistema de Medo

Panksepp (1998) demonstra que o circuito deste sistema foi provavelmente concebido durante a evolução para ajudar os animais a reduzirem a dor e a possibilidade de destruição. Portanto, quando estimulado, este circuito conduz os animais à fuga. Além disso, provoca, nos animais, uma resposta de *congelamento*. Esta resposta pode ser de natureza simpática, o que conduz a uma imobilidade hipervigilante (reduzindo a possibilidade de destruição), ou de natureza parassimpática, levando a uma imobilidade e analgesia (reduzindo a dor de uma destruição iminente). Nos seres humanos, este sistema opera de forma semelhante, o que nos permite ficar imóvel ou escapar para estados de fuga dissociativa. Mais sobre isso mais adiante.

O Sistema de Pânico

Como resultado desta rede neural, a evolução forneceu garantias para assegurar que os pais cuidem de seus filhos, ao dar à sua jovem e dependente prole um poderoso sistema emocional para indicar que estão precisando de cuidados (expresso pelo choro e outros apelos na separação).

Estes sistemas são, portanto, os elementos básicos que moldam a personalidade. De forma ideal, ocorre integração no interior e entre os sistemas de ação, como resultado de um curso de desenvolvimento não traumático. Ao longo da evolução, esses sistemas de ação primitivos tornaram-se vinculados a funções corticais superiores, permitindo-nos participar de tendências de ação complexas, incluindo relacionamentos complexos (van der Hart, Nijenhuis, & Steele, 2006).

Quando o crescimento evolutivo do córtex humano abriu os circuitos relativamente fechados de nossos cérebros mamíferos e reptilianos, fomos habilitados a considerar alternativas próprias, e não apenas alternativas construídas pela natureza. Agora podemos escolher desfrutar o medo (se apropriado) ou criar arte a partir da nossa solidão. Panksepp (1998) observa que "afetivamente, podemos escolher ser anjos ou demônios... podemos escolher nos apresentar de forma diferente do que realmente sentimos. Podemos ser calorosos e ou ásperos, apoiadores ou sarcásticos, à vontade" (p. 301). No entanto, é improvável que esses sentimentos humanos sofisticados existissem sem o andaime neural básico de nossos antigos sistemas emocionais.

Funcionar como adultos, portanto, envolve uma profunda complexidade de objetivos biopsicossociais (cuidar de crianças, socialização, competir, amar e proteger, e explorar nossos mundos interno e externo). Atingir estes objetivos envolve uma profunda integração destes sistemas de ação. Na verdade, a maior parte dos conflitos psicológicos, do neurótico ao severamente dissociativo, envolve a dificuldade de equilibrar e integrar esses sistemas de ação. Voltaremos a isso.

Conexões Neurais de Sistemas Operativos Emocionais, PAF e Disposições

O sistema de organização que integra os domínios emocionais e biológicos da mente e do corpo é o córtex orbitofrontal (COF), localizado no hemisfério direito. Esta estrutura exerce administração executiva sobre o funcionamento de todo o hemisfério direito. Ele fica no ápice do sistema límbico rostral e medeia as funções do giro do cíngulo anterior, tálamo, hipotálamo, ínsula, hipocampo, amígdala, mesencéfalo, ponte e bulbo raquidiano.

Função e Estrutura Orbitofrontal

O COF é conhecido por desempenhar um papel fundamental no processamento de sinais *interpessoais* necessários para a iniciação das interações sociais entre indivíduos (Schore, 1994). Os neurônios orbitofrontais, em especial, processam informação visual e auditiva associadas com rostos e vozes *emocionalmente* expressivos (Romanski et al, 1999; Scalaidhe, Wilson & Goldman-Rakic, 1997). Este sistema límbico-frontal também está envolvido na representação de informação altamente integrada no estado organísmico (corpo) (Tucker, 1992). Acredita-se agora que o nível mais básico do processo de regulação é a regulação da excitação (Tucker, Luu & Pribram, 1995). Por conseguinte, o COF no hemisfério direito, está envolvido tanto na geração quanto na regulação de excitação

(Critchley, Corfield & Chandler, 2000). Voltaremos a isso com mais detalhes.

COF Simpático Ventral

A área frontal ventral simpática do COF medeia excitação dopaminérgica (Iversen, 1977). Lembre-se que o sistema dopaminérgico utiliza a dopamina como seu transmissor, liga-se aos receptores dopaminérgicos, e medeia aspectos da função motora exploratória e de busca, recompensa, cognição e mecanismos endócrinos.

Estes circuitos (os componentes deste mapa neural) começam nas formações reticulares do tronco cerebral e se projetam rostralmente (do tronco cerebral, em direção ao córtex) aos núcleos simpáticos do hipotálamo, à amígdala, e, em seguida, mais acima para o giro cingulado e, finalmente, à região frontal ventral do COF.

Lembre-se que os sistemas operacionais emocionais (sistemas de ação) são definidos principalmente por circuitos neurais específicos e geneticamente codificados, que geram sequências emocionais e comportamentais bem organizadas, as quais podem ser evocadas pela estimulação elétrica localizada destes circuitos neurais no cérebro. Consequentemente, este circuito límbico excitatório (expansão de energia), o *circuito límbico tegmental ventral prosencéfalo-mesencéfalo*, está envolvido com a geração de estados de valência positiva associados com o comportamento de aproximação, recompensa motivacional e estratégias de enfrentamento ativas (Corbett & Wise, 1980; Schore, 1994, 2001a). Portanto, este circuito contém os mapas neurais que medeiam os sistemas de busca e de pânico, mediando assim o nosso caso de amor com o mundo e com as pessoas ao nosso redor. Ele também medeia os sistemas de raiva e os aspectos de fuga mediados simpaticamente do sistema de medo, o que nos permite lutar ativamente ou fugir do perigo.

COF Parassimpático Lateral

As regiões laterais do COF têm conexões recíprocas com neurônios noradrenérgicos reguladores de excitação. Isto inclui o circuito límbico de amadurecimento tardio (conservação de energia), o *circuito límbico tegmental lateral prosencéfalo-mesencéfalo*, que ativa o aparecimento de um estado inibitório parassimpático, regula afeto negativo, e está associado à evitação e ao enfrentamento passivo (Nauta & Domesick, 1982; Schore, 1994, 2001a).

A estimulação dos circuitos inibitórios orbitofrontais noradrenérgicos resulta em "calma comportamental" (Arnsten, Steere, & Hunt, 1996). Este circuito (os componentes deste mapa neural) começa na medula do tronco cerebral (complexo vagal), projetando-se rostralmente aos núcleos parassimpáticos do hipotálamo e à amígdala e ao giro do cíngulo, finalmente terminando nas regiões laterais do COF. Assim, este circuito contém os mapas neurais que medeiam os aspectos parassimpáticos do sistema de medo, permitindo-nos, assim, escapar passivamente ou lidar com os eventos que frustram nossa busca e apego, por meio da mediação da retirada passiva ou da imobilidade tônica.

Excitação e Inibição do Córtex Orbitofrontal

Nas áreas orbitofrontais, a *dopamina excita* e a *norepinefrina inibe* a atividade neuronal (mediando um efeito calmante). O funcionamento desses dois circuitos límbicos no COF ilustra que as emoções e os sistemas que os medeiam organizam o comportamento ao longo de uma dimensão *apetitivo-aversivo* básica associada ou com um conjunto comportamental envolvendo *aproximação* (exploração, apego ou agressão) ou com um conjunto induzindo à *evitação* (fuga passiva e defesa; Schore, 2001a). Portanto, esses circuitos medeiam e organizam os mapas neurais dos sistemas operacionais emocionais, PFA e disposições acima mencionados. Voltaremos a este assunto em mais detalhes.

Disparando e Executando Emoções

O fato de que as emoções são programas de ação não aprendidos, automatizados e previsivelmente estáveis ilustra sua origem na seleção natural e instrução genética. Damásio (2010) considera que estas instruções foram altamente conservadas pela evolução e resultam no fato de o cérebro ser montado de uma maneira específica e confiável, de modo que certos circuitos neuronais (mapas neurais) processam estímulos baseados na emoção e facilitam a construção de respostas emocionais plenas e adaptativas.

Então, como as emoções são disparadas e executadas? Em geral, por representações de objetos ou eventos que estão realmente acontecendo no momento ou que aconteceram no passado e que agora estão sendo recuperados. Os sinais das representações processadas são então disponibilizados para diversas regiões do cérebro, correspondente aos circuitos neurais mencionados acima. Assim, certas configurações de sinais (mapas neurais) são susceptíveis de ativar um determinado circuito neural, enquanto não ativa outros. Como um exemplo, dependendo do contexto do estímulo ambiental (interno ou externo), mapas neurais tornam-se ativados, fazendo-nos sentir felizes, tristes, com raiva ou com medo. De vez em quando, determinados estímulos são vagos o suficiente para ativar mais de um local, facilitando assim um estado emocional composto, resultando em uma *mistura de sentimentos*.

Disparo Emocional

Nos seres humanos, as emoções podem desencadear ideias e planos. Como um exemplo, uma emoção negativa como a tristeza, pode levar à evocação de ideias sobre fatos ou memórias negativas, enquanto uma emoção positiva pode provocar o oposto. Assim, certos estilos de processamento mental são rapidamente estabelecidos enquanto uma emoção se desenvolve. A tristeza, por exemplo, reduz a velocidade do pensamento e pode fazer com que a pessoa se debruce sobre as situações que a estimularam, ao passo que a alegria pode acelerar o pensamento e reduzir a atenção para eventos não relacionados. O total dessas respostas constitui um estado emocional, manifestando-se rapidamente e, em seguida, diminuindo até que novos estímulos capazes de causar emoções sejam experimentados. Os *sentimentos* de emoções compreendem a etapa seguinte, constituindo a percepção composta de tudo o que se passou durante a emoção.

Os programas de emoção utilizam todos os componentes da nossa máquina reguladora da vida que foram conservados por meio da evolução, tais como a percepção e detecção de condições, a medida dos graus de necessidade interna e nossa capacidade de previsão. Damásio (2010) propõe que "impulsos e motivação são componentes mais simples de emoção. É por isso que a felicidade ou a tristeza de alguém altera o estado dos anseios e motivações da pessoa, mudando imediatamente a mistura de apetites e desejos" (p. 111).

Execução Emocional

Lembre-se que a memória emocional e suas emoções resultantes são não-declarativas (implícitas), no sentido em que a memória emocional é derivada da experiência, mas é expressa como uma mudança no comportamento ou estado emocional, e não como uma recordação. Como vimos na seção sobre memória, muitas formas de memória implícita também são bem desenvolvidas em animais invertebrados. Estas formas de aprendizagem, tais como habituação, sensibilização e condicionamento clássico, foram preservadas ao longo da história evolutiva e estão presentes em todos os animais com um sistema nervoso suficientemente desenvolvido, desde invertebrados, como a Aplysia (caracóis) e Drosophila (moscas), até os vertebrados, incluindo os seres humanos (Squire & Kandel, 1999). Os vertebrados obviamente desenvolveram formas mais complexas de aprendizagem emocional e aprendizagem por habituação, correspondentes aos seus repertórios emocionais, motores e perceptivos mais complexos.

Estas várias formas de memória implícita não exigem a participação dos sistemas de memória do lobo temporal medial (hipocampo e para-hipocampal). Consequentemente, nos referimos à memória implícita e sua emoção resultante como *reflexiva* e à memória declarativa e sua recordação resultante como *refletiva*. Squire e Kandel (1999) observam,

> Em grande parte, por força do estado inconsciente destas formas de memória, elas criam muito do mistério da experiência humana. Aqui surgem as disposições, hábitos e preferências que são inacessíveis à lembrança consciente, mas que, no entanto, são moldadas por acontecimentos passados, influenciam nosso comportamento e a vida mental, e são uma parte importante de quem somos. (p. 193)

Processamento Paralelo e Distribuído e Linguagem

Rodolfo Llinas (2001) argumenta que a linguagem é filha do pensamento abstrato. Por si só essa afirmação não soa muito radical, uma vez que muitas pessoas consideram a abstração e a linguagem como sofisticados domínios exclusivos dos humanos. No entanto, Llinas, fundamentado pela disciplina científica, está bastante ciente de que, essencialmente, nada no funcionamento humano é puramente exclusivo a nós a partir de uma perspectiva evolutiva. Não importa quão sofisticada qualquer uma de nossas funções parece ser, elas são apenas *atualizações*, pequenos ajustes da evolução, e se olharmos com atenção suficiente, vamos encontrar as origens e o esqueleto de qualquer função humana específica, em outros vertebrados e invertebrados.

Abstração

Então, o que queremos dizer com abstração e/ou pensamento abstrato? De um modo geral, a abstração geralmente se refere a algo que existe apenas na mente, uma ideia, um conceito, uma representação mental ou imagem de algo que pode (ou não) existir no mundo exterior. Tendo em conta o que já vimos anteriormente no que diz respeito à evolução, a abstração ou o grupo de processos neurais que produz a abstração deve ser um princípio fundamental do papel do sistema nervoso.

Em vista disso, Llinas (2001) sugere que, como tal, é bastante provável que o pensamento abstrato provavelmente começou há muito tempo em sistemas nervosos muito primitivos. Esta visão é apoiada pela observação de que o sistema nervoso é voltado para o processamento de informações, previsão e ação. Assim, a fim de que qualquer animal possa gerar ação adaptativa e previsiva, ele primeiro deve ser capaz de gerar algum tipo de imagem interna de si mesmo, e essa imagem deve ser a base de uma estratégia em torno da qual organizar a tática (previsão) que o animal irá utilizar. Além disso, além do senso de si mesmo do animal, fisicamente, e do estímulo que recebe a partir do ambiente externo, os circuitos intrínsecos do seu sistema nervoso deve ser capaz de gerar uma representação interna do seu mundo exterior, a fim de prever e agir, lançando os PFA apropriados. Isso soa bastante abstrato, não é mesmo?

Prosódia: A Origem e Fundamento da Linguagem

Então, o que queremos dizer quando pensamos em *linguagem*? Penso que a primeira coisa que vem à mente é linguagem humana, sua variedade, o fato de que é falada e escrita, e que transmite abstração e complexidade. Além disso, na ausência de uma compreensão sobre a evolução, a maioria das pessoas a consideraria exclusivamente humana. No entanto, como já vimos em relação aos padrões da evolução, isto não é possível. Embora exibamos a mais rica e complexa das linguagens, não somos nem a origem, nem os únicos possuidores da mesma.

Vamos começar por definir linguagem como um método pelo qual um animal pode se comunicar com outro. Lembre-se que Llinas (2001) argumentou que a linguagem é um produto lógico das propriedades de abstração intrínsecas do sistema nervoso central. Assim, ele postula que uma subcategoria fundamental dentro da linguagem é a *prosódia*, uma "forma de comportamento motor, uma gesticulação externa de um estado interno, uma expressão externa de abstração intrinsicamente gerada que significa algo para um outro animal" (p. 229). Para nós, o sorriso, riso, franzir a testa e o levantar das sobrancelhas são todos PFA e formas de prosódia, pois comunicam nosso estado interno momentâneo, de uma forma que é familiar e compreensível para os outros.

Prosódia em Insetos

Embora não seja falada, a prosódia não deixa de ser uma linguagem que é intencional e comunicativa em sua intenção e função, e de forma alguma limitada aos seres humanos. Como exemplo, um dos primeiros idiomas não humanos a ser compreendido foi o das abelhas. Hammer e Menzel (1995) argumentam que esta linguagem é basicamente uma dança, um ritmo e orientação executados no espaço. Estas várias danças, cada uma específica a abelhas de uma determinada espécie, comunicam informações sobre a quantidade e a localização dos alimentos, em relação à colmeia. Isto constitui uma forma de comunicação que requer uma ordem social, de modo que a informação transmitida pode ser utilizada para um propósito pelo organismo receptor.

Prosódia em Mamíferos

Em um nível mais elevado de evolução, podemos ver línguas que transmitem um nível mais complexo de organização. Em lobos, a prosódia é mais sofisticada, utilizando vários caminhos motores para expressão, incluindo vocalização, contato visual, acenos de cabeça e comunicação corporal. Por exemplo, a dominância é comunicada tanto pela expressão de força física do macho alfa, bem como pelos machos subordinados que expressam sua posição social e submissão rolando sobre suas costas e oferecendo ao macho alfa seu pescoço. Esta forma de linguagem, mediada por PFA pré-motores/emocionais e motores, estabelece uma hierarquia social que é fundamental para as estratégias da matilha como um todo.

Linguagem Humana

A linguagem humana se desenvolveu como uma extensão destas condições pré-motoras. Conforme nosso pensamento abstrato foi se tornando mais rico, tornou-se necessário para a evolução permitir que os seres humanos substituíssem os seus PFA existentes, adicionando circuitaria e sofisticação maiores para o seu sistema talamocortical. No entanto, a natureza e a evolução mantiveram nossos PFA básicos como uma fundação, enquanto nos dava a capacidade de elaborar sobre eles. Assim, a prosódia é o alicerce, e a linguagem humana é a casa que construímos sobre ele. Llinas (2001) sugere que "é o equilíbrio evolutivo finamente alcançado entre eficiência computacional automática e a capacidade de gerar nuance necessária para as nossas ações, que caracteriza a singularidade do nosso cérebro e suas habilidades" (p. 242).

Vamos examinar, como exemplo, algo como falar em público no que diz respeito ao número de sistemas neurais que devem ser vinculados em paralelo [processamento paralelo e distribuído (PPD)]. Em relação a sistemas motores neurais, é preciso ser capaz de manter uma postura vertical ereta, por vezes dando passos e se movendo, enquanto executa os sistemas que permitem que os mecanismos respiratório, laríngeo e orofacial atuem em sincronia. Sistemas sensoriais que medeiam sensação e percepção devem estar ligados. Ao mesmo tempo, sistemas associativos, cognitivos, de memória, e outros sistemas neurais que medeiam pensamento e abstração devem ser ativados e ligados entre si. Finalmente, um sistema neural que entrelaça os PFA com sua elaboração sofisticada, mediando nossa elegante linguagem humana, deve ser ativado. É o total deste processamento e função paralelos e distribuídos que nos dá linguagem humana.

Integração Temporal

Como vimos até agora, as funções neurais, como percepção, memória, linguagem e outros aspectos da consciência são baseados em um sistema de processamento de informação altamente distribuído por todo o cérebro. Uma das principais questões, por enquanto, é a forma como esta informação é integrada de forma síncrona e como estados de representação coerentes (mapas temporais) podem ser estabelecidos nos sistemas neuronais distribuídos (mapas espaciais) que facilitam estas funções.

Em outras palavras, o PPD e o conexionismo nos informam sobre a construção e os conteúdos mapeados destes sistemas neurais distribuídos. O processamento paralelo e distribuído medeia a ativação dos sistemas necessários a serem *ligados* para qualquer aspecto do processamento de informação (mapeamento espacial). Como, então, é que estes sistemas, cada um criado pela sincronização dos potenciais de ação, cada um oscilando em sua própria frequência de assinatura, se unem para formar representações e experiências (mapas temporais) perceptuais, de memória, somatossensoriais, linguísticas ou emocionais coerentes e integradas? Ou, se o PPD fornece as peças/sistemas a serem ligados, bem como o mapa espacial de suas localizações, o que é que facilita a conexão/integração de várias frequências sistêmicas (em uma frequência comum), que é requisito para função e experiência (mapeamento temporal) coerentes e integradas (em oposição à fragmentada)?

Como veremos agora, parece ser a circuitaria talamocortical e sua inerente atividade de frequência de 40 Hz gama que são necessárias para integrar, em tempo real, os vários conjuntos neuronais mencionados acima, cada um oscilando em suas respectivas frequências (Llinas, 2001; Llinas & Ribary, 2001; Singer 1993, 2001).

Integração Temporal Talamocortical dos Núcleos Talâmicos Específicos e Não Específicos

A fim de entender esse complexo e misterioso processo, vamos começar com um exemplo experiencial. Imagine que você está em um encontro científico assistindo a uma palestra. O próximo slide exibido mostra um terapeuta e seu paciente, ambos adormecidos. Você e o público riem, mas você sabe que há mais do que humor sendo expresso. Em uma audiência de psicoterapeutas, todos estão profundamente cientes de que esta foi uma experiência complexa, na medida em que esse riso ressoou tanto o humor do momento, quanto o fato de que o cenário descrito no slide é também considerado o pior pesadelo de um terapeuta. Vamos examinar o papel da integração temporal nesta experiência.

Integração Temporal da Realidade Externa

Um diagrama da circuitaria talamocortical que parece facilitar integração temporal é apresentada na Figura 5.1.

Em resposta à sua atenção ou percepção dirigida externamente (neste caso, o slide), ondas oscilatórias de frequência 40 Hz gama (no circuito A, do lado esquerdo da Figura 5.1) geradas pelos núcleos talâmicos ventrolateral "específico" e reticular se projetariam e estabeleceriam ressonância com a circuitaria *sensorial* e *motora* (cada uma oscilando em sua própria frequência de assinatura) da camada neural IV. Essas oscilações de 40 Hz também estabeleceriam ressonância com outros interneurônios geradores de onda de 40 Hz na camada IV. Esta atividade oscilatória e ondulatória de 40 Hz iria, na verdade, *procurar, atingir, e sincronizar* a frequência e a atividade desses sistemas sensoriais e motores (inicialmente oscilando em suas próprias frequências de assinatura), criando uma *ressonância de frequência de rede*, integrando-as assim em uma experiência perceptual externamente gerada, coerente e integrada.

Colocado de outra forma, os complexos mapas espaciais criados pelo funcionamento dos seus olhos, ouvidos, nariz, pele (tátil) e músculos, juntamente com seus respectivos córtices visual, auditivo, olfativo, somatossensorial e motor, situados em localizações neurais distantes, seriam sincronizados em um conjunto neural coerente, simultaneamente em tempo real, sincronizando assim os sistemas neurais que medeiam sua experiência de informações do mundo externo (mapeamento temporal).

Essas oscilações ventrolaterais específicas, iriam, então, retornar e entrar novamente no tálamo via camada VI, produzindo uma *resposta de retorno* nos núcleos talâmicos *reticular* e *ventrolateral* (Llinas & Pare 1991; Llinas & Ribary, 2001; Singer, 1993; Steriade et al, 1990). Em outras palavras, o retorno destas oscilações para o tálamo constituiria o mapa temporal da informação sensorial extrínseca (externa) que foi percebida em relação ao slide.

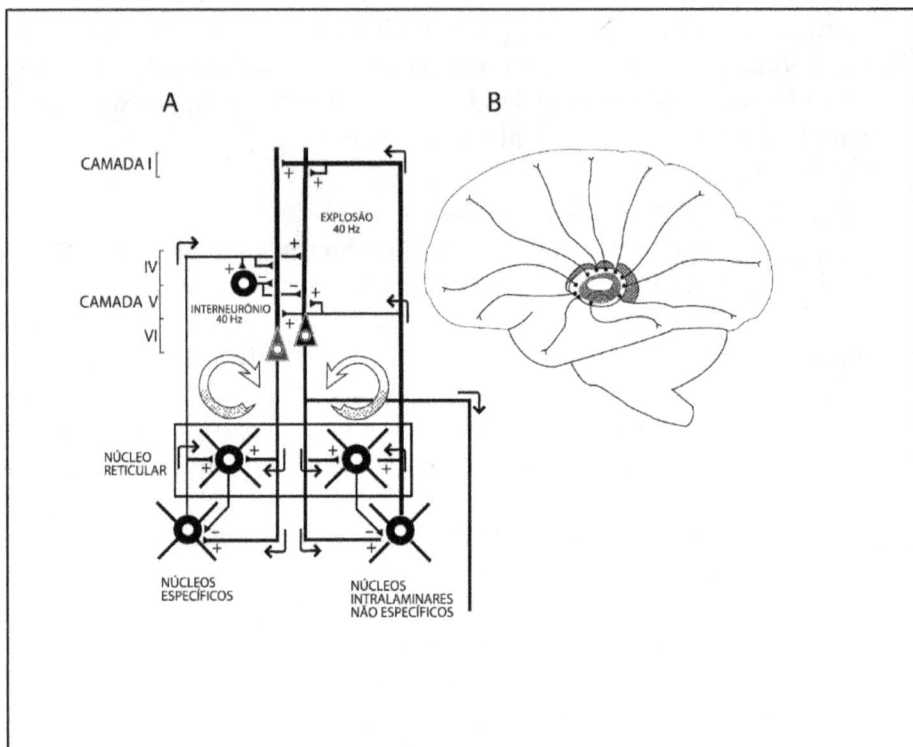

FIGURA 5.1 Diagrama de dois sistemas talamocorticais. (Esquerda) Núcleos sensoriais ou motores específicos que medeiam informação do ambiente externo. (Direito) Segundo circuito mostra núcleos intralaminares não específicos que medeiam informação de nosso ambiente subjetivo interno.

Adaptado de Llinas, R., & Ribary, U. (1993). Oscilação de 40 Hz coerente caracteriza estado de sonho em humanos. Proceedings of the National Academy of Sciences, EUA, 90, 2078-2081. Copyright 1993, National Academy of Sciences, EUA.

Integração Temporal da Realidade Interna

Simultaneamente, no circuito B (no lado direito da Figura 5.1), as ondas oscilatórias de frequência gama 40 Hz, geradas pelos núcleos talâmicos centro-lateral "não específico" e reticular, se projetariam em direção aos circuitos neurais interoceptivos (mapas espaciais) e estabeleceriam ressonância com eles mediando associações, memórias, emoções e outros fenômenos subjetivos internos (cada um oscilando em suas próprias frequências de assinatura) das camadas VI e I. Estas oscilações de 40 Hz também estabeleceriam ressonância com outros interneurônios geradores de onda de 40 Hz nas camadas VI e I. Esta atividade oscilatória ondulatória de 40 Hz iria, na verdade, procurar, atingir, e sincronizar a atividade desses sistemas interoceptivos internos (inicialmente oscilando em suas próprias frequências de assinatura), criando uma ressonância de frequência de rede, integrando-as assim em uma experiência perceptual internamente gerada, coerente e integrada.

Posto de outra forma, os complexos mapas espaciais criados pelo funcionamento de suas associações, memórias e emoções, situados em várias localizações neurais, seriam sincronizados em um conjunto neural coerente (mapa temporal), simultaneamente em tempo real, sincronizando assim os sistemas neurais que medeiam sua experiência de informações do seu mundo interno subjetivo. Portanto, as áreas do cérebro que se associaram e mediaram o riso, outras emoções, memórias, o significado de pacientes e terapeutas adormecendo durante as sessões, e quaisquer outras experiências subjetivas em relação ao slide foram conectadas e unidas.

Integração Temporal das Realidades Interna e Externa Combinadas
Essas oscilações não específicas central-laterais entram novamente no tálamo via camadas V ou VI dos núcleos talâmicos reticular e centro-lateral. O *retorno combinado simultâneo* de oscilações de frequência gama (de ambos os circuitos), para dentro dos núcleos talâmicos reticulares produz uma *somatória simultânea* (um mapa temporal combinado) da informação codificada e sincronizada específica e não específica, permitindo assim a sua experiência integrada do material sensorial *extrínseco*, da risada *intrínseca*, e qualquer outra experiência subjetiva interna que o slide possa ter produzido.

Os estudos sobre integração temporal citados acima mostram que a somatória neural destes dois circuitos talamocorticais globais e abrangentes produz a integração temporal que é necessária para gerar funcionamento motor, perceptual, somatossensorial, cognitivo, emocional, de memória e linguístico coerentes. Portanto, a circuitaria talamocortical *específica* fornece o *conteúdo* que se relaciona com o mundo externo, enquanto que a circuitaria talamocortical *não específica* fornece o *contexto* (consciência subjetiva interoceptiva) de um dado momento da consciência.

Como em outras áreas do funcionamento neural, esse modelo ilustra apenas os contornos fundamentais da sincronia e integração neural. Os detalhes exatos ainda têm que ser compreendidos. Como exatamente a atividade cerebral oscilatória penetrante de 40 Hz modula a frequência de sistemas parietais e temporais que tendem a oscilar nas frequências delta (0,1-3 Hz) e teta (3-8 Hz), de sistemas occipitais que tendem a oscilar na frequência alfa (8-12 Hz), ou de sistemas parietais e frontais, que tendem a oscilar na frequência beta (12-30 Hz)? Como essas diferentes frequências são moduladas, ou de alguma forma inibidas, a fim de criar uma ressonância de frequência de rede que os integra de forma coerente e temporalmente? Se observamos as lições que a evolução nos ensinou até agora, é provável que a resposta a estas questões resida em alguns aspectos da genética molecular e da síntese de proteínas. No entanto, como em todas as coisas, primeiro vêm os contornos e então, eventualmente, os detalhes. No entanto, os contornos são fascinantes!

De Neurônios ao Self

Llinas (1987, 2001) tem argumentado que o cérebro é predominantemente um sistema *fechado*, cuja organização é orientada principalmente para a geração de representações intrínsecas (internamente geradas). À primeira vista, isso pode não parecer correto. Não deveria ser um sistema aberto projetado principalmente para processar informação do mundo exterior, para lidar com a realidade?

Até recentemente, na ausência de neuroimagem funcional e seus dados resultantes, a visão predominante, como originalmente sugerido por Sherrington (1906), era de que o cérebro é um sistema aberto, utilizando sua energia para lidar predominantemente com a realidade externa. No entanto, os dados de pesquisas recentes têm refutado esta ideia. No entanto, muito antes dos dados mais recentes, William James (1890), de forma presciente, sugeriu o seguinte:

Suficiente já foi dito para provar a lei geral da percepção, que é esta, que embora parte do que percebemos vem aos nossos sentidos a partir do objeto diante de nós, outra parte (e pode ser a maior parte) sempre vem (na frase de Lázaro) de nossa própria cabeça. (p. 103)

Embora predominantemente ignorada pela corrente principal da psicologia, esta noção inspirou Sigmund Freud e tornou-se a pedra angular do movimento psicanalítico.

Consumo de Energia Neural

Então, o que os dados mostram? No adulto humano médio, o cérebro representa cerca de 2% do peso corporal. Surpreendentemente, porém, apesar de seu tamanho relativamente pequeno, o cérebro é responsável por cerca de 20% da energia consumida por todo o corpo (Clark & Sokoloff, 1999; Raichle, 2006). Ainda mais notável, este alto consumo de energia ocorre mesmo em *repouso*, um estado comportamental caracterizado por repouso tranquilo com os olhos fechados ou abertos e com ou sem estimulação visual. Além disso, em relação a esta taxa muito elevada de consumo de energia, o consumo de energia *adicional* associado com as mudanças provocadas no cérebro (processamento de informações do mundo externo) é extraordinariamente pequeno, muitas vezes, menos de 5% (Raichle, 2006, 2009). Portanto, a esmagadora maioria da energia utilizada pelo cérebro é para a nossa realidade interna intrínseca, ao passo que apenas uma pequena quantidade é utilizada para lidar com qualquer aspecto da nossa realidade exterior.

Marcus Raichle (2009), um dos pioneiros da neuroimagem funcional, constata que a partir desses dados, parece claro que o enorme consumo de energia do cérebro (mediado por atividade intrínseca) é pouco afetado pelo desempenho de tarefas extrinsecamente mediado. Observando sua concordância com Llinas (2001), Raichle argumenta que a evolução projetou e ordenou que a maior parte da previsão do cérebro seja conduzida e mediada pela sua circuitaria intrínseca e, portanto, *subjetiva*: realidade não *objetiva*. Há muito tempo se suspeita de que a capacidade de reflexão sobre o passado ou a ponderação sobre o futuro tem facilitado o desenvolvimento de atributos humanos únicos, como a imaginação e a criatividade. Na verdade, não há nada mais humano do que a forma com que nós utilizamos nossa interpretação subjetiva (intrínseca) do passado para gerar previsões sobre nossa realidade presente e futura.

Aparentemente, então, a informação extrínseca tem muito menos valor em nossas decisões sobre nossa vida pessoal do que deveria. Lembre-se de que, para que o sistema nervoso possa prever, deve realizar uma rápida comparação das propriedades sensoriais/estímulos do mundo externo com uma representação interna/subjetiva do mundo. Nos humanos, esta representação interna é impulsionada por experiências sensoriomotoras, associações, memórias e emoções. Portanto, esse equilíbrio deslocado em direção à subjetividade interior e as previsões que ele gera sobre nós mesmos, o nosso ambiente e aqueles que nos rodeiam, em detrimento da objetividade externa, está no cerne de nosso conhecimento, criatividade, alegrias e tristezas, e da qualidade dos nossos relacionamentos.

Consequentemente, alguns levantaram a intrigante possibilidade de que a atividade espontânea e contínua do cérebro pode realmente gerar, por planejamento, processos globalmente coerentes por si só. Isso nos traz de volta para a noção de Rodolfo Llinas (2001) de que o cérebro é predominantemente um sistema fechado, cuja organização é voltada principalmente para a geração de representações intrínsecas (internamente geradas). Portanto, como regra geral, o *significado* dos estímulos sensoriais do mundo externo (o lado específico da circuitaria) é dado pela disposição interoceptiva preexistente da organização subjetiva interna do cérebro (o lado não específico da circuitaria).

Portanto, por finalidade, nossas conexões colocam uma prioridade significativamente maior na subjetividade do que na objetividade. Como clínicos, nós certamente sabemos que isso é verdade. A maior parte dos problemas emocionais que nos acontecem, de neuroses a transtornos de personalidade e transtornos pós-traumáticos e dissociativos, são movidos por percepções emocionais intrínsecas que não são mais congruentes com a realidade extrínseca. Isso certamente levanta a questão de se saber se nossa consciência, com sua finalidade intrínseca, é adaptativa ou, na verdade, uma *falha* evolutiva ainda a ser remendada. Voltaremos este assunto.

A Essência da Consciência

Recorde-se que a subjetividade intrínseca é mediada pelos circuitos não específicos do sistema talamocortical. Danos ao núcleos do sistema talamocortical específico produz apenas uma perda da modalidade sensorial que foi mediada pelo núcleo específico danificado. No entanto, na sequência aos danos nos núcleos do sistema talamocortical não específico, toda percepção e, por conseguinte, toda consciência, cessa. Toda informação extrínseca mediada pelos circuitos específicos do sistema não pode mais ser detectada ou atendida (Llinas & Ribary, 2001; Llinas, 2001). Llinas opina,

> Em essência, o indivíduo deixa de existir, de um ponto de vista cognitivo, e apesar de os estímulos sensoriais específicos para o córtex permaneçam intactos, eles são completamente ignorados. Estes resultados sustentam que o sistema não específico é necessário para alcançar integração, ou seja, para colocar o enquadre de representações sensoriais específicas no contexto das atividades em andamento. (p. 127)

Atividade Quarenta Hertz e Sono

Lembre-se de que o sono REM e sono não-REM servem funções distintas, mas relacionadas no processamento de memória offline, com o sono não-REM se apresentando mais crítico para o fortalecimento de memórias episódicas hipocampais e o sono REM para a criação e o fortalecimento de memórias semânticas neocorticais. Portanto, se a cognição é essencialmente um estado intrinsecamente gerado, qual é a distinção, se é que há, entre o sono e a vigília? Se a cognição é uma função da ressonância talamocortical de 40 Hz discutida acima, o que vemos em relação a este ritmo oscilatório durante o sono?

Em uma série de estudos, Rodolfo Llinas e colegas (Llinas & Pare, 1991; Llinas & Ribary, 1993), utilizando magnetoencefalografia, estudaram a ressonância de 40 Hz durante a vigília e o sono. Eles descobriram que atividade 40 Hz coerente estava espontaneamente presente no estado de vigília e do sono REM. Curiosamente, esta ressonância de 40 Hz era drasticamente reduzida durante o sono delta. De igual interesse, um estímulo auditivo produzia oscilação de 40 Hz bem definida no estado de vigília, mas nenhuma em qualquer dos estados delta ou de sono REM.

Llinas (2001) argumenta que dois notáveis resultados desses estudos se destacam. Um deles é que os estados de vigília e de sono REM são eletricamente muito similares no que diz respeito à presença de oscilações de 40 Hz. A segunda é que as oscilações de 40 Hz não são reestabelecidas por estímulos sensoriais (isto é, um sinal auditivo) durante o sono REM. Portanto, não percebemos o mundo externo durante o sono REM, porque a atividade intrínseca do sistema nervoso é, evidentemente, considerada primordial.

Então, o que exatamente significa isso? Sinceramente, nós ainda não sabemos. No entanto, o que está claro é que o processamento de informação offline, que se manifesta por estados de sono delta (não-REM) e REM, requer um ambiente neural intrínseco aparentemente exclusivo. Assim, a preferência da evolução por elementos intrínsecos da consciência e seu processamento de informação inerente fica mais uma vez evidente.

Emergência do Self

Reflexão sobre o acima exposto demonstra que as conexões talamocorticais funcionam como um sistema fechado: um andaime neural que, de maneira síncrona, relaciona as propriedades encaminhadas de forma sensorial do mundo externo com associações, emoções, motivações e memórias geradas internamente. Llinas (2001) argumenta que "este evento temporalmente coerente que integra, no domínio do tempo, os componentes fraturados da realidade externa e interna em uma única construção é o que chamamos de *self*" (p. 126). Portanto, o self, o "eu do vórtex" de Llinas, aparece para nós como um organizador de representações derivadas extrinsecamente e intrinsecamente: o tear que entrelaça o que está dentro e fora de nós.

René Descartes (1644), na tentativa de descrever a si mesmo, escreveu: "*Dubito, ergo cogito* [Duvido, logo penso]; *cogito, ergo sum* [penso, logo existo]". Rodolfo Llinas (2001) oferece uma atualização - Integra, logo existo!

Uri Bergmann

Capítulo 6

Desenvolvimento Humano

A análise feita nos parágrafos anteriores dos substratos neurais do processamento de informação servirá como uma plataforma a partir da qual iremos analisar a expressão de inúmeras perturbações da consciência.

Além disso, tendo em conta que uma série de transtornos da consciência são de desenvolvimento em sua origem, ou seja, eles estão ocorrendo durante o amadurecimento neural humano e o crescimento, outra plataforma - a de desenvolvimento humano - deve ser ilustrada primeiro para que possamos compreender plenamente o amplo espectro da degradação da consciência.

O Hemisfério Direito

Allan Schore (1994, 2001a, 2001b, 2003a) afirma que os estágios iniciais do desenvolvimento representam especificamente um período maturacional do cérebro direito, que é dominante nos primeiros 3 anos de vida humana. O lado direito do cérebro está centralmente envolvido não só no processamento da informação socioemocional, promovendo funções de apego e regulando estados corporais e afetivos, mas também na organização das funções vitais, mantendo a sobrevivência e permitindo que o organismo lide com o estresse de forma dinâmica (Whittling & Schweiger, 1993). O amadurecimento dessas capacidades reguladoras adaptativas do cérebro direito é *dependente de experiência*, integrado na conexão de apego entre a criança e o cuidador primário.

Assim, a teoria do apego é essencialmente uma teoria *afeto-reguladora* (Schore, 1994, 2001a, 2001b). Mais especificamente nas transações de apego, a mãe segura, em um nível intuitivo inconsciente, está continuamente regulando os níveis de excitação instáveis do bebê e, portanto, os estados emocionais. Aparentemente, a mãe parece fornecer uma *sincronização neural* mediada inconscientemente de seu hemisfério direito com o hemisfério direito subdesenvolvido de seu filho.

Estimulação Visual, Sincronia Neural e Desenvolvimento Neural

Assim, você pode se perguntar, como é que a mãe e a criança sincronizam seus hemisférios direito? Como vimos até agora, há amplas evidências de que o cérebro é um sistema intrínseco organizador do 'self'. No entanto, há talvez menos valorização do fato de que a organização do 'self' do cérebro em desenvolvimento *deve* ocorrer no contexto de um relacionamento com outro cérebro (Schore, 2003a). Além disso, como já foi observado com relação ao processamento de informação, ela deve ser realizada no contexto de *ação*, não de *passividade* (ou seja, de forma sensoriomotora).

Mirada

Desde o momento do nascimento, a criança usa suas capacidades sensoriais em amadurecimento, especialmente o paladar, o olfato e o tato, para interagir com o meio social. No final do segundo mês, com o desenvolvimento e mielinização (o material eletricamente isolante que forma uma camada, a bainha de mielina, ao redor do axônio de um neurônio) de áreas occipitais envolvidas na percepção visual da face humana, uma dramática evolução das suas capacidades sociais e emocionais torna-se evidente.

Mãe e filho começam a *fase simbiótica* do processo de separação-individuação (Mahler, 1967). É interessante notar que Margaret Mahler, uma pioneira da pesquisa psicanalítica do desenvolvimento, na ausência de dados neurobiológicos disponíveis, referiu-se à simbiose entre mãe e filho como uma metáfora. Como veremos em breve, este parece não ser o caso. Assim, durante o primeiro ano de vida, experiências *visuais* desempenham um importante papel no desenvolvimento social e emocional (Schore, 1994). A face emocionalmente expressiva da mãe é, de longe, o estímulo visual mais potente no ambiente da criança, e o intenso interesse da criança em seu rosto, especialmente nos seus *olhos*, leva-o a segui-lo no espaço e se envolver em períodos de intenso *olhar mútuo*. Nas transações conjuntas de olhar sustentado,

A expressão facial da mãe estimula e amplia afeto positivo no bebê. O estado de prazer interno da criança é comunicado de volta para a mãe, e neste *sistema interativo de estimulação recíproca* [grifo nosso], ambos os membros da díade entram em um estado *simbiótico* [grifo nosso] de elevado afeto positivo. (p. 71)

O Primeiro Organizador Psíquico

Pesquisa sobre varredura da face indica que os bebês são mais sensíveis a expressões faciais afetivas nas quais, em particular, os olhos têm o maior impacto (Haith, Bergman & Moore, 1979). Com a idade de 17 semanas, os olhos são uma característica mais saliente do rosto da mãe do que sua boca. Com 2 a 3 meses de idade, o sorriso do bebê pode ser induzido por uma apresentação de rosto completa ou um par de círculos pintados em um balão simulando a "gestalt" (forma) de um rosto. Este sorriso pode ser rapidamente extinto pelo giro da cabeça, de modo a apresentar o perfil em que as representações dos olhos são eliminadas. René Spitz (1965) nota,

> Começando com o segundo mês de vida, o rosto humano torna-se uma percepção privilegiada, preferido entre todas as outras coisas do ambiente infantil. Agora, o bebê é capaz de separá-lo e distingui-lo do segundo plano.... no terceiro mês, este 'voltar-se para o mundo externo', em resposta ao estímulo da face humana, culmina com a nova resposta claramente definida *específica da espécie* [grifo nosso] . . . ele agora irá responder ao rosto do adulto com um sorriso. (p. 86)

Spitz se referiu a este *sorriso* como o primeiro *organizador* psíquico da personalidade.

Emprestando o termo da embriologia, na qual certas partes anatômicas de embriões (chamadas de organizadores) devem estar presentes para induzir a formação de outros tecidos ou estruturas mais avançados, Spitz acreditava que certos marcos de amadurecimento e de desenvolvimento no crescimento do bebê agiam da mesma maneira epigenética. Cada um deles era necessário para abrir caminho para o próximo.

Schore (1994), citando o trabalho de Hess (1975), argumenta que a natureza do tamanho da pupila na comunicação não-verbal pode revelar as dinâmicas específicas do olhar mútuo e pode elucidar os mecanismos pelos quais o ambiente social atua para gerar e ampliar o afeto infantil. Em uma série de estudos, Hess descobriu que uma pessoa usa o tamanho da pupila da outra como uma fonte de informações sobre os sentimentos ou atitudes daquela pessoa e que este processo ocorre a nível inconsciente.

Estes experimentos ilustram também que os olhos das mulheres dilatam em resposta a uma foto de um bebê. Mais importante, Hess (1975) descobriu que ver pupilas dilatadas rapidamente provocava pupilas dilatadas no observador. Além disso, bebês sorriam mais quando os olhos do experimentador estavam dilatados (uma resposta simpática de valência positiva) ao invés de contraídos (uma resposta parassimpática de valência negativa), sugerindo que as pupilas dilatadas agem como um *relaxante* em bebês, desencadeando uma resposta que é aprendida cedo na vida. Ele também observou que pupilas dilatadas no bebê *relaxam* o comportamento do cuidador. Assim, Schore (1994) afirma que "a criança se fixa assim diretamente sobre a *porção visível do sistema nervoso central da mãe* [grifo nosso], seus olhos, que refletem especificamente a atividade e o estado de seu hemisfério direito, o hemisfério que é conhecido por ser dominante no comportamento de mirada" (p. 75). Ele observa ainda, "Eu proponho que, durante estas transações olho no olho, o amadurecimento do hemisfério direito do bebê está psicobiologicamente sintonizado com o estímulo recebido do hemisfério direito da mãe" (p. 76).

Apego e Regulação de Afeto

Damásio (1998) afirma que emoção e a experiência da emoção são as expressões diretas de mais alta ordem de bioregulação nos organismos complexos. Colocado de outra forma, emoção é a expressão mais básica e ao mesmo tempo complexa de regulação homeostática afetiva. Consequentemente, o apego e sua sincronização inerente aos hemisférios direito da mãe e do bebê são *fundamentalmente* orientados para a regulação afetiva.

Por conseguinte, Schore (2001a) argumenta que regulação diádica de afeto não apenas consiste na redução de intensidade afetiva, tal como no amortecimento de emoção negativa, mas também, e mais importante, envolve a *ampliação e intensificação* de emoção de valência positivamente carregada, a condição *mais* necessária para o complexo desenvolvimento da organização do 'self'. Portanto, apego não é apenas o estabelecimento de segurança após uma experiência desreguladora e um estado negativo estressante, mas também, mais importante, uma amplificação interativa de afetos positivos resultantes dos estados de mirada e da interação. Schore assinala ainda,

> Interações afetivas reguladas com um cuidador primário previsível conhecido, cria não só uma sensação de segurança, mas também uma *curiosidade positivamente carregada* [grifo nosso] que alimenta a exploração florescente do 'self' de novos ambientes socioemocionais e físicos. Esta capacidade representa um *marco* [grifo nosso] de saúde mental adaptativa do bebê. (p. 21)

Sistemas de Ação Emocionais

Se recordarmos a primazia dos sistemas de ação emocionais (Panksepp, 1998), particularmente o de busca e de pânico, e sua inerente natureza afetiva e *apetitiva* de valência *positiva*, a importância dos afetos positivos no que diz respeito ao desenvolvimento neural torna-se mais clara.

Lembre-se que o sistema de busca medeia e nos motiva a procurar as coisas que precisamos, motivando-nos a almejá-las, e desejá-las. Além disso, pode provavelmente ser um dos principais sistemas cerebrais que gera e sustenta a curiosidade. Como consequência, facilita a aprendizagem, sobretudo o domínio de informações sobre onde estão situados os recursos materiais e a melhor maneira de obtê-los.

No sistema de pânico, a evolução prevê salvaguardas para garantir que os pais cuidem de suas crias, dando à sua prole jovem e dependente um poderoso sistema emocional para que possam indicar que estão precisando de cuidados (como refletido no *choro desesperado* e outras formas de apelo). À medida que avançamos além da fase de bebê para a primeira infância, este sistema medeia nossos vários níveis de apego acompanhando-nos enquanto progredimos para latência, adolescência e idade adulta.

Então, como é que o afeto positivo continuado contribui para o desenvolvimento e organização dos sistemas de busca e pânico? Outra forma de fazer esta pergunta é a seguinte: qual mecanismo psiconeurobiológico poderia estar subjacente a este desenvolvimento neural e de organização do cérebro do bebê que induz ao cuidador? A resposta de excitação de valência positiva do bebê em resposta ao rosto da mãe, e outros aspectos da sua própria excitação de valência positiva, gera elevados níveis de excitação e euforia dopaminérgica no lado direito do cérebro do bebê (Besson & Louilot, 1995).

Excitação Dopaminérgica

Recorde que o sistema dopaminérgico utiliza dopamina como seu transmissor, se liga aos locais receptores dopaminérgicos, e medeia aspectos da função motora, excitação de valência positivamente carregada, exploração, recompensa, cognição e mecanismos endócrinos. Além disso, como observamos acima, a área frontal ventral simpática do córtex orbitofrontal (descrita no Capítulo 5) medeia excitação dopaminérgica e está centralmente envolvida no comportamento motivado, exploração, decodificação não-verbal de expressões faciais positivas e mecanismos de recompensa, prazer e motivação.

Consequentemente, este circuito excitatório orbitofrontal está envolvido com a geração de estados de valência positiva associados com o comportamento de aproximação, recompensa motivacional e estratégias de enfrentamento ativas. Assim, este circuito contém os mapas neurais que medeiam os sistemas de busca apetitiva e de pânico, mediando assim nosso caso de amor com o mundo e com as pessoas ao nosso redor. Schore (2001a) afirma que a explosão (como um disparo de metralhadora) desses neurônios dopaminérgicos, em resposta a estímulos ambientais salientes, excitados positivamente, contribui para uma resposta de orientação, o estabelecimento de um estado motivacional elevado, e o início da curiosidade apetitiva e do comportamento de exploração. Voltaremos a respostas de orientação em detalhe.

Apego, Interação e Crescimento Neural

Schore (2001a) afirma que o hemisfério direito também é dominante para a percepção do *movimento biológico* e que essas ações psiconeurobiológicas de sequências de interação mãe-bebê conduzem as explosões afetivas incorporadas nos momentos de sincronia afetiva (dos hemisférios direito do cuidador e do bebê), nos quais estados positivos de *atenção* e *prazer* são amplificados diadicamente. Panksepp (1998) sustenta que "a interação pode ter

Uri Bergmann

efeitos *tróficos* diretos sobre o crescimento neuronal e sináptico em muitos sistemas cerebrais" (p. 296) e sugere que a interação serve ao papel adaptativo de organizar informação afetiva em circuitos emocionais. Trofismo, neste caso, refere-se à promoção de crescimento neural, aonde *trofia* é o oposto da *atrofia*.

Interação e Crescimento Neural
   Então, como podem os episódios de interação inicial serem responsáveis e contribuirem para efeitos neurais tróficos? Schore (1994) argumenta que nestas comunicações emocionais face-a-face, o estímulo visual da face e dos olhos da mãe também estão induzindo a produção do *neurotrofinas*, uma família de proteínas que induzem sobrevivência, desenvolvimento e crescimento dos neurônios. Também conhecidas como *fatores neurotróficos*, pertencem a uma classe de proteínas de fator de crescimento que são capazes de sinalizar células específicas para que sobrevivam, se diferenciem ou cresçam.
   Fator neurotrófico derivado do cérebro (BDNF), encontrado principalmente no cérebro, mas também no sistema nervoso periférico, atua de modo a dar suporte à sobrevivência de neurônios existentes e promove o crescimento e diferenciação de novos neurônios e sinapses. O BDNF demonstrou ser uma das neurotrofinas mais ativas envolvidas na sinaptogênese (a criação de novas conexões sinápticas).
   O cuidado materno tem demonstrado aumentar os níveis do receptor de aminoácidos (N-metil-D-aspartato), resultando em níveis elevados de BDNF e sinaptogênese no cérebro do recém-nascido (Liu, Diorio, Day, Francis & Meany, 2000). Em outras palavras, este aminoácido promotor de crescimento neural, que é estimulado e mantido por estímulos visuais, e seu aumento de afeto positivo resultante (Gomez-Pinilla, Choi & Ryba, 1999), é essencial na promoção de plasticidade e crescimento sinápticos durante estes períodos críticos de amadurecimento e desenvolvimento neural (Huang et al., 1999). Mais uma vez, assistimos a relação crítica entre o apego interativo de valência positiva e crescimento neural.

Apego, Interação e Endorfinas
   Schore (1994) salienta que, ironicamente, apesar do conhecimento já existente sobre a natureza diádica intrínseca da

sincronização mediada pelo apego dos hemisférios direito da mãe e do filho, quase nenhuma pesquisa mediu *simultaneamente* mãe e bebê no processo de interação um com o outro. Em um dos poucos estudos desse tipo, os dados indicam que o contato íntimo entre a mãe e seu bebê é mutuamente regulado pela ativação recíproca de seus sistemas opiáceos, pois níveis elevados de beta-endorfinas aumentam o prazer em ambos os cérebros, simultaneamente (Kalin, Shelton & Lynn, 1995). De fato, a pesquisa demonstrou que os opióides melhoram o comportamento de interação e que as endorfinas aumentam o disparo de neurônios dopaminérgicos (Yoshida et al., 1993). Assim, acontece um padrão cíclico de interação prazerosa e liberação de endorfina e de dopamina.

Apego e Exercício Locomotor – Transições na Simbiose

Uma mudança biocomportamental dramática ocorre no final do primeiro ano de infância, expressa nos domínios cognitivo, motor e afetivo. O início da *etapa do exercício* locomotor é definido por Mahler (1972) como um conjunto de rápidas mudanças desenvolvimentais no comportamento motor, manifestadas pela postura ereta e locomoção, apoiando os primeiros e independentes passos da criança, um evento *fundamental* na individuação humana. Schore (1994) observa que, apesar dos significativos avanços motores, cognitivos e comportamentais, são as características *afetivas* deste período que são singulares e definidoras.

Mahler (1972) descreve a etapa do exercício locomotor como sendo composta de duas partes: (a) a fase de exercício precoce, caracterizada pelas primeiras habilidades da criança de se afastar fisicamente da mãe engatinhando, escalando e endireitando a si mesma, enquanto ainda apoiada, e (b) a fase do exercício propriamente dito, caracterizada pela locomoção ereta livre. Assim, essa mudança não é apenas maturacional (impulsionada por novas habilidades neurofisiológicas), mas também de desenvolvimento (impulsionada por progressos e necessidades neuropsicológicas), na medida em que anuncia a eclosão psicológica do bebê enquanto ele começa a se mover timidamente para longe da órbita simbiótica com sua mãe.

Mahler (1972) observa,

Com o impulso das funções autônomas da criança, especialmente a locomoção ereta, o "caso de amor com o mundo" está no auge. Durante estes preciosos seis a oito meses (de dez-doze a dezesseis-dezoito meses), para a criança que está começando a andar o mundo é sua ostra.... a criança parece embriagada com suas próprias capacidades e com a grandeza de seu mundo. (p. 126)

Durante este tempo, a criança parece impermeável aos choques e quedas. Impulsionada pelo amadurecimento de seu aparelho locomotor, a criança se aventura cada vez mais longe dos pés da mãe, muitas vezes tão absorta em suas próprias atividades que por longos períodos de tempo, que parece estar alheia à sua presença ou ausência. No entanto, a criança volta periodicamente para a mãe, parecendo precisar de sua proximidade física e de se *reabastecer* de tempos em tempos.

Ontogênese e Adaptação

Ontogênese refere-se à sequência de eventos envolvidos no desenvolvimento de um organismo individual desde sua concepção até a sua morte. Essa história de amadurecimento e de desenvolvimento envolve o movimento desde a simplicidade até uma maior complexidade. Ontogênese se distingue de filogênese, que se refere à história evolutiva de um grupo de organismos geneticamente relacionados. Segundo o conceito de desenvolvimento biológico de adaptação ontogenética, as habilidades em desenvolvimento são especialmente adaptativas ao período no qual elas emergem pela primeira vez. Em outras palavras, certas mudanças desenvolvimentais que podem parecer ser regressivas (ou seja, maior ansiedade de separação) serão na verdade adaptativas, dada a natureza do desenvolvimento da criança naquele momento específico. Voltaremos a este tema com mais detalhes, mais adiante.

Assim, Schore (1994) argumenta que os aspectos afetivo, comportamental e cognitivo que são exclusivos para este período "refletem um período biologicamente programado de hipervigilância límbica dominantemente simpática e hiperexcitação comportamental que tem significado adaptativo" (p. 95). Ele sustenta ainda que os observadores do desenvolvimento têm notado que, a partir de 1 ano de idade, brincadeiras *exploratórias em busca de estímulo* aumentam para até 6 horas do dia da criança. Ontogeneticamente, esta mudança tem diversas implicações. Lembre-se que foi demonstrado que estados aumentados de afeto e prazer de valência positivamente carregada, que são simpáticos e conduzidos por dopamina, aumentam os níveis de receptores de aminoácidos (*N*-metil-D-aspartato), resultando em níveis elevados de fator neurotrófico derivado do cérebro, ambos necessários para sinaptogênese (crescimento e conexão neural) no cérebro do bebê (Liu et al., 2000). Além disso, esta mudança anuncia a primeira manifestação ativa do sistema de busca, criando assim um tom ou modelo neuroemocional à medida que a criança começa a explorar *ativamente* seu mundo.

O Segundo Organizador

Finalmente, esta fase de desenvolvimento anuncia o segundo organizador da personalidade. Lembre-se de que certos marcos maturacionais e de desenvolvimento na criança são necessários para preparar o caminho para a próxima etapa mais avançada. Tendo em conta que eles são evidentes em todos os bebês e crianças pequenas, são considerados organizadores universais do 'self'. Consequentemente, sua presença indica desenvolvimento adequado, enquanto sua ausência indica atrasos ou distorções no desenvolvimento.

Ansiedade dos Oito Meses

Com o advento deste organizador, a *ansiedade dos 8 meses*, a criança já não responde com um sorriso quando simplesmente *qualquer* visitante sorridente avança até o berço (Spitz, 1965). A criança é agora claramente capaz de distinguir um amigo de um estranho. Se um estranho a aborda, libera um comportamento inconfundível e característico na criança, manifestado por diferentes intensidades de apreensão, ansiedade e rejeição ao desconhecido. Lembre-se que isto contrasta com o bebê de 3 meses de idade, para quem um rosto humano é tão bom quanto qualquer outro e para quem um balão com olhos desenhados produz o mesmo *sorriso* (o primeiro organizador) que o rosto de sua mãe. Agora, o rosto do estranho é comparado à memória dos rostos da mãe ou de outros cuidadores, percebido como diferente, e rejeitado. Por isso, nesta idade, o bebê agora é capaz de reconhecer o *objeto* cuidador e mostra evidência de aumento de imprinting e apego.

Durante todo esse tempo, as interações afetivas reguladas da criança com o cuidador principal familiar e previsível, continuam a criar não só uma sensação de segurança, mas também a *curiosidade* positivamente carregada que alimenta a crescente exploração do 'self' de novos ambientes socioemocionais e físicos. Esta habilidade continua a ser um marco de saúde mental adaptativa do bebê. Além disso, isso está ocorrendo em um momento em que o sistema nervoso simpático (SNS) da criança está se tornando cada vez mais ativo, ao passo que a parte parassimpática (neuralmente inibidora) do córtex orbitofrontal ainda precisa se desenvolver. Assim, a mãe deve continuar a funcionar como o córtex inibitório da criança.

Schore (1994) opina,

> A etapa do exercício locomotor na qual o bebê se torna verdadeiramente um organismo comportamental e socialmente dinâmico representa um período crítico para a formação de vínculos duradouros de apego com os principais cuidadores. A natureza do apego com a mãe influencia todas as transações socioemocionais posteriores. (p. 98)

Imagem Interna

No final do primeiro ano da criança, as transações socioafetivas com o cuidador principal facilitam o crescimento, o desenvolvimento e a estabilização das interconexões neurais entre as áreas do lobo temporal anterior de mediação de memória e o córtex orbitofrontal. Schore (1994) argumenta,

> Com esta vinculação, um caminho límbico-visual é estabelecido... como resultado, o bebê cria um esquema do rosto do objeto de apego... esta imagem interna associada ao afeto (relação de objeto internalizada) pode ser acessada mesmo na ausência da mãe, e é, portanto, um importante mecanismo de funcionamento de apego. (p. 175)

Consequentemente, o sistema pré-frontal da criança pode agora gerar *representações interativas*, que funcionam como modelos de trabalho internos não-verbais de transações da criança com a figura de apego primário, que agora podem ser acessados para fins regulatórios *limitados*, mesmo na ausência do cuidador. Assim, esta conexão imediata emergente entre a memória temporal do bebê e os centros de mediação de emoção e os centros viso-afetivos do córtex orbitofrontal possibilitam o desenvolvimento de permanência do objeto, permitindo que o bebê agora seja capaz de *carregar seus cuidadores em sua mente*.

Regulação de Afeto no Segundo Ano

Em ambientes ideais de promoção de crescimento, o mecanismo interativo para geração de afeto positivo torna-se profundamente eficiente, permitindo que a criança pequena experimente níveis muito elevados de euforia e excitação. Estudos sobre desenvolvimento revelam um aumento acentuado nas emoções positivas a partir de 10 a 13,5 meses de idade. Quando a fase do exercício locomotor chega ao fim, o ambiente socioemocional da díade cuidador-bebê mudará dramaticamente.

Socialização Parental

Aos 10 meses de idade, 90% do comportamento materno consiste de carinho, interação e cuidados. Em nítido contraste, no entanto, a mãe da criança de 13 a 17 meses de idade, agora expressa proibição, em média, a cada 9 minutos (Rothbart, Taylor & Tucker, 1989). Aparentemente, então, no segundo ano, o papel do cuidador muda de ser somente um cuidador como um *agente socializador*, pois ela deve agora começar a convencer seu filho a inibir exploração irrestrita, birras e funções da bexiga e do intestino, todas atividades que a criança gosta (Schore, 2003a).

Durante este período, resultante de um aumento rápido no desenvolvimento cognitivo e neuromuscular, a criança começa com frequência a mexer nas coisas e a se comportar de maneira contrária ao desejo dos pais. Consequentemente, sua relação com seus cuidadores começa a mudar, já que agora eles tentam socializá-la, alterando seu comportamento contra a sua vontade, enquanto ela tenta fazer o que quiser. Assim, o palco agora está armado para conflitos contínuos de desejo, mudando assim os papéis parentais drasticamente de essencialmente cuidar para cada vez mais socializar. Para a criança, a expectativa excitante previamente aprendida de afeto positivo psicobiologicamente sintonizado é agora, às vezes, substituído por definição de limites dos pais, resultando em confusão, raiva e vergonha.

Schore (2003a) observa que "em tal transição de estado psicobiológico, a excitação elevada simpaticamente, a alta euforia e os níveis de atividade aumentados evaporam instantaneamente. Isso representa uma mudança para um estado inibitório moderado de conservação e retração parassimpático"(p. 18). Assim, euforia constante agora dá lugar à decepção e confusão inesperadas. Esta mudança de estado é mediada por um padrão psicobiológico diferente, onde os corticosteroides são agora produzidos como resposta ao estresse. Essa mudança, portanto, reduz as endorfinas e os aspectos dopaminérgicos do estado de afeto positivo. Portanto, ao contrário do constante estado de afeto positivo anterior, a vergonha agora provoca um estado doloroso de angústia infantil, que se manifesta em um decréscimo súbito de prazer, uma rápida inibição de excitação e desaceleração cardíaca, devido a um complexo vagal imaturo na medula. Dito de outra forma, a euforia e excitação constantes de antes são agora interrompidas por decepção e vergonha, ostensivamente esvaziando a bolha de alegria e onipotência.

Desenvolvimento Parassimpático

Com respeito ao amadurecimento e ao desenvolvimento da criança, essa mudança reflete a ativação reduzida da circuitaria excitatória simpática e o aumento da ativação e desenvolvimento da circuitaria inibitória parassimpática. Voltaremos a isto e à função vagal em detalhes, mais adiante.

Como resultado dessas novas demandas ambientais e parentais, a criança é súbita e inesperadamente impulsionada do anterior estado de afeto positivo simbiótico a um estado de afeto negativo, uma transição de estado estressante que ela não consegue autorregular. Estados prolongados de vergonha são muito tóxicos para o bebê sustentar por longos períodos de tempo. Assim, a participação parental ativa em regular e acalmar o afeto da criança é fundamental para permitir que a criança mude do estado afetivo negativo de esvaziamento e de angústia para um estado restabelecido de afeto positivo. Nestes períodos iniciais de desenvolvimento, como as capacidades e os centros reguladores de afeto do bebê estão em desenvolvimento, os pais *devem* proporcionar e facilitar a modulação e regulação necessárias dos estados emocionais, especialmente após as interrupções de estados de afeto positivo e durante as transições mais sutis. É esta contínua regulação parental do estado emocional da criança que, eventualmente, permite o desenvolvimento de autorregularão.

Se o cuidador é "sensível, responsivo e emocionalmente acessível, especialmente se ele restabelece e se engaja novamente no olhar mútuo sincronizado e transações reguladoras de afeto, a sintonia da díade é psicobiologicamente restabelecida, a vergonha é metabolizada e regulada, e o laço afetivo é reconectado" (Schore, 2003a, p. 19). Este padrão essencial de *ruptura e reparação* de regulação de afeto (já prevendo as vicissitudes normais da vida) cria intervenções por parte dos pais que permitem transições de estado na criança. Por isso, "a estimulação dominantemente parassimpática do estado de vergonha é suplantada pela reignição da estimulação dominantemente simpática que apoia o aumento da atividade e do afeto positivo" (Schore, p. 10). Consequentemente, isto recupera o fator de liberação de corticotropina (CRF) e a produção de endorfina e reativa a circuitaria excitatória. Desta forma, o pai e o bebê diadicamente negociam transições de estados estressantes de emoção, cognição e comportamento. Isso cria um modelo de memória implícita para a resistência e domínio de experiência negativa, um modelo de reparação interativo no contexto de apego.

O Terceiro Organizador

No meio de toda a ruptura e reparação, o desenvolvimento da criança continua no que diz respeito à sua transição de um estado simbiótico para o de separação e individuação. Conforme sua percepção inconsciente da noção de separação se desenvolve, o terceiro organizador (Spitz, 1965), o *movimento negativo da cabeça* e a expressão do "não", aparece anunciando o início dos "terríveis dois anos". Spitz refere-se a isto como o primeiro "gesto semântico", a primeira comunicação parecida com a do adulto. Muitas interpretações, que vão desde imitação à identificação com o agressor, têm sido oferecidas a respeito da verdadeira natureza deste gesto, Blanck e Blanck (1974) argumentam elegantemente que com este gesto, a *ação* é substituída por uma mensagem semântica que aumenta a distinção da criança entre o *eu* e o *objeto*. Em ambos os casos, o que parece mais saliente, porém, é que dizer "não" e se recusar a obedecer seus cuidadores é a primeira expressão de uma *diferença de opinião*, a forma de uma criança expressar claramente, na ausência de linguagem adulta, que o desacordo implica a presença emergente de um eu que discorda do objeto. Então, duas opiniões impossibilitam a fusão simbiótica, pois é preciso dois para discordar.

Aproximação

Esta nova consciência e insistência à separação, combinadas com o aumento da capacidade cognitiva, iniciam a provocação de uma ansiedade de separação simultânea na criança. Sua relativa despreocupação anterior quanto a seus cuidadores se desvanece. Sua separação recém descoberta e sua emergente compreensão inconsciente de suas implicações já não é somente estimulante, mas agora também provocam ansiedade. Os contatos breves anteriores de reabastecimento com seu cuidador são agora substituídos por uma maior necessidade de interagir e manter contato, um fenômeno que Margaret Mahler (1972) chamou de *aproximação*, a necessidade insistente para maior reencontro pela criança.

É neste marco maturacional que primeiro observamos mudanças desenvolvimentais que podem parecer regressivas (ou seja, maior ansiedade de separação), mas são, na verdade, adaptativas dada a natureza do desenvolvimento da criança neste momento específico. Assim, a percepção da separação (um crescimento desenvolvimental) provoca, no momento, um aumento na ansiedade e uma *aparente* diminuição na autonomia. No entanto, esta manifestação temporária de uma aparente regressão é adaptativa e extremamente necessária para o crescimento psicológico da criança, na medida em que significa um aumento na consciência cognitiva que é, ao mesmo tempo, assustadora.

Como observamos, ao longo dessas mudanças desenvolvimentais, a participação ativa dos pais regulando e acalmando o afeto da criança é fundamental no sentido de capacitar a criança para a mudança do estado afetivo negativo de angústia para um estado restabelecido de afeto positivo. Lembre-se de que a organização de 'self' do cérebro em desenvolvimento deve ocorrer no contexto de um relacionamento com outro cérebro, a fim de mediar o que cérebro da criança não pode, ainda, executar.

Amadurecimento e Desenvolvimento da Inibição Neural

Schore (1994) argumenta que o estresse gerado pela socialização parental e a mudança característica na química cerebral parecem definir e provocar a estimulação socioemocional ideal necessária para o crescimento estrutural ulterior do córtex orbitofrontal da criança. Consequentemente, como resultado da alternância entre ruptura e reparação do vínculo de apego, o aumento no estímulo noradrenérgico (noradrenalina), associado com a diminuição da endorfina, começa a mediar uma redução no crescimento do sistema dopaminérgico simpático, anunciando o aumento no desenvolvimento e crescimento do sistema noradrenérgico parassimpático.

Da mesma forma que a catecolamina dopamina foi determinante na mediação do neurotrofismo (crescimento e desenvolvimento neural) da circuitaria simpática, a catecolamina noradrenalina é agora, vital no crescimento neurotrófico dos circuitos parassimpáticos (Felten, Hallman & Jonsson, 1982; Schore, 1994). Consequentemente, o crescimento e expansão de axônios dos locais noradrenérgicos no córtex orbitofrontal aos alvos subcorticais na medula permitem o papel da noradrenalina na *contenção vagal* e a subsequente inibição da conservação de energia da função autonômica simpática.

Dito de outra forma, os cuidadores da criança respondendo a sua primeira necessidade desenvolvimental de definição de limites produzem na criança frustração e vergonha e uma mudança neuroquímica resultante na neurotransmissão predominante. Considerando que o domínio anterior de dopamina foi crucial para o crescimento da circuitaria simpática (excitatória), a atual presença crescente de norepinefrina/noradrenalina, provocada pela frustração e vergonha, é agora essencial para o crescimento da circuitaria neural-inibidora e afeto-reguladora parassimpática. Mais uma vez, testemunhamos o efeito profundo da interação de apego no desenvolvimento neural, bem como da sintonia precisa e oportuna que é necessária aos cuidadores, para que este turbilhão neurointerativo aconteça de forma adaptativa.

Então, como é que o crescimento e a expansão desta área do córtex orbitofrontal até a medula do tronco encefálico facilitariam a inibição neural e a regulação emocional? Como vimos até agora, regulação emocional e apego parecem andar de mãos dadas. Assim, a teoria do apego é essencialmente uma teoria afeto-reguladora, com a organização do 'self' do cérebro em desenvolvimento ocorrendo apenas no contexto de um relacionamento com *outro* cérebro.

O Nervo Vagal e Função Polivagal

Stephen Porges (1997, 2001) sustenta que, para sobreviver, os mamíferos devem se comunicar com seus cuidadores e grupo social, diferenciar o amigo do inimigo, e avaliar se o ambiente é seguro ou não. No que diz respeito ao desenvolvimento e mais além, "estes comportamentos relacionados à sobrevivência estão associados com estados neurobiológicos específicos que limitam a extensão em que um mamífero pode ser fisicamente abordado e se o mamífero pode se comunicar ou estabelecer novas coalizões" (2001, p. 124). Na maioria dos mamíferos, mas especialmente nos humanos, isto é um atributo da regulação afetiva (emocional). Voltaremos a isto abaixo.

Porges (1997, 2001) demonstra que, integradas no sistema nervoso dos mamíferos, estão estruturas neuroanatômicas relacionadas com a expressão e a experiência de comportamento social e emocional. Na medida em que as forças evolutivas moldavam o sistema nervoso humano, estas novas estruturas foram adicionadas e estruturas mais antigas foram modificadas para permitir uma maior amplitude dinâmica e controle mais refinado de estados fisiológicos e para facilitar o surgimento de novas e adaptativas funções sociais face-a-face, distinguindo, assim, mamíferos e humanos de répteis e outros vertebrados (Porges, 2011).

Evolução Vagal e Desenvolvimento

Várias dessas estruturas são compartilhadas com outros vertebrados e representam o produto do desenvolvimento filogenético (curso evolutivo de uma espécie). Por meio de processos evolutivos, o sistema nervoso de mamíferos surgiu com características específicas que reagem ao desafio ambiental (situacional ou dirigido ao apego), a fim de manter a homeostase. Essas reações alteram o estado fisiológico e, nos mamíferos, medeiam consciência sensorial, comportamentos motores e potenciais cognitivos. Em outras palavras, estas características permitem o aumento da sofisticação e complexidade das interações sociais e apego de mamíferos e humanos.

Esta evolução do sistema nervoso autônomo fornece substratos (mecanismos subjacentes) para o surgimento de três subsistemas adaptativos de enfrentamento de estresse, cada um deles acoplado a estruturas que se desenvolveram durante estágios filogenéticos identificáveis. Porges (1997, 2001) refere-se a estes sistemas como "polivagais" para destacar e detalhar a distinção neurofisiológica e neuroanatômica entre dois ramos do décimo nervo cranial (o vago) e propor que cada ramo vagal está associado a uma estratégia comportamental adaptativa diferente.

O Nervo Vago

O nervo vago, um dos principais componentes do sistema nervoso autônomo, localizado na medula do tronco cerebral, é composto de ramos que regulam os músculos estriados da cabeça e da face (músculos faciais, pálpebras, músculos do ouvido médio, laringe, faringe, músculos da mastigação) e vários órgãos viscerais, tais como o coração, pulmões e intestinos. Os três ramos do sistema polivagal, em ordem crescente de desenvolvimento filogenético (do mais primitivo ao mais avançado), são os seguintes:

1. complexo vagal dorsal está situado no núcleo motor dorsal da medula, um sistema parassimpático que é um mecanismo de imobilização vestigial. Nos humanos, por meio da rápida redução das funções cardíaca e respiratória, ele, o complexo vagal dorsal, medeia o desligamento da atividade metabólica, sintomas dissociativos (experiências de despersonalização fora-do-corpo), e a resposta de congelamento-imobilização parassimpática. Como exemplo, quando um ataque se torna iminente, na ausência de opções de luta ou fuga, congelar é frequentemente combinado com analgesia.
   Acredita-se que essa reação defensiva reduza potencialmente a probabilidade de ataque continuado. Se o ataque continuado não for reduzido, a despersonalização (experiência fora-do-corpo) ou anestesia minimizam o impacto subjetivo.
2. sistema nervoso simpático (SNS) é o sistema de mobilização. Ele prepara o corpo para emergência e aspectos de luta ou fuga por meio do aumento da potência cardíaca, estimulação das glândulas sudoríparas, e inibição do metabolicamente custoso sistema gastrointestinal.
3. complexo vagal ventral, situado no núcleo ambíguo da medula, é um sistema parassimpático que permite rápido engajamento e desligamento do ambiente ao aplicar uma

frenagem suave mais sutil e flexível quando necessário. Ao aumentar ou diminuir este avançado freio vagal, atividade simpática pode ser aumentada ou diminuída em variações sutis. Portanto, ao invés de envolver diretamente o SNS adrenal, que é metabolicamente mais dispendioso e menos preciso (afinado) ao se engajar com o ambiente, esta frenagem facilita os aumentos ou diminuições simpáticos sutis, permitindo os aspectos e nuances mais sofisticados da função interativa e afeto-reguladora dos mamíferos e, sobretudo, humana.

Porges (2001, 2011) argumenta que por meio de estágios de filogenia (a evolução de uma espécie), os mamíferos e, especialmente, primatas, desenvolveram uma organização neural funcional que regula o estado visceral (órgãos internos e musculatura), a fim de apoiar o comportamento social. Especificamente, ele propõe um sistema de engajamento social que se concentra predominantemente na regulação neural dos músculos estriados da face e cabeça, em combinação com as funções autônomas específicas do ramo mielinizado do *vago ventral*. Como exemplo, reflita sobre as nuances de interações que são perceptíveis em primatas e humanos. Em contraste com os mamíferos inferiores (cavalos, gatos, cães), somos capazes de discernir um aumento notável em mudanças sofisticadas de expressão facial e comunicação vocal. Com certeza algumas dessas características existem em cães, cavalos e gatos, mas de uma forma mais sutil (menos sofisticada) e menos perceptível.

Engajamento Social e o Nervo Vago
Este sistema de engajamento social, por meio de componentes de controle no córtex orbitofrontal, regula a circuitaria do tronco encefálico que controla abertura das pálpebras (mirada visual), músculos faciais (expressão emocional), músculos do ouvido médio (distinguindo a voz humana do ruído de fundo), músculos da laringe e faringe (vocalização, prosódia e linguagem), e músculos que giram a cabeça (gesto social e orientação). Coletivamente, esses músculos ao mesmo tempo regulam engajamento social e modulam as características sensoriais (informação) do ambiente.

Assim, em geral, mas especialmente no contexto do desenvolvimento humano, o controle neural desses músculos contribui para a riqueza tanto da expressão social quanto da experiência social. A fonte desse controle neural, o vago ventral, está localizado no núcleo ambíguo da medula, fornecendo a fonte de um componente socializador e inibidor neural do sistema nervoso. Esse sistema inibitório promove estados de calma consistentes com demandas metabólicas de crescimento neural e restauração por meio da desaceleração da frequência cardíaca, diminuição da pressão arterial e inibição da ativação simpática ao nível do coração.

Aspectos desse sistema de engajamento social são funcionais logo após o nascimento e se desenvolvem rapidamente para dar apoio à comunicação e ligação com o ambiente. Assim, como observamos acima, quando um bebê encontra o rosto do cuidador, ele vai tentar se envolver por meio da expressão facial e vocalização. Estados negativos serão sinalizados pelo choro e fazendo caretas. De forma alternativa, um bebê sorrindo de olhos arregalados tentará provocar vocalizações positivas e sorrisos animados do cuidador. Porges (2001) observa que "mesmo no bebê pequeno, o sistema de engajamento social prevê interações face-a-face, com eventuais expressões faciais e vocalizações" (p. 125).

Inibição Vagal, Excitação Simpática e Sistemas Operativos Emocionais

Se pausarmos e refletirmos sobre o exposto acima, veremos mais uma camada do papel da evolução na regulação do afeto e no apego.

Lembre-se de que o sistema de busca medeia e nos motiva a procurar as coisas que precisamos, motivando-nos a almejá-las, e desejá-las. Em combinação com a circuitaria simpática mediadora mencionada acima, é o freio vagal ventral que medeia o aumento e a diminuição do tônus vagal, que medeia o aumento e a diminuição de energia simpática, conforme a necessidade, sem envolver diretamente o sistema simpático adrenal. Portanto, por padrão, as alterações na *frenagem parassimpática* são mais precisas do que as alterações na função do *acelerador simpático*. Assim, a alteração incremental necessária é mais sofisticada. Para ilustrar com um outro exemplo, alterar a quantidade de ar que um fogo obtém permite um controle mais gradual e preciso do calor que ele emana, do que adicionar ou remover a madeira que o alimenta. Do mesmo modo, o freio vagal ventral é mais preciso e mais gradual do que o acelerador simpático.

No sistema de pânico, a evolução previu salvaguardas para garantir que os pais cuidem de seus filhotes, dando à sua jovem e dependente prole um poderoso sistema emocional para indicar que estão precisando de cuidados (que se traduz no choro desesperado e outros apelos na separação). Da mesma forma que no sistema de busca, o freio vagal ventral permite alterações mais precisas para facilitar o apego e a sua concomitante regulação afetiva.

No sistema de medo, que medeia fuga e congelamento, inúmeras mediações polivagais podem entrar em jogo. Na fuga, o sistema simpático pode ser ativado para o uso máximo de energia. No congelamento hipervigilante simpático, o sistema simpático ainda predominaria. No congelamento parassimpático, o vago dorsal mediaria a imobilização e os processos dissociativos resultantes.

No sistema de raiva, excitação simpática adrenal máxima iria intervir predominantemente enquanto o desafio prolongado durar.

Regulação de Afeto e Dominância Cardíaca

Perceba que apesar do fato de o nervo vago estar interligado a todos os órgãos principais, músculos e sistema glandular, o principal centro organizador da sua função parece ser o coração. Por que seria isso? Lembre-se que as conexões neurais simpáticas precoces expandem energia, enquanto as conexões parassimpáticas de desenvolvimento posterior conservam energia. Consequentemente, a evolução selecionou o coração como o organizador central porque a regulação do coração determina a disponibilidade dos recursos metabólicos necessários para a mobilização (expansão de energia), bem como para o crescimento e recuperação (conservação de energia). Por exemplo, o débito cardíaco deve estar *regulado* de modo a manter a calma, *estimulado* para as necessidades de luta ou fuga, ou relativamente *imobilizado* para evitação (despersonalização) ou morte fingida. Assim, essas estruturas representam dois sistemas globais e muitas vezes opostos, com a dominância do sistema inibitório parassimpático (por padrão), no desenvolvimento e/ou circunstância ideal (Porges, 2001; Thayer & Lane, 2009).

Uri Bergmann

O motivo aparente para o papel da inibição vagal ventral como o estado padrão do cérebro é que ela permite a regulação fina e delicada da frequência cardíaca, em resposta às exigências ambientais em constante mudança. Se o freio vagal ventral sofisticado está disponível por padrão, podemos aumentar rapidamente o débito cardíaco em vários graus, sem necessariamente ter que envolver o sistema simpático adrenal. Isto permite vários modos de mobilização que não sejam *impulsionados por emergência*. Se as situações acabam por se tornar mais urgentes, a opção de envolver estimulação simpática completa está sempre disponível. No entanto, a capacidade de retomar rapidamente o freio vagal ventral inibe a atividade simpática, o que permite uma rápida diminuição na produção metabólica para se autoacalmar e aliviar, ao invés de *pisar com força* no freio com o vago dorsal (Porges, 1997, 2001).

Função Polivagal e Dissolução

Porges (1997) sustenta que esta estratégia de resposta hierárquica baseada filogeneticamente é consistente com o conceito de *dissolução* proposto por John Hughlings Jackson (1869-1958), no qual "os arranjos nervosos superiores inibem (ou controlam) os inferiores, e assim, quando os superiores ficam repentinamente sem função, os inferiores aumentam em atividade" (como citado em Porges, 2001, p. 132).

Porges (2011) observa que nesta hierarquia filogeneticamente estruturada, o circuito mais recente associado à comunicação social, o vago ventral, é utilizado primeiro. Se esse circuito falha em fornecer segurança, como no perigo extremo, ou está inacessível em termos de desenvolvimento, então os circuitos mais antigos orientados para a sobrevivência são recrutados sequencialmente: o SNS primeiro e o vago dorsal depois.

Infelizmente, a partir de uma perspectiva do desenvolvimento, os circuitos mais antigos, mais primitivos, se desenvolvem em primeiro lugar, e o circuito mais recente se desenvolve por último, tornando assim a criança mais sensível à vida pós-parto e, portanto, vulnerável à agressão neural. A circuitaria mais recente torna-se apenas parcialmente disponível durante o último trimestre e é expressa no termo (nascimento), mediada pelos reflexos do tronco cerebral que permitem a coordenação da sucção, deglutição e respiração. Aos 6 meses após o parto, esses reflexos do tronco cerebral, que se tornam parcialmente conectados com os processos corticais no orbitofrontal lateral, fornecem um caminho biocomportamental por meio do qual o comportamento de engajamento social recíproco pode acalmar e aliviar o estado fisiológico de ambos os participantes de uma díade social (por exemplo, as interações mãe-bebê).

Portanto, até a idade de aproximadamente 3 anos, é necessário que o cuidador *funcione como um freio vagal ventral*, dado que antes desta idade o vago ventral da criança pode mediar apenas as funções de apego, mas não as funções reguladoras de afeto. Voltaremos a este assunto quando examinarmos paternidade negligente e abusiva e a resultante dissolução da regulação de afeto.

Regulação de Afeto Orbitofrontal

Lembre-se de que no segundo ano, o crescimento e expansão dos axônios de locais noradrenérgicos no córtex orbitofrontal (COF) lateral para as áreas do tronco cerebral na medula permitem o papel do COF lateral em mediar a restrição vagal, mencionada acima, e a subsequente inibição conservadora de energia da excitação autonômica simpática. Além destas conexões orbitomedulares, as áreas laterais do COF também crescem e se expandem para as áreas do hipotálamo, que também influencia a função cardíaca em conjunto com a influência medular/vagal.

Como observamos acima, anterior a este desenvolvimento, as características faciais do cuidador amoroso e prosódia vocal são *necessárias* para acionar os caminhos corticobulbares (tronco cerebral) de formação precoce que recrutam o freio vagal, para acalmar a criança. Por isso, essas decisivas conexões orbitofrontal-vagal avançadas *completam* a organização dos centros parassimpáticos do COF, dando à criança a habilidade de *cada vez mais se autoacalmar*, de forma adaptativa, na ausência do calmante cuidador, sem ter que recorrer a formas de se autoacalmar primitivas (vagal dorsal) e patológicas. Em meados do segundo ano, estes avanços neuropsicobiológicos habilitam a *automodulação* de comportamentos hiperativos e estados hiperexcitados.

Desenvolvimento do Hemisfério Esquerdo Dorsolateral

No meio do segundo ano, uma importante transição no amadurecimento e no desenvolvimento acontece. No que diz respeito ao amadurecimento, à medida que o estirão de crescimento pré-frontal orbital termina, um período significativo é iniciado para o amadurecimento da outra grande porção pré-frontal, o córtex dorsolateral. Este evento de transição também representa um deslocamento no crescimento e expansão do hemisfério direito de amadurecimento precoce para o hemisfério esquerdo de amadurecimento posterior (Schore, 1994). Na transição da etapa do *exercício* locomotor para a etapa de aproximação, as interações emocionais da criança com a mãe se tornam mais ambivalentes à medida que ela continua a se separar e individualizar, impulsionando-a para mais perto de seu pai.

Voltando a anatomia, o crescimento maturacional e a expansão do córtex dorsolateral esquerdo para áreas subcorticais se manifesta em conexões para áreas não límbicas, em oposição à expansão do orbitofrontal, que manifesta conexões para áreas límbicas e de mediação de afeto. Consequentemente, Tucker (1992) observa que o amadurecimento precoce do hemisfério direito é adaptativa e consistente com a importância da comunicação emocional e com a simbiose no início da vida. No segundo ano, no entanto, a crescente competência motora da criança e o rápido desenvolvimento de competências linguísticas refletem a grande transição no amadurecimento do cérebro em direção a dominância do hemisfério esquerdo.

Portanto, isto é expresso na substituição de dependência emocional e de atenção no ambiente social, mediada pelo hemisfério direito, em direção a uma articulação cada vez maior do controle cognitivo e motor, e a uma crescente autonomia emocional e de atenção, mediada pelo aumento no desenvolvimento do hemisfério esquerdo e expansão para áreas subcorticais.

Assim, o córtex orbitofrontal medeia o controle executivo do hemisfério direito, enquanto o córtex dorsolateral medeia o controle executivo do hemisfério esquerdo.

Modelos Afetivos e de Memória Inconscientes

Voltando para o córtex orbitofrontal, é o amadurecimento dependente de experiência dos seus circuitos subcorticais e corticais, que é responsável pelo desenvolvimento das disposições de temperamento que fundamentam estilos de personalidade. O núcleo emocional biologicamente organizado da criança mais velha (e eventualmente, do adulto) é *influenciado* em direção a certas respostas emocionais que são, por agora, impulsionadas pelos modelos neurais (emoções, cognições/crenças e memórias) de suas experiências de apego precoces (Bechara, Damásio, Tranel & Damásio, 1997). Assim, experiências interpessoais de vida atual ativam os mapas neurais da infância anterior. Isso ocorre *inconscientemente* e, muitas vezes, independentemente do que está realmente acontecendo, enviesando, assim, a nossa percepção emocional das interações pessoais (Hugdahl, 1995).

Portanto, o processamento de estímulos socioafetivos (interpessoais e/ou orientados ao apego) é retransmitido para o córtex orbitofrontal para ser confrontado com modelos neurais experienciais impressos anteriormente formados da infância, mediando uma apreciação inconsciente do significado emocional da situação. Portanto, a *apreciação* representa uma avaliação do significado pessoal/emocional do que está acontecendo neste encontro interpessoal com o ambiente. Assim, neste processo, percepções da atual informação socioemocional ambiental são computadas em relação aos modelos paralímbicos derivados da etapa do exercício locomotor (modelos de trabalho inconscientes internos) de nossas representações e memórias predisposicionais interativas carregadas afetivamente (Schore, 2003b; Zald & Kim, 1996).

Portanto, em nossas interações interpessoais emocionalmente significativas, as nossas *expectativas* são derivadas mais de nossas experiências da infância do que a partir do que está realmente acontecendo. Como exemplo, reflita sobre as diferenças entre os relacionamentos de trabalho informais e os relacionamentos emocionalmente significativos, e perceba como as relações de trabalho são geralmente descomplicadas e ordenadas, enquanto as relações pessoais tornam-se cada vez mais complexas, menos do que conscientemente racionais, muitas vezes confusas, conduzidas pelo inconsciente e emocionalmente reativas. Isso também está em contraste gritante com nosso funcionamento em domínios cognitivos, que é *consciente* e mais orientado ao presente com relação à apreciação e reação.

Lembre-se de que a memória emocional e suas emoções resultantes são não declarativas, pois a memória emocional é derivada de experiência, mas é expressa como uma mudança no comportamento ou no estado emocional, e não como uma recordação. Consequentemente, nós nos referimos à memória implícita e sua emoção resultante como *reflexiva* e à memória declarativa e sua lembrança resultante como *refletiva*. Sobre isto Squire e Kandel (1999) argumentaram,

> Em grande parte, por força do estado inconsciente destas formas de memória. . . surgem as disposições, hábitos e preferências que são inacessíveis à lembrança consciente, mas que, no entanto, são moldadas por eventos passados, influenciam nosso comportamento e vida mental, e são uma parte importante de quem somos. (p. 193)

Se nos perguntarmos por que a evolução criou um sistema desse tipo, ainda temos de chegar a uma resposta satisfatória. Lembre-se, que apesar do tamanho relativamente pequeno do cérebro, ele é responsável por cerca de 20% da energia consumida por todo o corpo. Além disso, em relação a esta taxa muito elevada de consumo de energia, o consumo de energia *adicional* associado com as mudanças provocadas no cérebro (processamento de informação do mundo externo) é extremamente pequeno, muitas vezes inferior a 5%. Portanto, a esmagadora maioria da energia utilizada pelo cérebro é para a nossa *realidade interna intrínseca*, ao passo que apenas uma pequena quantidade é utilizada para lidar com qualquer aspecto de nossa *realidade externa*.

Não surpreendentemente, sabemos como clínicos que a maioria dos problemas emocionais que nos acontecem, de neuroses e transtornos de personalidade a transtornos pós-traumáticos e dissociativos, são movidos por percepções emocionais intrínsecas que não são mais precisamente coerentes com a realidade extrínseca. Como já observamos anteriormente, isso certamente levanta a questão sobre se a nossa consciência, intrínseca como é, *por definição*, é de fato adaptativa ou ainda uma falha evolutiva a ser corrigida.

Capítulo 7

Transtornos da Consciência

Consciência é algo que toda criança compreende, no entanto, cientistas e filósofos lutam para explicá-la. Estamos todos intimamente familiarizados com o que significa estar consciente ou inconsciente à medida que acordamos de manhã, adormecemos à noite, percebemos nossa atenção flutuando ou cochilamos, brevemente, durante uma palestra, caminhamos por uma floresta apreciando a beleza, sem ter que prestar atenção à nossa marcha, enquanto envolvidos em uma discussão estimulante. Consciência fornece uma qualidade humana essencial para nossa experiência de vida, já que dependemos dela para organizar e priorizar nossas memórias, emoções e ações. Consequentemente, quando a consciência é alterada ou removida, a ausência desta organização perfeita nos torna incapacitados, deixando-nos de joelhos.

Desvendar o enigma da consciência, e seu comprometimento e perturbação, tem sido um caminho espinhoso a percorrer, muitas vezes cheio de confusão e negação. Isso tem sido particularmente verdadeiro no que diz respeito à nossa compreensão dos efeitos da negligência psicológica e do trauma em nossos sistemas biopsicossociais.

Alterações Globais da Consciência

A consciência é alterável por uma série de influências: álcool, drogas, anestesia, negligência e abuso na infância, experiências traumáticas, lesão neural e doença. Portanto, é examinando como a consciência humana é drasticamente alterada por alterações anatômicas ou funcionais no cérebro, bem como considerando quais mudanças na estrutura e dinâmica cerebrais não afetam a consciência, que podemos entender melhor tanto a natureza neural da consciência, quanto sua decadência.

Desta forma, vamos começar por explorar brevemente alterações globais da consciência, tais como a anestesia, coma e estados vegetativos. Isto irá nos permitir examinar o impacto desses estados difusos de consciência comprometida nos sistemas neurais, como mencionado acima. Examinaremos em detalhe transtornos de consciência induzidos pela negligência e trauma psíquicos.

Anestesia

A mais comum manipulação externa da consciência é a anestesia geral. Consequentemente, os anestésicos podem também ser utilizados como ferramentas no estudo da consciência, pois eles proporcionam uma redução temporária estável reproduzível ou eliminação da consciência a partir das quais comparações no funcionamento cerebral podem ser feitas ao longo de toda a transição entre o estado consciente e inconsciente, e vice-versa.

Os anestésicos consistem em duas classes principais: agentes intravenosos usados para indução, tais como profolol e cetamina, geralmente administrados em conjunto com sedativos, como o midazolam e dexedetomidina; e agentes inalatórios, como o isoflurano, sevoflurano e desflurano ou os gases xenônio e óxido nitroso (Alkire, 2009).

A nível celular, muitos anestésicos têm efeitos mistos, mas o resultado geral é uma redução na excitabilidade neural, seja pelo aumento da inibição ou pela diminuição da excitação. Independentemente da mediação do neurotransmissor, o resultado celular geral é uma *hiperpolarização celular*. Recorde-se que a despolarização aumenta a capacidade da célula de gerar um potencial de ação e é considerada excitatória. Por outro lado, hiperpolarização torna improvável que uma célula irá gerar um potencial de ação e é, portanto, considerada inibitória.

Na neuroimagem, os detalhes específicos têm sido difíceis de determinar. No entanto, os contornos da circuitaria envolvida têm sido mais claros. O processo pode ser feito para um efeito comum da maioria - se não de todos - os agentes anestésicos que envolvem fluxo sanguíneo metabólico talâmico e conectividade talamocortical-corticotalâmico (tálamo para o córtex-córtex para o tálamo) (Alkire, 2009). Os *detalhes* quanto à questão de saber se o tálamo está, com efeito, desligando o córtex ou se o córtex está desligando o tálamo, ainda não são conclusivos. No entanto, o *contorno*, que se manifesta pela circuitaria talamocortical e a sua conectividade regional geral diminuída, é claro. Lembre-se, que são as conexões talamocorticais que medeiam a integração dos mapas espaciais de nosso funcionamento extrínseco e intrínseco. Dados recentes (Cotterill, 2001) têm sugerido que esta circuitaria deve ser estendida para o sistema cerebelotalamocortical lateral.

Coma e Estados Vegetativos

Enquanto a consciência pode ficar mais fraca durante certas fases do sono e ser mantida em níveis muito baixos durante a anestesia geral, o coma e os estados vegetativos são caracterizados por uma perda de consciência, que é difícil e muitas vezes impossível de reverter.

Coma, um estado duradouro de imobilidade parecido com o sono a partir do qual o paciente não pode ser despertado, representa a forma *principal* de perda patológica da consciência (Posner & Plum, 2007). Tipicamente, o coma é causado por uma supressão da função corticotalâmica por drogas, toxinas ou patologia metabólica interna. Outras causas de coma incluem traumatismo craniano, acidente vascular cerebral, ou hipóxia (perda de oxigênio).

Os pacientes que sobrevivem a um coma podem se recuperar, enquanto outros entram em um estado vegetativo, no qual os olhos reabrem, dando a aparência de vigília, mas a sua falta de resposta persiste. Análises post-mortem de pacientes vegetativos revelam que o tronco cerebral, hipotálamo e sistemas de ativação reticular permanecem intactos, explicando por que esses pacientes parecem despertos. Estudos indicam que o estado vegetativo é devido a lesões generalizadas de matéria cinzenta no neocórtex e no tálamo, danos generalizados da matéria branca, ou lesões talâmicas bilaterais, especialmente aos núcleos *talâmicos paramedianos intralaminares* (Posner & Plum, 2007). Com efeito, a recuperação dos estados vegetativos tem sido associada à recuperação de conectividade funcional entre os núcleos talâmicos intralaminares e os córtices pré-frontal e cingulado (Laureys et al., 2000).

Recorde que danos aos núcleos do sistema talamocortical específico produzem apenas uma perda da modalidade sensorial específica que foi mediada pelo núcleo danificado específico. No entanto, após avaria aos núcleos do sistema talamocortical *intralaminar* não específico, toda percepção e, portanto, toda consciência, cessa. Toda informação extrínseca mediada pela circuitaria específica do sistema não pode mais ser percebida ou atendida. Em essência, como Llinas (2001) descreve, "o indivíduo não existe mais, a partir de um ponto de vista cognitivo, e apesar de estímulos sensoriais específicos para o córtex permanecerem intactos, eles são completamente ignorados" (p. 127).

Alterações Psicotraumáticas da Consciência

A vida é uma luta permanente para as pessoas que foram traumatizadas. Seu tormento relata essencialmente um passado terrível e angustiante que os assombra, implacavelmente. Bessel van der Kolk e Alexander McFarlane (1996) afirmam que "sofrer trauma é uma parte essencial do ser humano, a história está escrita com sangue" (p. 3). Séculos de guerras, fomes, massacres, holocaustos, escravidão, ditadura e colonização trouxeram todo tipo de horror e abuso para as casas de nossos antepassados. Alguns encontraram formas de se adaptar, mas muitos sucumbiram à miséria e desolação. Apesar da capacidade da humanidade para sobreviver e se adaptar, experiências traumáticas alteram o equilíbrio biológico, psicológico e social a tal extensão que a memória e a interpretação dos traumas transbordam e mancham todas as outras experiências, contaminando o presente e o futuro (van der Kolk & McFarlane, 1996).

Judith Herman (1992) observa que o trauma psicológico

. . . é uma aflição dos impotentes. No momento do trauma, a vítima se encontra desamparada pela força avassaladora. Quando a força é da natureza, falamos de *desastres* [grifo nosso]. Quando a força é de outros seres humanos, falamos de *atrocidades* [grifo nosso]. Eventos traumáticos sobrecarregam os sistemas de cuidado ordinários que dão às pessoas um senso de controle, conexão e significado. (p. 33)

Assim, o denominador comum do trauma é um sentimento de medo intenso, desamparo, perda de controle e ameaça de aniquilação (Andreasen, 1985).

Judith Herman (1992) argumenta que a gravidade dos eventos traumáticos não pode ser entendida ou medida em qualquer única dimensão, observando que "os esforços simplistas para quantificar trauma levam a comparações de horror sem sentido " (p. 34). No entanto, certas circunstâncias ou eventos provavelmente aumentam o potencial para traumatização, entre os quais, violação ou lesão física, trauma relacional, exposição à violência extrema, ou testemunho de morte grotesca. Em todos os casos, "a característica marcante do evento traumático é o seu poder de inspirar desamparo e terror" (p. 34).

Trauma e Dissociação

Van der Hart, Nijenhuis e Steele (2006) observam que pessoas cronicamente traumatizadas são capturadas em um terrível dilema. Incapazes de processar e integrar suas experiências dolorosas, elas devem, no entanto, continuar com uma vida cotidiana que, por vezes, continua a incluir as mesmas pessoas que as abusaram e negligenciaram. Mesmo que seus agressores não estejam mais presentes, elas devem continuar a lutar para funcionar de forma adaptativa. Consequentemente, sua opção mais conveniente (como conservada pela evolução e adaptada pelos seres humanos) é evitar mentalmente o seu passado e presente não resolvidos e dolorosos e, tanto quanto possível, tentar manter uma *fachada de normalidade* interna, bem como externa.

A coexistência e a relação entre trauma e transtornos dissociativos apenas recentemente se tornaram claras. Herman (1992) observa que as reações traumáticas ocorrem quando a opção de *ação* é perdida, tornando os sistemas de autodefesa sobrecarregados e desorganizados. Componentes dos sistemas dedicados às respostas ao perigo, tendo perdido sua utilidade, tendem a persistir de formas alteradas e exageradas muito tempo após o perigo ter cessado. Eventos traumáticos produzem deficiências duradouras na excitação fisiológica, emoção, cognição e memória, *rompendo* estas funções normalmente integradas entre si. Herman argumenta que neste consequente estado de dissociação, memória, afeto e cognição se tornam *desconectados* (desvinculados), assumindo uma vida própria.

Da mesma forma, van der Hart, Nijenhuis e Steele (2006) argumentam que a dissociação é o conceito chave para a compreensão da traumatização. Eles veem o espectro do transtorno de estresse pós-traumático agudo (TEPT), transtorno de despersonalização, amnésia dissociativa, fuga dissociativa e transtorno dissociativo de identidade (TDI) como um espectro da dissociação estrutural da personalidade (Nijenhuis, van der Hart & Steele, 2002; van der Hart & Nijenhuis, 1998; van der Hart, Nijenhuis & Steele, 2006; van der Hart, Nijenhuis & Steele, 2005; van der Hart, Nijenhuis, Steele & Brown, 2004). Eles alegam que um século de estudos em psicotraumatologia tem ilustrado que pessoas traumatizadas tendem a alternar entre revivência intrusiva, estar isolado e estar inconsciente de seus traumas, como resultado de amnésia.

Em sintonia com esta mudança, a síndrome de dificuldades psicológicas que tem sido revelada como sendo frequentemente associada a histórias de prolongado e marcado abuso interpessoal tem sido chamada de *TEPT complexo* ou *transtornos de estresse extremo não especificados* ('disorders of extreme stress, not otherwise specified' ou DESNOS) (Herman, 1992; van der Kolk, Perry e Herman, 1991). Estes diagnósticos descrevem os seguintes seis agrupamentos de sintomas que são regularmente observados nos transtornos dissociativos (van der Kolk, 2001):

1. Alterações na regulação do afeto e impulsos, incluindo dificuldades na modulação da raiva e autodestrutividade
2. Alterações na atenção e consciência, muitas vezes levando a amnésias, episódios dissociativos e despersonalizações
3. Alterações na autopercepção, tal como um sentimento crônico de culpa, responsabilidade e vergonha
4. Alterações no relacionamento com os outros, comprometidos pela incapacidade de confiar e de se sentir íntimo
5. Vários graus de alterações fisiológicas e processos de doença, os quais têm sido descritos como sintomas sem explicação médica
6. Prejuízo frente ao funcionamento integrado de seus mecanismos de identidade

Trauma, Apego e Personalidade

Classen, Pain, Field e Woods (2006) defenderam a criação de uma nova categoria de diagnóstico, o transtorno de personalidade pós-traumático ('posttraumatic personality disorder' ou PTPD), para articular a inter-relação entre traumatização crônica, transtornos de apego desorganizado, transtornos dissociativos e transtornos de personalidade borderline (TPB). Eles observam que, embora TEPT complexo, ou DESNOS, destinam-se a refletir as consequências da traumatização crônica, os domínios que eles descrevem são caracterizados com mais precisão como um transtorno de personalidade, mais especificamente, uma PTPD. Eles sugerem dois tipos de PTPD: uma envolvendo apego organizado e outra relativa a apego desorganizado, ambos associados com TEPT.

Classen et al. (2006) propõem que PTPD reflete uma história de extensa traumatização crônica iniciada na infância. Eles alegam ainda que "o apego desorganizado constitui a base do TPB e, portanto, os sintomas característicos do TPB (perturbações afetivas, cognição perturbada, impulsividade, mecanismos de defesa primitivos e instabilidade relacional intensa) são vistos como adaptações patológicas à convivência com um padrão de apego desorganizado" (p. 88). Consequentemente, PTPD/desorganizado designa a comorbidade de TPB e DESNOS.

Alternativamente, estes autores defendem que a negligência crônica infantil e abuso de crianças que experimentaram um apego mais organizado com seus pais tende a levar a um PTPD/organizado. Assim, o PTPD/organizado representa DESNOS sem TPB. Eles opinam ainda, que o diagnóstico exclusivo de TPB deve ser feito com indivíduos que têm um apego desorganizado, mas uma história menos grave de abuso infantil.

Esses pesquisadores postulam que compreender o efeito do trauma crônico no contexto tanto do apego organizado como do desorganizado, tem implicações específicas para o tratamento para futuras pesquisas.

Trauma Infantil e Desenvolvimento

Bessel van der Kolk (2005) e van der Kolk e d'Andrea (2010) defendem a necessidade urgente de um diagnóstico de trauma interpessoal sensível em termos de desenvolvimento para as crianças, o de transtorno de trauma de desenvolvimento. Eles sustentam que os graves e crônicos danos na regulação emocional, controle de impulsos, atenção, cognição, dissociação, relacionamentos interpessoais e esquemas relacionais, resultantes de trauma e negligência relacionais, são melhor compreendidos como um transtorno único e coerente.

Van der Kolk e d'Andrea (2010) observam que as inúmeras expressões clínicas dos danos resultantes de trauma relacional na infância estão atualmente relegados a uma "variedade de comorbidades aparentemente não relacionadas" tais como transtorno de conduta, transtorno de déficit de atenção, ansiedade fóbica, ansiedade de separação e transtorno de apego reativo. Assim, a especificidade conceitual do transtorno de trauma de desenvolvimento, por inerência, o distingue dos diagnósticos sintomáticos e comórbidos existentes que prevalecem atualmente. Eles opinam, ainda, que

> . . . a prática constante de aplicar múltiplos diagnósticos comórbidos distintos para crianças traumatizadas tem consequências graves; ela desafia a parcimônia, obscurece a clareza etiológica e corre o risco de relegar o tratamento e a intervenção a um pequeno aspecto da psicopatologia da criança, em vez de promover uma abordagem de tratamento abrangente. (p. 61)

Essas mudanças conceituais, esclarecidas por décadas de experiência clínica, refletem a impressão de que trauma e dissociação, de fato, parecem coexistir e são, evidentemente, impulsionados por sistemas de ação biológicos similares baseados na evolução.

A Evolução dos Sistemas de Ação Biológicos

A relação de sintomas pós-traumáticos e dissociativos com os sistemas operacionais emocionais biológicos (Panksepp, 1998), padrões fixos de ação (Llinas, 2001), sistemas funcionais (Fanselow & Lester, 1988) e disposições (Damásio, 1999, 2010) que foram observados acima exige mais elaboração. Por conveniência, estes sistemas serão denominados "sistemas de ação biológicos" (Nijenhuis et al., 2002). Lembre-se (do Capítulo 5) que Panksepp enumera seis critérios neurais objetivos que definem os sistemas operacionais emocionais, padrões de ação frequentes e disposições (sistemas de ação) no cérebro. Esses critérios são os seguintes:

1. Os circuitos subjacentes devem ser predeterminados geneticamente e projetados para responder

incondicionalmente aos estímulos decorrentes das grandes circunstâncias desafiadoras da vida.

2. Estes circuitos devem organizar diversos comportamentos, ativando ou inibindo circuitos motores e alterações hormonais autonômicas simultâneas que se revelaram ser adaptativas em face das tais circunstâncias desafiadoras da vida durante a história evolutiva da espécie.

3. Esses circuitos emocionais devem alterar a sensibilidade dos sistemas sensoriais que são relevantes para as sequências de comportamento que foram despertadas.

4. A atividade neural destes sistemas emocionais deve durar mais que as circunstâncias precipitantes, indicando a sua estabilidade e consistência evolutiva ao longo do tempo.

5. Esses circuitos emocionais devem estar sob o controle condicional de estímulos ambientais emocionalmente neutros, como evidenciado por movimentos antecipatórios em relação a exploração do ambiente, buscando calor e satisfação sexual, bem como vinculação.

6. Estes circuitos devem ter interações recíprocas com os mecanismos cerebrais que elaboram processos de tomada de decisão superiores e consciência.

Sistemas de Ação Emocionais

Como também já observamos, Panksepp (1998) nomeia os seguintes sistemas operacionais emocionais (sistemas de ação), conforme definidos principalmente por circuitos neurais geneticamente codificados que geram sequências emocionais e comportamentais bem organizadas, que podem ser evocadas por estimulação elétrica localizada destes circuitos neurais no cérebro:

1. sistema de busca, que medeia interesse e exploração do ambiente, busca por alimento, calor e satisfação sexual
2. sistema de medo, que medeia fuga ou congelamento
3. sistema de raiva, que medeia luta
4. sistema de pânico, que medeia vocalização de socorro e vinculações sociais

Estes sistemas (conforme descrito no capítulo 5), portanto, são os elementos básicos que moldam a personalidade. Ao longo da evolução, esses sistemas de ação primitivos (padrões fixos de ação e disposições) tornaram-se associados com funções corticais superiores, permitindo-nos envolver em tendências de ação complexas, incluindo relacionamentos complexos (van der Hart, Nijenhuis e Steele, 2006). Funcionar como adultos, portanto, envolve uma profunda complexidade de objetivos biopsicossociais (cuidar de crianças, socializar, competir, amar e proteger e explorar nossos mundos interno e externo). Atingir estes objetivos envolve uma integração profunda desses sistemas de ação. Voltaremos a este assunto.

Sistemas de Ação, Trauma e Dissociação

Van der Hart, Nijenhuis, e Steele (2006) argumentam que os sintomas traumáticos e dissociativos envolvem uma determinada organização dos sistemas psicobiológicos que constituem a personalidade ou o 'self'. Consequentemente, esta organização não é arbitrária nem uma coincidência, mas é mediada por sistemas neurais evolutivamente conservados e bem definidos. Nesse sentido, eles veem sintomas pós-traumáticos e dissociativos como impulsionados por dissociação estrutural da personalidade. Portanto, os fenômenos dissociativos são movidos não apenas por ações mentais, tais como experimentar sensações ou afetos, mas muito pelas duas principais categorias de sistemas de ação biológicos que parecem constituir o 'self'.

Aproximação e Evitação

Lembre-se que uma das categorias envolve sistemas neurais que são principalmente orientados para a *aproximação* em direção a estímulos atraentes da vida diária, tais como vincular-se com sua mãe e pai, comer, beber, brincar com os amigos ou ser sexual. A outra categoria de sistemas neurais medeia a *evitação* ou fuga de estímulos nocivos, aversivos ou ameaçadores. Ecoando as formulações de Panksepp (1998), van der Hart et al. (2006) observam,

O propósito evolutivo destes sistemas é nos ajudar a distinguir entre experiências úteis e prejudiciais, e produzir as melhores respostas adaptativas às circunstâncias de vida atual. Estas situações abrangem os nossos mundos interoceptivo e exteroceptivo, nosso ambiente interno e externo, como os percebemos. Referimo-nos a estes sistemas psicobiológicos como *sistemas de ação*, pois cada um envolve inclinações específicas inatas para agir de uma maneira direcionada a um objetivo. (p. 3)

Assim, essas tendências de ação envolvem adaptações para desafios ambientais, tanto *apetitivos* quanto *aversivos*. Cada tendência implica uma série de ações mentais e comportamentais. Consequentemente, estes sistemas de ação nos ajudam a nos comportar, pensar, sentir e perceber de maneiras particulares e específicas que são protetoras e adaptativas. Por isso, sentimos, pensamos, percebemos e nos comportamos de uma maneira quando estamos com fome, e de forma diferente quando estamos curiosos, e ainda de outra forma quando ameaçados (Damásio, 2010; van der Hart, Nijenhuis e Steele, 2006).

Organização Sistêmica

A fim de sistematizar os variados grupos de sintomas e síndromes de transtornos traumáticos e dissociativos, é necessária a organização destes frente aos aspectos fenomenológicos da *reexperimentação do trauma* versus *distanciamento do trauma* e a relação destes com os sistemas de ação que os medeiam. Por exemplo, reviver o trauma está associado com os sistemas de defesa inatos e evolutivamente derivados do medo e da raiva que são evocados por ameaça grave. Como sistemas de ação complexos, eles abrangem vários subsistemas, tais como fuga, congelamento e luta. Portanto, quando estimulados, os circuitos neurais do sistema de medo nos permitem fugir. Eles também podem provocar uma resposta de congelamento. Esta resposta pode ser de natureza neuralmente simpática, levando a uma quietude hipervigilante (reduzindo a possibilidade de ataque ou destruição), ou de natureza parassimpática, levando a uma imobilidade tônica e possível analgesia (reduzindo a dor de um ataque ou destruição iminente). A natureza parassimpática deste sistema neural tem sido muitas vezes descrita como estados dissociativos de fuga, despersonalização (experiências fora do corpo) e entorpecimento. Os circuitos que medeiam o sistema de raiva são despertados pela frustração e tentativas de cercear a nossa liberdade de ação. Por conseguinte, não só nos permite nos defender de forma agressiva, mas também nos energiza quando irritados ou contidos.

Distanciamento do trauma está associado com os sistemas de ação de busca e pânico, que controlam as funções do cotidiano (por exemplo, a exploração do ambiente e controle da energia), e as que se dedicam a sobrevivência da espécie (reprodução e vinculação e cuidado dos filhos; Nijenhuis et al, 2002; van der Hart, Nijenhuis, e Steele, 2006). Além disso, esses sistemas de ação serão também revistos em referência aos constructos organizadores da dissociação primária, secundária e terciária (Nijenhuis et al, 2002; Van der Hart, van der Kolk & Boon, 1996; van der Kolk, van der Hart & Marmar, 1996; van der Hart, Nijenhuis e Steele, 2006).

A Natureza da Dissociação

Como já observamos, a dissociação parece ser a chave para o entendimento dos distúrbios de consciência induzidos pelo trauma. Van der Hart, Nijenhuis e Steele (2006) observam que não chegamos facilmente a esta conclusão, em grande parte porque muitos conceitos no campo do trauma exigem esclarecimento, e a dissociação é a principal entre eles. De fato, definir o que é ou não é dissociação, é uma caixa de Pandora em nossa área de atuação, e definir as suas causas, é uma ainda maior.

Embora o foco deste capítulo seja a dissociação patológica induzida por trauma, ainda assim levantamos a questão de saber se as diversas manifestações fenomenológicas de dissociação são *sempre* de natureza patológica. A resposta a esta questão diz respeito a duas áreas de grande importância: a natureza da mente humana e do 'self' e suas implicações para o tratamento (ou seja, este sintoma precisa ser removido ou eliminado devido à sua patologia, ou só precisa ser modificado e devolvido ao seu nível adaptativo normativo?). Dito de outra forma, se a verdadeira natureza normativa do 'self' é ser singular e monolítico, então as implicações para a integração no tratamento seria o de facilitar a fusão de todos os estados de ego em um só. Por outro lado, se a multiplicidade do 'self' é inerentemente normativa, então as implicações para a integração no tratamento seria de facilitar resolução do trauma e função adaptativa integrada dentro da estrutura inerentemente normativa de múltiplos 'selfs'. Voltaremos a isso mais tarde.

Butler (2006) observa que, embora a literatura correspondente ao estudo da dissociação esteja preocupada principalmente com a patologia, a maioria das experiências dissociativas não são patológicas, onde uma grande proporção do fluxo de consciência é tomada por experiências dissociativas normativas, tais como o devaneio, fantasia e profunda concentração. Certamente parece haver concordância em nosso campo de atuação de que os sintomas dissociativos tais como a desrealização, despersonalização e estados de fuga parecem ser patológicos em sua origem e natureza. A maior polaridade de acordo, todavia, parece ser no que diz respeito à natureza da multiplicidade do 'self', em particular, no que diz respeito à formação de estados de ego ou estados do eu.

A Descrição de Dissociação

Dissociação tem sido descrita na literatura como um processo, uma estrutura intrapsíquica, uma defesa psicológica, um déficit e uma série de outros sintomas (Van der Hart, Nijenhuis e Steele, 2006). Na última década, ensaios teóricos e técnicos têm centrado suas ideias em torno do ponto central, no qual a dissociação é vista como uma divisão da personalidade. Especificamente, a definição de Janet (1907) tem sido colocada em primeiro plano, na qual a dissociação é vista como uma divisão entre "sistemas de ideias e funções que constituem a personalidade" (p. 332).

Dissociação Primária

Como definido por van der Hart, van der Kolk e Boon (1996) e van der Kolk, van der Hart e Marmar (1996), a dissociação primária refere-se à incapacidade de se integrar a totalidade de um evento traumático à consciência, causando, portanto, a intrusão na consciência de memórias traumáticas fragmentadas, principalmente na forma sensorial. Estes fragmentos sensoriais intrusivos tendem a ser visuais, olfativos, auditivos, sinestésicos ou viscerais. Dissociação primária, portanto, é característica do TEPT tipo I, no qual os sintomas mais dramáticos são expressões de memórias traumáticas relacionadas, como recordações intrusivas, pesadelos e 'flashbacks'.

Estas respostas fenomenológicas estão frequentemente associadas a excitação psicofisiológica, como evidenciado pelo aumento da frequência cardíaca e condutividade elétrica da pele (Frewen & Lanius, 2006; Orr, McNally e Rosen, 2004). Van der Kolk, van der Hart e Marmar (1996) afirmam que "essa fragmentação é acompanhada por estados de ego que são distintos do estado normal de consciência" (p. 307). Em uma conceituação mais recente, chamada de *dissociação estrutural primária da personalidade*, estes estados de ego têm sido chamados "parte aparentemente normal" da personalidade (PAN) e "parte emocional" da personalidade (PE), para designar um aspecto do estado de ego ou 'self' adulto e os outros estados de ego dissociados, respectivamente (Nijenhuis, van der Hart & Steele, 2002; Steele, van der Hart & Nijenhuis, 2001). Van der Hart, Nijenhuis e Steele (2006) argumentam que a divisão da personalidade resulta de trauma, observando que "embora as partes dissociativas tenham um senso de si mesmas, não importa o quão rudimentar, elas não são entidades separadas, mas sim diferentes, sistemas psicobiológicos mais ou menos divididos que não são suficientemente coesos ou coordenados dentro da personalidade de um indivíduo " (p. 30).

Dissociação Secundária

Van der Hart, van der Kolk e Boon (1996) e van der Kolk, van der Hart e Marmar (1996) observam que uma vez que um indivíduo está em um estado mental traumático (dissociado), uma desintegração adicional da experiência pessoal pode ocorrer. Desrealização e despersonalização tendem a manifestar-se: as pessoas relatam experiências de deixar seu corpo no momento do trauma e observar o trauma à distância. Portanto, a dissociação secundária permite aos indivíduos observar sua experiência traumática como espectadores e limitar a sua dor e sofrimento.

Fenomenologicamente, isto produz uma maior fragmentação e estados de ego dissociados. Steele et al. (2001) observam que na dissociação estrutural secundária da personalidade, este aumento na fragmentação é observado no aumento das divisões das PE. Por conseguinte, o aumento de estados de ego (PE) é visto como impulsionado pelo trauma e, por conseguinte, de natureza patológica. Em termos de diagnóstico, esta constelação tende a produzir as condições do TEPT complexo, DESNOS, distúrbios de despersonalização, amnésia dissociativa e fuga dissociativa.

Dissociação Terciária

Van der Hart, van der Kolk e Boon (1996) e van der Kolk, van der Hart e Marmar (1996) opinam que a dissociação terciária resulta do desenvolvimento de "estados de ego distintos que contêm a experiência traumática, e que consistem em identidades complexas com padrões cognitivos, afetivos e comportamentais distintos "(p. 308). Fenomenologicamente, isto produz identidades 'alter' severamente caóticas e profundamente dissociadas, muitas vezes com pouca ou nenhuma consciência uma da outra. Nijenhuis et al. (2002) nota que, além do aumento das divisões de PE, a dissociação estrutural terciária da personalidade também produz divisões adicionais das PAN. Em termos de diagnóstico, esta constelação tende a produzir a condição de TDI. Mais uma vez, o aumento em estados de ego (PAN e PE) é visto como impulsionado por trauma e, por conseguinte, de natureza patológica.

Linhas de Desenvolvimento da Personalidade

Ao longo da história da psiquiatria e da psicologia, tem havido também uma linha paralela de pensamento que vê a dissociação como uma *linha de desenvolvimento* normativa da personalidade. Antes do conceito de linhas de desenvolvimento de Anna Freud (1936, 1963), a presença de mecanismos de defesa e ansiedade, por exemplo, eram vistos apenas como manifestações patológicas. Em seus escritos iniciais sobre os mecanismos de defesa (1936), ela sugeriu pela primeira vez um mecanismo de defesa (sublimação) que não era patológico. Os escritos subsequentes de Anna Freud e os de Renée Spitz, Heinz Hartmann, Ernst Kris e Rudolph Loewenstein introduziram a psicologia do ego e os estudos iniciais sobre desenvolvimento normativo/adaptativo, ao invés de apenas patológico.

Consequentemente, mecanismos de defesa e ansiedade foram vistos como progressões seriais em setores psíquicos distintos, com continuidade e caráter cumulativo (Spitz, 1965). Em outras palavras, eles existiam em um continuum, variando de normativos e adaptativos a conflituosos e patológicos. Portanto, defesas e ansiedade eram agora vistos no mesmo continuum que o amadurecimento psicossexual, domesticação de impulsos, relações de objeto, função adaptativa, formação de identidade e internalização. Inicialmente, essa mudança de pensamento foi dolorosamente revolucionária, destruindo as premissas principais do funcionamento psíquico.

Dissociação como uma Linha de Desenvolvimento

Inspirados pela revolução da psicologia do ego, uma série de clínicos começou a examinar a dissociação em uma linha semelhante. Consequentemente, como nas outras linhas de desenvolvimento, começaram a sugerir que a dissociação, manifestada pela multiplicidade do 'self', seja vista como um continuum dinâmico, de saudável/adaptativo a patológico, e como presente, em algum nível, em todas as categorias de diagnóstico.

Jacob Moreno (1934, 1943) argumentou que a mente opera em dois níveis. Um nível reflete uma dimensão pluralista, manifestada por um agregado ou multiplicidade de papéis internos. Esses papéis eram vistos como sendo mediados por estruturas psíquicas internas distintas e diferentes. O outro nível, o meta-papel, consiste na mediação de uma função unificadora, com respeito à multiplicidade de papéis internos: uma espécie de presidente do comitê interior.

Paul Federn (1943, 1947, 1952) postulou que, normalmente, bem como de forma patológica, os estados de ego são reprimidos - com sucesso em pessoas "normais" e sem sucesso em "neuróticos e psicopatas". Ele via os estados de ego como entidades organizadas do ego, escrevendo, "Eu concebo o ego não apenas como a soma de todas as funções, mas como a catexia (energia) que une o agregado em uma nova unidade mental" (1952, p. 185).

John Watkins (1949) descreveu o tratamento de um oficial do exército com uma fobia do escuro, observando que a resolução bem sucedida do tratamento envolveu mais de uma entidade de ego. Escreveu, ainda, que, em contraste com verdadeiros transtornos de personalidade múltipla, as duas subpersonalidades não surgiam espontaneamente, mas podiam ser ativadas hipnoticamente.

Watkins via essa experiência como "nosso primeiro contato direto com essas estruturas de personalidade segmentadas encobertas que, agora, chamamos de estados de ego" (Watkins & Watkins, 1997, p. ix).

Eric Berne (1957a, 1957b, 1961) estendeu o pensamento psicodinâmico com a sua elaboração e aplicação do conceito de subdivisões da mente de Federn, antecipando muitas das ideias de Mahler, Kohut, Kernberg e Watkins e Watkins. Ele descreveu os estados do ego, fenomenologicamente, "como um sistema coerente de sentimentos relacionados a um determinado sujeito, e operacionalmente como um conjunto de padrões de comportamento coerentes; ou pragmaticamente, como um sistema de sentimentos que motiva um conjunto associado de padrões comportamentais" (1961, p. 17).

John Watkins e Helen Watkins (Watkins, 1978; Watkins & Johnson, 1982; Watkins & Watkins, 1997), extraindo das ideias de Janet, Breuer e Freud, Reik, Federn e Berne e das implícitas alusões à multiplicidade da personalidade nos escritos de Fairbairn, Ferenczi, Glover, Guntrip, Searles, Sullivan e Winnicott, propôs que o 'self' era formado por estados de ego, que eles definiram como "um sistema organizado de comportamento e experiência cujos elementos são unidos por um princípio comum e são separados dos outros tais estados por uma fronteira que é mais ou menos permeável "(Watkins & Watkins, 1997, p. 25). Eles viam a formação de estados de ego em um continuum de desenvolvimento, teorizando que a personalidade era segmentada em estados de 'self', como resultado da diferenciação normal, introjeção ou trauma (Watkins, 1978; Watkins & Watkins, 1997).

Estudos de desenvolvimento infantil de orientação psicanalítica (Beebe & Lachmann, 1992; Emde, Gaensbaure, & Harmon, 1976; Sander, 1977; Stern, 1985; Wolff, 1987) começaram a sugerir que a psique não se inicia como um todo integrado, mas é unitária na sua origem: uma estrutura mental que começa e continua como uma multiplicidade de estados de 'self' que com o amadurecimento atinge uma *sensação* de coerência que se *sobrepõe* à consciência de descontinuidade. Isso era visto como algo que levava à experiência de coesão e um sentido de um 'self' (Bromberg, 1994, 1998a). Grande parte disso foi estimulado pelos escritos de Ferenczi (1930), Glover (1932), Sullivan (1940), Fairbairn (1944, 1952),

Winnicott (1965), Searles (1977) e Lampl-de-Groot (1981), cada um dos quais, de forma implícita ou explicita, outorgaram o fenômeno da multiplicidade do 'self' como sendo importante no seu trabalho.

Michael Gazzaniga e Joseph LeDoux (1978), renomados por suas pesquisas sobre a divisão do cérebro, observaram que pesquisas e observações clínicas (Gazzaniga, LeDoux & Wilson, 1977; Gazzaniga, 1970, 1976) indicam que normativamente nas pessoas, pode muito bem existir uma variedade de bancos de memória separados, cada um intrinsecamente coerente, organizado, lógico, e com seu próprio conjunto de valores. Esses bancos de memória não necessariamente se comunicam uns com os outros dentro do cérebro. Eles observam ainda que estes dados nos obrigam a considerar a possibilidade de que existam múltiplos eus, cada um dos quais podendo controlar o comportamento em diferentes momentos.

Robert Putnam (1988), então diretor da Unidade de Pesquisa em Transtorno Dissociativo dos Institutos Nacionais de Saúde Mental, explorou "mudanças de estado não-lineares" como um paradigma de desenvolvimento, afirmando que "estados parecem ser a unidade fundamental da organização da consciência e são detectáveis desde os primeiros momentos após o nascimento ... Eles são estruturas de comportamento organizadoras e estabilizadoras do 'self'" (p. 25).

Phillip Bromberg (1998b) argumentou que "a experiência do 'self' se origina em estados do eu relativamente desvinculados, cada um coerente em si mesmo.... A experiência de ser um 'self' unitário é uma *ilusão* [grifo nosso] adquirida, adaptativa em termos de desenvolvimento. (p. 273).

Richard Schwartz (1995) também articulou uma visão multidimensional da personalidade, combinando aspectos da teoria dos sistemas familiares e da multiplicidade do 'self'. Por isso, seu modelo de sistemas familiares internos vê a consciência como composta de várias "partes" ou subpersonalidades, cada uma com sua própria perspectiva, interesses, memórias e ponto de vista. O modelo de sistemas familiares internos divide essas partes em três tipos – gerentes, exilados e bombeiros.

Ramachandran (1995) e Ramachandran e Blakeslee (1998) observaram que, quando confrontados com uma anomalia ou discrepância, os estilos de enfrentamento dos dois hemisférios cerebrais são fundamentalmente diferentes. O hemisfério esquerdo tende a suavizar essas discrepâncias envolvendo-se em negações, confabulações, racionalizações e até delírios, enquanto que o hemisfério direito parece ser o mecanismo de verificação de realidade, mais ancorado na verdade. Em relação à estrutura de personalidade, Ramachandran e Blakeslee sustentam que o "'self' pode, de fato, ser uma construção biológica útil baseada em mecanismos cerebrais específicos; uma espécie de princípio organizador que nos permite funcionar de forma mais eficaz ao impor coerência, continuidade e estabilidade na personalidade" (p. 272). Eles opinam ainda que diversas partes do cérebro criam uma representação útil do mundo externo e geram a *ilusão* de um 'self' coerente e monolítico que perdura no tempo e espaço.

Joseph LeDoux (2003), um célebre neurocientista, argumenta,

Apesar da longa tradição de ênfase sobre o 'self' como uma entidade consciente na filosofia e na psicologia, há um crescente interesse em uma visão mais ampla do 'self', aquele que reconhece a multiplicidade do eu e enfatiza distinções entre diferentes aspectos do 'self', especialmente aspectos conscientes e não-conscientes. (p. 296)

Michael Gazzaniga e seus associados (Gazzaniga, 1989, 1998, 2000; Gazzaniga & LeDoux, 1978; Turk et al., 2002; Turk, Heatherton, Macrae, Kelly & Gazzaniga, 2003) exploraram os mecanismos pelos quais o cérebro cria um senso unificado do 'self'. Ecoando o trabalho de Ramachandran, eles observam que as pesquisas sobre a divisão do cérebro identificaram diferentes estilos de processamento cognitivo para os dois hemisférios cerebrais. O hemisfério direito parece processar o que recebe e nada mais, enquanto o hemisfério esquerdo parece fazer elaborações, associações e buscas por padrões lógicos no material, mesmo quando este não está presente.

Gazzaniga (2000) argumentou que essa diferença de estilo de processamento entre os dois hemisférios é adaptativa e representa um papel fundamental do hemisfério esquerdo na geração de uma experiência de consciência unificada. Turk, Heatherton, Macrae, et al. (2003) postulam, a partir dos estudos mencionados acima e muitos outros, a existência de um módulo "intérprete" no hemisfério esquerdo, cujo propósito é unificar a multiplicidade de experiências e funções em uma única narrativa autoconstituinte. Eles escrevem: "essa função interpretativa do hemisfério esquerdo leva informações disponíveis a partir de uma rede distribuída de processamento do 'self' e cria um senso unificado de 'self' a partir deste estímulo" (p. 76).

Assim, em muitas das escolas de teoria do comportamento humano, psicológicas e neurobiológicas, parece haver uma mudança cada vez mais palpável no que diz respeito à compreensão da mente humana - uma substituição da visão monolítica do 'self' (e suas implicações clínicas inerentes) para uma visão do 'self' como descentrado e da mente como uma "configuração de estados de consciência inconstantes, descontínuos, não-lineares, em uma dialética permanente com a *ilusão saudável de individualidade unitária* [grifo nosso]" (Bromberg, 1998b, p. 270).

Reconciliando Visões Conflitantes sobre a Dissociação

Então, se a dissociação é o conceito chave para compreender a traumatização, e o TEPT agudo, o transtorno de despersonalização, a amnésia dissociativa, a fuga dissociativa e o TDI constituem um espectro da dissociação estrutural da personalidade, como podemos reconciliar estes fenômenos com estes dois pontos de vista diametralmente opostos sobre dissociação?

Lembre-se de que os sintomas traumáticos e dissociativos envolvem uma organização especifica dos sistemas psicobiológicos que constituem a personalidade ou o 'self' e que esta organização é mediada por sistemas neurais bem definidos, evolutivamente conservados. Como veremos, nenhuma visão sobre a dissociação impacta estas relações, diferencialmente. Consequentemente, a única outra variável disponível para reconciliar é como interpretar a visão de que os sintomas pós-traumáticos e dissociativos são acionados pela dissociação estrutural. Como, então, definimos dissociação estrutural da personalidade?

Felizmente, a solução para este dilema não é tão difícil como possa parecer. Se alguém adere à posição de que a multiplicidade do 'self' resulta apenas de patologia, então a criação de estados do eu, estados de ego, PAN e PE é vista como a manifestação de dissociação estrutural. Por outro lado, se a pessoa adere à posição de que a multiplicidade do 'self' é normativa e manifestada em um continuum dinâmico, de adaptativa a patológica, então a dissociação estrutural é vista como o processo que *prejudica* o funcionamento normalmente *adaptativo* da multiplicidade do 'self', mediando, deste modo, o fenômeno de estados de ego de funcionamento patológico (PE e PAN) e identidades-alter (alters).

A Neurobiologia da Dissociação Primária

Em sua forma primária, esta dissociação é conceituada como estando entre os sistemas de ação defensivos de um lado e os sistemas de ação que envolvem o gerenciamento da vida cotidiana e sobrevivência da espécie, por outro lado (Nijenhuis et al., 2002). Os sintomas, em geral, tendem a girar em torno da hipervigilância e intrusão de memórias, sensações ou 'flashbacks', de forma fragmentada.

Fisiopatologia

Conforme um evento traumático acontece, a amígdala soa o alarme e envia mensagens urgentes para cada parte importante do cérebro. Ela provoca a secreção dos hormônios de luta-ou-fuga do corpo, e o hipotálamo é sinalizado para produzir fator de liberação de corticotropina (CRF). Ela mobiliza o cerebelo para o movimento e sinaliza a medula para ativar o sistema cardiovascular, os músculos e outros sistemas. Outros circuitos sinalizam o locus caeruleus para a secreção de noradrenalina para aumentar a reatividade dos centros cerebrais, inundando o tronco cerebral, sistema límbico e neocórtex. O hipocampo é sinalizado para a liberação de dopamina para permitir a fixação da atenção (Goleman, 1995; van der Kolk, 1994). Na maioria dos casos, o evento traumático diminui, e os sistemas voltam à condição normal.

Se a resposta traumática não diminui, os sentimentos de perda de controle e desamparo continuam. O cérebro sofre reequilíbrio alostático, uma continuação descontrolada do equilíbrio fisiológico concebido pela evolução para lutar ou fugir, mas agora acontecendo na ausência de estímulos traumáticos. Isso produz o estado que conhecemos como TEPT. O locus caeruleus se torna hiperativo, secretando doses extra altas de noradrenalina em situações que não possuem nenhum perigo, mas que de alguma forma lembram o trauma. Consequentemente, a sensibilização voltada para o aguçamento dos reflexos defensivos, na preparação para luta, retirada ou fuga, é invocada em situações em que o perigo não existe mais. Como resultado, os sintomas de hiperativação, sobressalto e hipervigilância acontecem.

O hipotálamo se torna hiperativo, continuando a secretar CRF, alertando o corpo para uma emergência que não está lá. Em contraste com outros transtornos de estresse agudo e crônico, incluindo o transtorno depressivo maior, que evidenciaram um aumento dos níveis de cortisol e CRF, exames do cortisol (quando feitos corretamente) no TEPT têm demonstrado consistentemente níveis baixos de cortisol. Voltaremos a isso mais adiante.

O funcionamento hiperativo amigdalóide prejudica os processos hipocampais. Lembre-se do Capítulo 4, que na ausência da mediação de memória hipocampal-temporal, as pessoas com TEPT são frequentemente incapazes de diferenciar o passado do presente, muitas vezes experienciando o passado novamente. Na ausência de mediação contextual hipocampal, as pessoas traumatizadas são frequentemente incapazes de diferenciar as situações perigosas das não-perigosas (ou seja, o urso está no livro, ou o urso está no meu quintal?). Consequentemente, ou elas percebem perigo quando ele não existe ou, pelo contrário, não são capazes de identificar o perigo quando ele está presente, muitas vezes colocando-se em perigo.

A amígdala ativada também sinaliza os centros opióides no córtex para liberar endorfinas. Isso desencadeia entorpecimento e anedonia (van der Kolk, 1994). Com efeito, o neocórtex é retirado do ciclo. Os córtices frontais estão incapazes de desligar os sistemas de emergência.

Esta secreção massiva de neurormônios medeia a potenciação de longo prazo e, portanto, a consolidação excessiva das memórias traumáticas (van der Kolk, 1996a). Consequentemente, a capacidade para acessar memórias relevantes torna-se prejudicada, levando a uma tendência maior para o acesso a memórias traumáticas em detrimento de outras. Como resultado, a ativação fisiológica dispara memórias relacionadas ao trauma, e as memórias traumáticas disparam mais ativação. Esta ciclagem entre memória e ativação provoca uma nova liberação de neurormônios do estresse, reacendendo ainda mais a força da memória. Bessel van der Kolk observa que essas poderosas memórias traumáticas "atraem todas as associações para si próprias, e esgotam a vida atual de seu significado" (p. 229). Da mesma forma, Pierre Janet (1919/1925) observou,

> Todos os famosos moralistas de antigamente chamaram a atenção para a maneira pela qual certos eventos deixavam indeléveis e dolorosas memórias - memórias para as quais o sofredor regressava continuamente, e pelas quais era atormentado dia e de noite. (p. 589)

Sistemas de Ação e Dissociação Estrutural Primária
Portanto, ao invés de processar as memórias traumáticas de forma integrada e sem ativação (contextualmente e temporalmente), as respostas dissociativas primárias no TEPT envolvem o reviver emocional e fenomenológico das memórias traumáticas como se estivessem ocorrendo no momento da recordação. De uma perspectiva neurocognitiva, a luta dos sistemas de ação biológicos é manifestada na evitação fóbica consciente ou inconsciente de estímulos ou sinais relacionados ao trauma versus recordar e reviver o evento traumático.

Van der Hart, Nijenhuis e Steele (2006) sustentam que a dissociação estrutural primária do TEPT produz um estado de ego dissociado ou PE que é, essencialmente, mediado pelos sistemas de ação de defesa, inatos e derivados da evolução, de medo *ou* raiva. Como sistemas de ação complexos, eles abrangem vários subsistemas, tais como fuga, congelamento e luta. O 'self' adulto ou PAN parece estar mais envolvido na vida cotidiana. Sua função na dissociação estrutural do TEPT é o distanciamento do trauma e associação aos sistemas de ação de busca e pânico, que controlam as funções do cotidiano (como a exploração do ambiente e controle de energia), e as que se dedicam a sobrevivência da espécie (reprodução, apego e cuidado da prole).

O 'self' adulto ou PAN foi considerado por Myers (1940) e van der Hart et al. (2006) como "aparentemente normal", porque, a fim de se distanciar do trauma e continuar a funcionar, ele utiliza graus de amnésia para o trauma, bem como anestesia intermitente de várias modalidades sensoriais e constrição emocional (Nijenhuis et al., 2002).

Portanto, este modelo sustenta que a dissociação estrutural primária do TEPT produz um 'self' dissociado traumatizado ou PE caracterizado por reações defensivas animais, onde as PE se fixam em sinais de ameaça. Simultaneamente, o eu adulto ou PAN é caracterizado por evitar esses sinais de ameaça.

De acordo com van der Hart, Nijenhuis e Steele em seus vários escritos, o TEPT é considerado uma manifestação de dissociação porque as PE e PAN têm diferentes respostas psicobiológicas ao estresse que não se integram com estímulos incondicionais ou condicionais relacionados com a ameaça. Em outras palavras, nem respondem aos estímulos do ambiente de forma adequada, nem são capazes de integralmente equilibrar ou regular uns aos outros de forma adaptativa.

Essencialmente, independentemente da explicação heurística do fenômeno da dissociação e multiplicidade do 'self', o TEPT tipo I é considerado um transtorno dissociativo, porque os sistemas de ação neurobiológicos de busca e pânico estão dissociados (não integrados com) dos sistemas de medo e raiva. Van der Hart et al. (2006) argumentam que, enquanto a evolução nos deu sistemas neurais que medeiam exploração e apego, e que medeiam a sobrevivência sob ameaça, não somos capazes de nos envolver com os dois *simultaneamente* com facilidade.

Assim, quando ambos são consideradas necessários, uma divisão rígida da personalidade surge para lidar com essas metas muito discrepantes e as ações relacionadas a elas. Como resultado, este nível de dissociação prejudica a capacidade de transitar de forma suave pelas engrenagens (sistemas de ação neural) de exploração do ambiente, controle de energia, função sexual, apego, cuidado da prole, ansiedade e raiva.

Pense nisso: funcionar de forma adaptativa requer a integração de todos estes sistemas de ação. Normalmente, em um determinado momento do dia, a ansiedade e a raiva podem ser parte integrante da exploração, gratificação sexual, apego e cuidado da prole.

Consequentemente, amnésia, anestesia intermitente de várias modalidades sensoriais e constrição emocional por um lado e lembranças intrusivas e 'flashbacks' por outro lado, criam um mapeamento neural mal adaptativo, impossibilitando assim sua capacidade de assimilar novas experiências, como se a sua personalidade estivesse congelada em um certo ponto e não pudesse mais expandir-se pela soma ou assimilação de novos elementos ou experiências.

Portanto, esta rígida divisão dos sistemas neurais cria esta forma de dissociação estrutural da personalidade ou "self" induzida por trauma, uma deficiência na coesão e flexibilidade destes sistemas neurais conservados pela evolução.

Integração Temporal e Dissociação Estrutural Primária

No TEPT tipo I (dissociação estrutural primária), que se manifesta por hipervigilância, 'flashbacks' e recordações aflitivas, um dos achados mais interessantes e informativos tem sido a ativação reduzida do tálamo (Bremner, Staib & Kaloupek, 1999; Lanius, Williamson & Densmore, 2001; Lanius, Williamson & Hopper, 2003; Liberzon, Taylor & Amdur, 1999). Lanius, Bluhm e Lanius (2007) observam que isso tem de modo algum sido consistente em todos os estudos. No entanto, afirmam que os possíveis fatores que podem ter contribuído para tais discrepâncias incluem o seguinte: diferenças nas variáveis de resposta medidas em diferentes estudos (ou seja, metabolismo, fluxo sanguíneo cerebral regional e oxigenação do sangue), variabilidade na resolução do scanner e variabilidade nos detalhes dos paradigmas experimentais [ou seja, comorbidade e/ou presença de TEPT complexo (dissociação secundária ou terciária)].

Recorde-se que a circuitaria não específica do tálamo é necessária para alcançar integração temporal, isto é, para colocar a representação de imagens sensoriais externas específicas, no contexto subjetivo interno da pessoa. Portanto, a circuitaria talamocortical funciona como um sistema fechado, um andaime neural que de forma síncrona relaciona as propriedades referidas sensorialmente do mundo externo com associações internamente geradas, emoções, motivações e memórias. Consequentemente, como Llinas (2001) argumenta, "este evento temporalmente coerente que integra, no domínio do tempo, os componentes fraturados da realidade externa e interna em uma única construção integrada é o que chamamos de *"self"*" (p. 126).

Portanto, os resultados da reduzida ativação do tálamo provavelmente indicam integrações temporais (mapeamento temporal) prejudicadas. Se assim for, este dano seria consistente com o seguinte: (a) falha na integração somatossensorial, que se manifesta pela fragmentação no que diz respeito às memórias olfativas, memórias auditivas, memórias gustativas (sabor), flashbacks visuais e sensações sinestésicas (sensações corporais) perturbadoras; (b) falha na integração cognitiva, manifestada por autoculpa e vergonha distorcidas, (c) fragmentação da memória, que se manifesta pela memória episódica muito fortalecida juntamente com a memória semântica prejudicada, bem como deficiências temporais e contextuais; (d) falha na função e integração emocional, que se manifesta por hiperexcitação e hipervigilância; e (e) incapacidade de integrar os sistemas de ação biológicos de forma adaptativa. Além disso, integrações temporais prejudicadas poderiam muito bem impactar vinculação neural (mapeamento espacial), levando às descobertas anteriores da ativação reduzida do pré-frontal dorsolateral esquerdo e do cingulado anterior.

Além disso, independentemente da visão sobre a origem e a natureza dos estados de 'self' internos, sua função e/ou mau funcionamento deve ser também um produto da integração temporal. Aparentemente, então, funcionamento integrado em *qualquer* nível exige, em sua essência, a integração temporal dos mapas neurais espaciais em mapas temporais coerentes.

A Neurobiologia da Dissociação Secundária

Em contraste com a dissociação primária, que enfatiza sensações de reviver memórias traumáticas, van der Kolk, van der Hart e Marmar (1996) definem a dissociação secundária como o "abandono" mental do corpo e observar o trauma à distância. Eles salientam que este tipo de distanciamento psicológico da própria consciência, limita a dor e "coloca as pessoas fora de contato com os sentimentos e emoções relacionados ao trauma... ele os anestesia" (p. 308). Frewen e Lanius (2006) observam que estes sintomas não são indicadores diagnósticos de TEPT tipo I, mas sim de distúrbios de despersonalização. Outras categorias diagnósticas inerentes a este grupo seria a fuga dissociativa e transtorno dissociativo não-especificado.

Van der Kolk, van der Hart e Marmar (1996) observam que adultos que apresentam sintomas peritraumáticos dissociativos secundários podem ser mais propensos a ter experimentado eventos traumáticos ou abuso na infância ou adolescência e manifestar, portanto, ajuste psicológico e formação de identidade mais pobres, e estruturas de personalidade mais vulneráveis.

Dissociação Secundária como um Transtorno de Desenvolvimento

Como observamos acima, van der Kolk (2005) e van der Kolk e d'Andrea (2010) têm discutido sobre um diagnóstico de trauma interpessoal infantil sensível ao desenvolvimento: transtorno de trauma de desenvolvimento. Eles afirmam que os prejuízos graves e crônicos à regulação emocional, controle de impulsos, atenção, cognição, dissociação, relações interpessoais e esquemas relacionais, resultantes da negligência e trauma relacional na infância, são melhor compreendidos como um transtorno de desenvolvimento. Consequentemente, compreender os mecanismos neurais da dissociação secundária exige uma apreciação dos mecanismos neurais do desenvolvimento humano normativo. Assim, como foi observado na seção anterior sobre a dissociação primária, um princípio essencial da perspectiva da psicopatologia do desenvolvimento é que o desenvolvimento patológico *atípico* pode ser entendido apenas no contexto do desenvolvimento *típico*, e assim o foco seguinte é sobre os mecanismos subjacentes comuns a ambos.

Gênese e Psicopatologia da Dissociação Secundária

Em contraste gritante com o ambiente biopsicossocial descrito no capítulo anterior, nas patologias graves de apego, o bebê ou criança em desenvolvimento é repetidamente exposto ao trauma cumulativo do ambiente que emana de um contexto interativo desregulador com um cuidador não-sintonizado. O cuidador abusivo e/ou negligente não só brinca e interage menos com a criança, mas também tende a induzir estados traumáticos de efeito negativo duradouro. Muitas vezes este cuidador é emocionalmente inacessível e tende a reagir à expressão de emoção e tensão da criança de forma inadequada e/ou com rejeição. O resultado é uma participação imprevisível ou mínima nos diversos tipos de processos necessários de regulação da excitação.

Desregulação Parental

Ao invés de modular o sistema nervoso de seu bebê, tais cuidadores induzem níveis extremos de *estimulação* e excitação aversiva, ou muito altas, como no *abuso*, ou muito baixas, como na *negligência*. Esta falta de reparação interativa mantém intensa emoção negativa no bebê por longos períodos. Tais estados afetivos contribuem para alterações severas na bioquímica do cérebro da criança, impedindo o desenvolvimento adequado dos circuitos neuroreguladores indicados acima. Recorde-se de que o cérebro em desenvolvimento (ainda incapaz de se autorregular) pode fazê-lo corretamente apenas no contexto relacional com outro cérebro que funciona como um regulador. Assim, o abuso e/ou negligência precoce impacta o cérebro em desenvolvimento. Há amplas evidências de que o trauma ou negligência, no início da vida, prejudica o desenvolvimento neural das capacidades de manter relacionamentos interpessoais adaptativos (adultos ou parentais), regular emoção e lidar com estímulos estressantes. Voltaremos a este assunto.

Trauma Relacional

Trauma infantil pode, obviamente, ser infligido a partir dos ambientes físico ou interpessoal. Schore (2003a) e muitos outros têm argumentado que estressores sociais são *muito mais prejudiciais* do que estímulos aversivos não sociais, referindo-se a eles como *trauma relacional*. Ele observa ainda que, uma vez que esse tipo de trauma é tipicamente do ambiente, o estresse inerente ao trauma relacional em curso não é, portanto, de evento único, ou até mesmo de eventos múltiplos, mas *cumulativo e contínuo*. Dado, como já vimos, que o apego é o regulador neural que facilita a química neural adequada que promove o crescimento do cérebro em desenvolvimento, o trauma relacional precoce tem "efeitos tanto imediatos como a longo prazo, incluindo a produção de risco para formação de transtornos psiquiátricos mais tarde" (p. 182).

Desregulação e Modelos Neurais

Essas experiências desreguladoras precoces desencadeiam alterações caóticas no amadurecimento da circuitaria orbitofrontal simpática ventral. Lembre-se que estes circuitos medeiam aspectos de nosso apego (sistema de pânico) e estão centralmente envolvidos na nossa capacidade de explorar e nos adaptar ao nosso ambiente e na organização de novos aprendizados (sistema de busca). Schore (2003a) observa que o trauma relacional precoce altera o desenvolvimento de áreas do hemisfério direito que são dominantes, não só para funções de apego, mas também para mediação e armazenamento de um modelo de trabalho de relações de apego, definindo o modelo para futuros estilos de enfrentamento e relacionamentos. Assim, a instabilidade de vínculo afetivo e relacional que caracteriza os transtornos dissociativos e de personalidade borderline frequentemente têm sua gênese nesta alteração neural patológica de amadurecimento e desenvolvimento.

Neste ambiente de trauma relacional e/ou negligência, o cuidador, além de desregular o bebê, muitas vezes não está disponível para qualquer reparação ou regulação posterior, deixando o bebê por longos períodos em um estado psicobiológico profundamente perturbador que está além da capacidade de suportar de seu sistema nervoso imaturo. Em estudos sobre negligência, Tronick e Weinberg (1997) observam,

> Quando os bebês não estão em equilíbrio homeostático ou estão emocionalmente desregulados (por exemplo, estão angustiados), eles estão à mercê desses estados. Até que esses estados estejam sob controle, os bebês devem dedicar todos os seus recursos de regulação para reorganizá-los. Enquanto os bebês estão fazendo isso, não conseguem fazer mais nada. (p. 56)

Consequentemente, a bebês e crianças que sofrem de trauma crônico e desregulação é negada a oportunidade para a aprendizagem socioemocional necessária durante esses períodos críticos de amadurecimento e desenvolvimento do hemisfério direito.

Lembre-se de que interações afetivas reguladas com um cuidador primário conhecido e previsível criam não só uma sensação de segurança, mas também, mais importante, uma *curiosidade positiva* que alimenta a exploração do 'self' em expansão dos novos ambientes socioemocionais e físicos. Além disso, esta habilidade é um *marcador essencial* de saúde mental infantil adaptativa. Assim, como Schore (2003a) observa, "há uma consequência perniciosa de longo prazo do trauma relacional - um déficit permanente em momentos posteriores do tempo de vida na capacidade do indivíduo de assimilar novas (e, portanto, estressantes) experiências emocionais" (p. 187).

No início do século 20, Pierre Janet (1911) argumentou o seguinte:

> Todos os pacientes traumatizados parecem ter a evolução de suas vidas marcada; estão ligados a um objeto intransponível. Incapazes de integrar as memórias traumáticas, eles parecem ter perdido sua capacidade de assimilar novas experiências também. É ... como se o desenvolvimento de suas personalidades parou em um certo ponto, e não pode se ampliar mais pela adição de novos elementos. (p. 532, como citado em Schore (2003a), p. 187)

Por isso, esses *estados* traumáticos e cronicamente desregulados, se mantidos e não regulados, eventualmente tornam-se *traços*, constituindo o andaime do funcionamento intrapsíquico e interpessoal. Voltaremos a este assunto.

Consequências Vagais

Em contextos ideais, tanto a amígdala quanto o córtex orbitofrontal (COF) têm conexões diretas com o hipotálamo lateral, uma área conhecida por ativar respostas parassimpáticas por meio de interconexões com o nervo vago, na medula. Recorde-se que, antes do desenvolvimento completo do COF, as características faciais e a prosódia vocal do cuidador amoroso são *necessárias* para desencadear a formação de caminhos corticobulbares (tronco cerebral) precoces que recrutam o freio vagal ventral para acalmar a criança. Por isso, essas conexões finais orbitofrontal-vagais avançadas, não desenvolvidas até o meio do segundo ano, são necessárias para concluir a organização dos centros parassimpáticos do COF, dando à criança a capacidade de *cada vez mais acalmar a si mesma* de forma adaptativa na ausência do cuidador calmante, sem ter que recorrer a estratégias autocalmantes primitivas (vago dorsal) e patológicas.

Regulação Vago Dorsal

No entanto, uma vez que este ambiente patológico inibidor de crescimento gera níveis prolongados de emoção negativa no bebê, para fins de proteção do 'self', o bebê, tendo feito todas as tentativas possíveis para envolver o cuidador em comportamentos de conforto e regulação emocional, retira e restringe severamente expressões manifestas de necessidades vinculares de regulação diádica. Neurologicamente, a única opção disponível é que ela envolva o vago dorsal primitivo. A criança, assim, reduz significativamente a manifestação de seu sistema de apego de processamento de emoção, límbico. Então, para funções defensivas, a criança substitui o modo de regulação interativo mediado pelo apego, por modos de regulação autocalmantes duradouros, menos complexos e primitivos. Isso prepara o terreno para a autorregulação primitiva e para o uso habitual de dissociação mediada pelo vago dorsal. Na verdade, as pessoas que manifestam apego tipo D (desorganizado/desorientado) utilizam comportamentos dissociativos mais tarde na vida (Schore, 1994, 2001a, 2001b).

Esta conservação de energia hipometabólica e retraimento vago dorsal torna-se uma estratégia de regulação padrão que ocorre em situações de desamparo e desesperança nas quais a criança, e mais tarde o adulto, torna-se inibido e se esforça para evitar atenção, a fim de tornar-se "invisível" (Schore, 2003a). Nesses estados traumáticos, que podem ser de longa duração, tanto componentes simpáticos de expansão de energia quanto parassimpáticos de conservação de energia do sistema nervoso em desenvolvimento do bebê são alternadamente hiperativados.

Trauma e Corticosteroides

Neste estado desregulado, circuitos neurais em processo de desenvolvimento estão expostos a níveis neurotóxicos de glutamato e cortisol por períodos prolongados. Schore (2003a) observa que a interação entre os corticosteroides (CRF, cortisol) e os neurotransmissores excitatórios (glutamato) provavelmente medeia a morte celular em momentos neuralmente vulneráveis como estes. Lembre-se que, no contexto de um apego regulador adaptativo, estas comunicações emocionais face-a-face, o estímulo visual do rosto e dos olhos da mãe, sua prosódia vocal e interação induzem a produção de *neurotrofinas*, a família de proteínas que induzem a sobrevivência, o desenvolvimento e o crescimento dos neurônios.

Portanto, a sinaptogênese (crescimento neural) e desenvolvimento tanto do circuito de expansão de energia e, mais tarde, o parassimpático de conservação de energia ficam prejudicados. Isso afeta a capacidade de negociar de forma adaptativa funções de expansão de energia, tais como a curiosidade, a exploração ambiental, a aprendizagem, gratificação sexual e apego. No que diz respeito às funções de conservação de energia, a capacidade de envolver de forma adaptativa o sistema vago ventral para apego e autorregulação está indisponível para o bebê e severamente limitada no jovem, adolescente e adulto.

Supressão e Crescimento Neural

Um grande conjunto de evidências apoia o princípio de que as redes corticais e subcorticais são geradas por uma produção *inicial superabundante* geneticamente programada de conexões sinápticas, que é seguida, por volta do meio do segundo ano, por um processo orientado pelo ambiente de mecanismos para selecionar as conexões que são mais eficazmente envolvidas com as informações ambientais. Esta divisão em parcelas, o ajuste fino dependente de atividade das conexões e a *supressão* de circuitos excedentes, é um mecanismo central da organização do 'self' do cérebro em desenvolvimento (Chechik, Meilijson & Ruppin, 1999; Schore, 1994).

Este processo é dependente de energia e pode ser alterado, especialmente durante o período crítico de crescimento orbitofrontal. Schore (1994) argumenta que a supressão excessiva de circuitos límbico-autonômicos corticais-subcorticais ocorre em histórias de trauma e negligência precoce e que esse prejuízo de crescimento grave representa o mecanismo da gênese de um defeito estrutural do desenvolvimento. Portanto, esta severa supressão dessas conexões límbicas internas, impulsionada experimentalmente, permitiria *estados de medo-fuga* impulsionados pela amígdala, que seriam expressos sem envolvimento cortical de inibição mediada pelo vago ventral.

Então, trauma relacional neste período crítico (os primeiros 3 anos de vida) promove estimulação simpática excessiva, o que se reflete em níveis excessivos do principal hormônio do estresse, CRF, que por sua vez regula a atividade de catecolaminas no sistema nervoso simpático (Schore, 1994). Em reação, os níveis de noradrenalina e adrenalina são rapidamente elevados, disparando um estado hipermetabólico dentro do cérebro. Em um estado tão inflamado, uma supressão excessiva dos neurônios é provocada (Schore, 2001b). O sistema de ativação reticular simpático está agora a todo vapor. Incapaz de sustentar este estado simpático hipermetabólico, o córtex orbitofrontal subdesenvolvido da criança reage, envolvendo o complexo vago dorsal. Este estado hipometabólico parassimpático de conservação/retraimento inicia o processo de dissociação patológica (Schore, 2003a). Neste estado passivo, os níveis de opiáceos endógenos de embotamento e entorpecimento da dor são elevados, provocando instantaneamente analgesia de redução de dor e imobilidade. Schore argumenta,

> No cérebro em desenvolvimento, os *estados* [grifo nosso] organizam sistemas neurais, resultando em *traços* [grifo nosso] duradouros. Ou seja, estados traumáticos, na infância, disparam alterações psicobiológicas que afetam o afeto, cognição e comportamento estado-dependentes. Mas uma vez que estão ocorrendo no período crítico de crescimento do sistema límbico regulador de emoção, eles impactam negativamente o amadurecimento dependente de experiência dos sistemas estruturais que regulam afeto, induzindo, assim, a estilos de enfrentamento caracterológicos que atuam como *traços* para regulação de estresse. (p. 189)

O resultado é um sistema orbitofrontal regulatório deficiente e inadequado em termos de desenvolvimento que não consegue se conectar e engajar o complexo vago ventral, permitindo assim que os estados límbico-orientados, como medo/fuga/congelamento, sejam expressos mais tarde sem inibição cortical.

Este intenso estado simpático muda, então, rapidamente para mais ativação parassimpática, enquanto o vago dorsal tenta desligar as coisas. Schore (2001b) observa que "isso é como pisar no acelerador e no freio ao mesmo tempo" e que esta ativação simultânea de excitação e maior inibição resulta na "resposta de congelamento" (p. 231).

À medida que esses mecanismos se tornam enraizados e estáveis (à medida que os estados se tornam traços), a dissociação patológica em todas as suas permutações se torna o mecanismo organizador do funcionamento psíquico da pessoa. Sistemas de ação, ao invés de estarem envolvidos com sutileza e flexibilidade, estão envolvidos no extremo.

Manifestações da Dissociação Secundária

Então, como podem as deficiências neurobiológicas, mencionadas acima, se manifestar? Crianças e adultos que foram traumatizados na infância tendem a, sob estresse, tentar fazer-se "desaparecer" (Schore, 2003a; van der Kolk, 1996b). Manifestando despersonalização, eles experimentam eventos como se estivessem observando o que está acontecendo à distância, enquanto têm a sensação de que o que está ocorrendo não está realmente acontecendo com eles, mas com outra pessoa. Van der Kolk observa que essas experiências *fora do corpo* ocorrem quando as pessoas desenvolvem cisões dissociativas entre o "'self' observador" e o "'self' experimentador" Assim, como foi iniciada na infância, a dissociação permite a observação de um evento traumático como um espectador, portanto limitando ou removendo totalmente a consciência ou o impacto do estresse ou da dor.

Fragmentação dos Sistemas de Ação

Como observamos acima, a dissociação, que se manifesta em estados de 'self' patologicamente dissociados, permite que as pessoas desenvolvam áreas de competência em determinados aspectos de suas vidas, tais como o trabalho, enquanto "aspectos dissociados do 'self' contêm as memórias relacionadas ao trauma, geralmente deixando traços devastadores na capacidade de negociar questões relacionadas à intimidade e agressão" (van der Kolk, 1996b, p. 192). Neste exemplo, aspectos do sistema de busca mantêm função adaptativa, ao passo que os aspectos do sistema de pânico evidenciam marcada disfunção. Em outros exemplos, competência profissional e sensibilidade interpessoal (sistemas de busca e de pânico combinados) existem lado a lado com a autoaversão, falta de autocuidado e crueldade interpessoal.

Muitas vezes, aqueles traumatizados por suas próprias famílias têm dificuldade de estar conscientes de suas próprias necessidades e de cuidar delas, sendo extremamente sensíveis e responsivos às necessidades dos outros. Van der Kolk (1996b) observa que "infelizmente, essa sensibilidade interpessoal requintada muitas vezes não é acompanhada de um sentimento de satisfação pessoal, já que é uma mera reprodução de uma habilidade de sobrevivência adquirida na infância, e não acompanhada de um sentimento de confiança, pertencimento e intimidade" (p. 199).

Muitos repetem padrões familiares traumáticos em suas relações interpessoais, onde alternam entre os papéis de vítima (imobilizados por congelamento vago dorsal ativado pela impotência) ou perpetrador (mobilizados pela raiva disfuncional), muitas vezes justificando seu comportamento por seus sentimentos de impotência (sistema de medo) e traição (sistema de raiva).

Judith Herman (Herman, Perry & van der Kolk, 1989) observa que, crianças severamente traumatizadas em suas vidas adultas tendem a alternar entre o apego excessivo e a dependência e o isolamento social. Muitos se retiram em isolamento após anos de desesperadamente procurar por "salvadores". Tendo histórias de desamparo, eles tendem a ver relacionamentos em termos de dominação e submissão. Estas manifestações patológicas de pânico, medo e raiva, muitas vezes se manifestam da seguinte forma: quando em posições de poder, eles muitas vezes inspiram medo e aversão; quando em posições subalternas, sentem-se impotentes, comportam-se de forma submissa, não lutam por si mesmos e tendem a se engajar na alternância entre idealização e desvalorização, em detrimento da sua própria competência. Em crianças e adultos, o sistema de busca mediado por aproximação também pode estar deficiente. Assim, a produção e sustentação da curiosidade, aprendizagem e atividades intelectuais podem estar afetadas.

Estudos com crianças traumatizadas têm estabelecido que após exposição ao trauma, as crianças tendem ou a ser excessivamente tímidas e retraídas ou a intimidar e assustar outras crianças (Terr, 1988; Pynoos & Nader, 1988). Sua inabilidade em regular sua excitação, expressar-se verbalmente ou responder a estímulos apropriados, combinados com sua ativação emocional que facilmente a inunda, inibe a sua capacidade de estar em sintonia com o ambiente. Van der Kolk (1996b) observa que, quando o trauma e a dissociação comprometem a capacidade de socializar na brincadeira, a capacidade de integrar experiências *positivas* e *negativas* é abortada." O bem e o mal, poder e impotência, afeto e raiva continuam a ser experimentados como estados de ego separados" (p. 198). Assim, a dissociação promove *cisão* defensiva, impedindo a capacidade de perceber o cinza[5] da vida. Representações do 'self' e do objeto são rigidamente percebidas como completamente boas ou ruins. Em um mundo interior desprovido de representações cinza, a autoculpa, hipervigilância e falta de confiança prevalecem. Estas são as manifestações de processamento de informação traumático, prejudicado pela dissociação e sua inerente *previsão* a respeito de nós mesmos, aqueles ao nosso redor, e nosso ambiente. Assim, essas previsões de processamento de informações deficientes constituem as crenças negativas, uma das pedras angulares do tratamento da terapia EMDR. Voltaremos a isso mais adiante.

'Kindling[6]' e Convulsões

Como observamos acima, estudos indicam que o abuso emocional, físico ou sexual em crianças pode levar à hiperativação de um sistema límbico subdesenvolvido, dando início a uma possível vulnerabilidade a sintomas ictais[7]. Recorde-se que a supressão excessiva de circuitos límbico-autonômicos corticais-subcorticais ocorre em histórias de trauma e negligência precoces e que esse prejuízo de crescimento severo representa o mecanismo da gênese de um defeito estrutural do desenvolvimento. Esta severa supressão, experimentalmente impulsionada, dessas conexões límbicas internas permite os estados conduzidos pela amígdala, tais como estados de medo-fuga, que são expressos, por vezes de forma ictal sem envolvimento cortical de inibição mediado de forma vagal.

Níveis elevados de CRF, resultantes de trauma e abuso na infância, mostraram iniciar atividade convulsiva no cérebro em desenvolvimento (Hollrigel, Chen, Baram & Soltesz, 1998; Sirven & Glaser, 1998; Wang, Dow & Fraser, 2001), manifestando-se como uma hiperatividade do circuito límbico, expressa como crises não-

---

[5] 'meio termo'

[6] Nota da Tradutora: 'abrasamento'. A palavra kindling é uma metáfora: o aumento na resposta a pequenos estímulos é similar à forma que pequenas brasas podem produzir uma grande fogueira.

[7] Nota da Tradutora: estado ou evento fisiológico tal como convulsão, ataque súbito ou dor de cabeça.

epilépticas psicogênicas (Schore, 2003a) ou convulsões parciais (Teicher, Glod, Surrey & Swett, 1993). Teicher, Glod, et al. (1993) utilizaram o Inventário-33 do Sistema Límbico ('Limbic System Checklist-33') para medir sintomas ictais do lobo temporal semelhantes à epilepsia em 253 adultos. Relatos de abuso sexual infantil foram associados com um aumento de 49% na pontuação, 11% maior do que o aumento associado aos relatos de abuso físico. Relatos de ambos os abusos físico e sexual foram associados com um aumento de 113%. Vítimas do sexo masculino e feminino foram igualmente afetadas.

Padrões e Conclusões sobre Dissociação Secundária

Frewen e Lanius (2006) postulam que os resultados dos estudos sobre ativação neural e conectividade funcional a um nível de análise neurobiológico apoiam a validade da distinção categórica entre dissociação primária e secundária. Eles observam, ainda, que essas diferenças apoiam modelos de estado/fase de reações animais de defesa (deficiências nos sistemas de ação evolutivamente baseados) a ameaça externa, como luta, fuga e congelamento. Em outras palavras, a dissociação secundária frequentemente envolve, por padrão, congelamento, ao invés de reações de luta ou fuga. Além disso, os estudos sobre conectividade funcional parecem indicar que, apesar de o tálamo permanecer desperto, em contraste com a dissociação primária, a sua conectividade com estruturas corticais parece perturbada, sugerindo novamente integração talamocortical-temporal deficiente (Lanius, Williamson, Bluhm, et al., 2005).

No que diz respeito à dissociação secundária, Frewen e Lanius (2006) concordam com van der Hart, et al. (2006) visualizando o congelamento como, inicialmente, um estado hipervigilante e hiperativado de prontidão. No entanto, quando o estresse aumenta ou um ataque torna-se iminente enquanto a excitação simpática torna-se perigosa, o congelamento é então combinado com a analgesia. Consequentemente, a natureza da resposta de congelamento muda para parassimpática, tornando-se uma imobilidade tônica mediada pelo vago dorsal. Essa reação defensiva, acredita-se, reduz potencialmente a probabilidade de ataque continuado. Se a ansiedade, estresse ou ataque continuados não forem reduzidos, a analgesia e anestesia minimizam o impacto subjetivo.

Portanto, durante a dissociação secundária, parece como que, pelo menos temporariamente, a mente desistiu do corpo e da capacidade de alterar a situação. A dissociação secundária torna-se, por padrão, a solução para a impotência, manifesta como um distanciamento psicológico quase catatônico da *mente*, que distancia o *corpo* e o *'self'*, do *ambiente* externo.

Dito de outra forma, por padrão, estados de transe paralisantes parecidos com fuga tornam-se rapidamente ativados durante ansiedade elevada, ao invés de lutar ou fugir, levando muitas vezes a situações de vitimização continuada. Bessel van der Kolk (2006) observa que "o trauma pode ser conceituado como decorrente de uma falha da ativação fisiológica natural e das secreções hormonais em organizar uma resposta eficaz à ameaça .... ao invés de produzir uma resposta de *luta ou fuga* [grifo nosso] bem-sucedida, o organismo torna-se *paralisado* [grifo nosso] "(pp. 282-283).

Henry Krystal (1988), em um texto emocionante sobre trauma, observa,

> O interruptor da ansiedade para o estado parecido com catatonia é a avaliação subjetiva de perigo iminente, aquele que não pode ser evitado ou modificado. Com a percepção de impotência fatal em face do perigo destrutivo, a pessoa se entrega a ele .... no estado de rendição e reação quase catatônica, toda a dor se aquieta e uma dormência calmante segue. (pp. 114-117)

A Neurobiologia da Dissociação Terciária

Van der Kolk, van der Hart e Marmar (1996) definem dissociação terciária como o desenvolvimento de "estados de ego que contêm experiência traumática, ou identidades complexas com distintos padrões cognitivos, afetivos e comportamentais" (p. 308). Eles também argumentam que os estados ou identidades de ego podem representar diferentes emoções (dor, medo ou raiva) ou diferentes componentes de uma ou mais experiências traumáticas e são, portanto, fundamentais para o perfil diagnóstico de TDI.

Como observamos acima, se você adere à posição de que a multiplicidade do 'self' resulta apenas de patologia, então a criação de estados de 'self', estados de ego, PAN e PE é vista como uma manifestação da dissociação estrutural. Por outro lado, se você adere à posição de que a multiplicidade do 'self' é normativa e se manifesta em um continuum dinâmico, de adaptativo a patológico, então a dissociação estrutural é vista como o processo que prejudica o funcionamento adaptativo da multiplicidade do 'self', mediando, assim, o fenômeno dos estados de ego patologicamente funcionais (PE e PAN), que agora funcionam como alters sequestradores do 'self'.

Fisiopatologia

O trabalho de Schore (1994, 2001b, 2003b), na ausência de dados específicos relativos à dissociação terciária, vê a neurobiologia subjacente como impulsionada pelo aumento da quantidade de traumas e desregulação parental, conduzindo, assim, os mecanismos observados na dissociação secundária, a extremos mais e mais bizarros.

Nestes ambientes familiares dos mais severos abusos, o exercício do poder paternal é arbitrário, caprichoso e absoluto. Os sobreviventes muitas vezes descrevem padrões de punição e coerção, tais como o controle intrusivo das funções corporais, abuso sexual, alimentação forçada, fome, privação de sono, uso de enemas[8] e exposição prolongada ao calor ou frio. Outros descrevem serem presos, amarrados e/ou trancados em armários. Judith Herman (1992) repara que estas práticas abusivas são muito semelhantes àquelas utilizadas nas prisões políticas.

Desacoplamento do Sistema Nervoso Autônomo

Nestes níveis mais significativos de trauma, o subdesenvolvimento severo do córtex orbitofrontal se manifesta em uma incapacidade mais profunda em coordenar os ramos simpático e parassimpático do sistema nervoso autônomo (SNA). Geralmente,

---

[8] Nota da Tradutora: enemas ou clisteres são nomenclaturas que designam a introdução de líquido no ânus para lavagem, purgação ou administração de medicamentos.

os dois ramos do SNA são reciprocamente acoplados, pois a atividade de um tem um efeito recíproco sobre o outro. Assim, um aumento simpático corresponde a uma diminuição parassimpática, mantendo assim um equilíbrio neural. No entanto, como já vimos, em momentos de marcada estimulação aversiva, os dois ramos do SNA também podem ser acoplados de forma não-recíproca. Como exemplo, o medo extremo mostra aumento da frequência cardíaca e pressão arterial e simultâneas indicações de ativação parassimpática em outros sistemas orgânicos (por exemplo, esvaziamento do intestino e da bexiga; Berntson, Cacioppo & Quigley, 1991). Lembre-se de que em crianças traumatizadas ou negligenciadas, marcada excitação simpática pode simultaneamente acionar inibição vago dorsal parassimpática, o que Schore (2001b) chamou de "pisar no acelerador e no freio ao mesmo tempo", levando à reação de "congelamento" (p. 231).

No entanto, em uma atmosfera de terror familiar, descrita por Herman (1992) como controle totalitário, violência, ameaças de morte e destruição de todas as relações concorrentes por meio de isolamento, sigilo e traição, as ativações hiperalternantes de ambos os ramos do SNA, ou a ativação simultânea de ambos os ramos, a este nível cada vez mais exagerado, pode fazer com que estes sistemas sofram uma maior *separação* e *desacoplamento* (Henry et al., 1992, Schore, 1994). Esta desconexão neural anuncia um modo *não-recíproco desacoplado* de função autonômica, no qual as respostas de um ramo do SNA poderiam ocorrer na *ausência* de alteração na outra (Berntson et al., 1991). Ostensivamente, os ramos do SNA se tornam funcionalmente dissociados um do outro.

Fragmentação do 'Self' e Personalidades Alter

Em um ambiente neurobiológico tão carente de restrição acoplada, o caos está liberado. O desacoplamento rápido resultante dos circuitos orbitofrontais simpático e parassimpático, se ocorrendo continuamente, eventualmente ocorre mesmo em resposta a baixos níveis de estresse e é expresso por labilidade emocional extrema e *alterações* rápidas e instáveis de estados de 'self'. Putnam (1988) descreve essas *trocas* patologicamente dissociativas entre estados de 'self' como ocorrendo de forma rápida e caótica, manifestando-se em "alterações inexplicáveis no afeto", mudanças na aparência facial, gestos e fala, e descontinuidade na linha de pensamento.

É neste ambiente profundamente desregulado que o aumento da fragmentação dos estados de 'self' se prolifera, criando *alters* separados consistindo de identidades complexas com padrões cognitivos, afetivos e comportamentais distintos. Estes alters tendem a exibir este desacoplamento neural profundo, que se manifesta por pouca ou nenhuma coconsciência um do outro. Sistemas de ação, que também se tornaram desacoplados, são expressos de forma não integrada e caótica. Os exemplos possíveis de manifestações de dissociação secundária são promulgadas de formas extremamente mais caóticas e não-coconsciente.

Na infância, muitos alters assumem funções específicas de sistema de ação defensivos. Em alguns casos, eles se esforçam para se tornar tão imperceptíveis quanto possível, permanecendo imóveis e congelados. Herman (1992) observa que "enquanto em um constante estado de hipervigilância autonômica, eles também devem ficar quietos e imóveis, evitando qualquer exposição física de sua agitação interna. O resultado é o estado de "vigilância congelada" peculiar e *fervente* [grifo nosso] (p. 100).

Nesses ambientes infernais, estas crianças devem encontrar uma maneira de formar vínculos com seus cuidadores que são alternadamente perigosos e negligentes. Elas precisam encontrar uma maneira de desenvolver alguma confiança básica em cuidadores que não são confiáveis e seguros. Elas devem, de alguma forma, desenvolver a capacidade de autorregulação corporal em um ambiente em que seu corpo está à disposição das necessidades dos outros e a capacidade de acalmar a si mesmas em um ambiente sem consolo.

Apesar de perceberem-se abandonadas a um poder sem misericórdia, elas devem encontrar uma maneira de preservar a esperança e o sentido. A alternativa é desesperança absoluta, algo que nenhuma criança pode suportar.

A fim de preservar um pouco de fé em seus cuidadores, elas devem rejeitar antes de mais nada a realidade de que algo está terrivelmente errado com eles. Assim, determinados alters farão o que puder para construir uma explicação do seu destino que absolve os pais de toda responsabilidade e culpa.

Inevitavelmente, então, essas crianças devem concluir que a *sua* maldade inata é a causa. Ironicamente, esta distorção pode trazer esperança. Em um mundo onde não se tem controle, a "maldade" delas pode ser controlável. Se elas se esforçarem o suficiente, o perdão e a mudança podem ser possíveis (Herman, 1992).

Distorção do Sistema de Ação Emocional

Assim, todos os sistemas de ação são profundamente prejudicados a ponto de distorção total. Os vínculos, mediados pelo sistema de pânico, tornam-se bizarros, impulsionados por jovens alters em meio a hiper ou hipoativação severa, enquanto o sistema de medo tenta se adaptar de uma forma lábil às condições severamente instáveis. Falhas no processamento de informações como distorções sobre a "bondade ou maldade" de si mesmo e de seus cuidadores devem ser criadas para a sobrevivência. Assim, todas as adaptações psicológicas da criança abusada são voltadas para o objetivo fundamental de preservar o seu apego primário com seus pais. Para isso, ou o abuso é separado da consciência e da memória, como se não tivesse acontecido realmente, ou é minimizado, racionalizado ou justificado, como se o que quer que tenha acontecido *não fosse realmente abuso*. A busca torna-se necessariamente prejudicada por constrição ou distração perceptual. Curiosidade com relação ao ambiente e a necessidade de aprender tornam-se, por vezes, contraditórias e absurdas, quando no *inferno*.

Na idade adulta, as funções de apego do sistema de pânico são muitas vezes realizadas de forma caótica, desordenada e desorganizada, pois a mudança entre alters pode ficar descontrolada. A qualquer momento, jovens alters alternando com alters críticos, abusivos ou aterrorizados sequestram o eu adulto. Muitos alters adultos, porém disfuncionais (várias PAN), também sequestram a função adulta. Padrões de apego progridem de desorganizados para caóticos. Alguns alters anseiam por vinculação, enquanto outros congelam com um simples toque. Alguns sentem medo de contato sexual, enquanto outros podem procurá-lo obsessivamente, às vezes das formas mais destrutivas e vergonhosas.

Sistemas de medo e raiva se manifestam de formas bizarras e fragmentadas, induzindo a pessoa para situações sociais semelhantes aos seus traumas originais. Aqueles envolvidos nessas reencenações comportamentais raramente estão conscientes de que estão repetindo experiências de vida anteriores. Nestas reencenações comportamentais dirigidas por alters, os papéis de vítima, agressor, ou ambos, podem se manifestar. Neste clima de desintegração da personalidade, o sistema de busca também pode ficar prejudicado. Assim, a produção e sustentação da curiosidade, aprendizagem e atividades intelectuais são afetadas.

Em meio a toda esta instabilidade caótica de emoção, identidade e função, a anestesia e a amnésia são a cola que tenta manter a ordem neste estado mais estranhamente desordenado de funcionamento humano.

Pesquisa

Embora nenhuma das pesquisas sobre dissociação terciária (TDI) tenha analisado especificamente os circuitos neurais que medeiam integração temporal, uma série de detalhes deve ser levado em conta. Em todos os transtorno de consciência que temos examinado até agora (anestesia geral, coma, estados vegetativos, dissociação traumática primária e secundária), as evidências empíricas sugerem prejuízos nos circuitos talamocorticais. Consequentemente, seria inverossímil imaginar que este nível de desacoplamento neural não seja resultado de integração temporal severamente prejudicada. No entanto, é preciso aguardar os dados. O leitor é remetido a Reinders, Nijenhuis, Paans et al. (2003) e Reinders, Nijenhuis, Quak et al. (2006), dois estudos fascinantes sobre dissociação terciária que ilustram o desacoplamento dos dois ramos do SNA.

Sociedade e Trauma

Como observamos acima, uma grande confusão existe em nossa sociedade e nossa profissão em relação ao trauma, à extensão e difusão da negligência familiar e à natureza dos processos dissociativos. Durante séculos, a sociedade retrocedeu a partir da noção de que trauma e negligência são universais e encontrados em todos as esferas da sociedade. Ao invés de compreender que nossa história como raça humana é difusamente traumática, escolhemos acreditar que temos sobrevivido e nos adaptado. Aplicamos a mesma falta de visão para os nossos filhos, acreditando que aconteça o que acontecer, eles são resilientes.

No âmbito de nossas várias profissões, acadêmicos das universidades de maior prestígio nos dizem que os transtornos traumáticos e dissociativos são criações de terapeutas e síndromes de memória falsa. Transtornos dissociativos de identidade são vistos como *iatrogênicos* (gerados na situação de tratamento), onde pacientes altamente sugestionáveis, geralmente lutando com TPB, são influenciados por estímulos implícitos ou explícitos de terapeutas ingênuos que acreditam em TDI e que têm noções simplistas sobre memória e patologia (Loewenstein, 2007).

Frank Putnam (1995a, 1995b) argumentou que os estudos sobre dissociação, e TDI em particular, parecem ter sido considerados com um padrão diferente do que qualquer outra doença. Em nenhum outro lugar tal corpo de pesquisa, composto de histórias de casos clínicos, estudos em série com dados de entrevista estruturados e estudos das memória, prevalência, neurobiologia e neuroimagem, a partir de amostras de crianças e adolescentes da América do Norte, Europa, América Latina, Turquia e Ásia, foi tão completamente ignorado (cf. Loewenstein, 2007).

Richard Loewenstein (2007) argumenta incisivamente,

Quando vista por meio de uma perspectiva sociopolítica maior, a teoria da dissociação se cruza com muitas das questões sociais mais controversas dos tempos modernos. O papel do trauma em nossa cultura, particularmente violência intergeracional e abuso sexual, atravessa assuntos historicamente tabus, tais como estupro, incesto, abuso infantil e violência doméstica, e a real prevalência deles em nossa sociedade. Além disso, o estudo do trauma nos leva a questões jurídicas, sociais e culturais mais amplas relacionadas com guerra e paz, o significado da violência em nossa sociedade, o significado do bem e do mal, e mesmo diferentes visões religiosas sobre o relacionamento entre homens, mulheres e crianças e a natureza da família. (p. 290)

Van der Kolk, Weisaeth e van der Hart (1996) alegam,

Cem anos de pesquisas têm demonstrado que os pacientes muitas vezes não conseguem se lembrar, e ao invés disso reencenam seus dramas no sofrimento interpessoal. Os profissionais que atendem a esses pacientes tiveram problemas semelhantes com relembrar o passado, e por três vezes neste século estabeleceram um branco sobre as lições arduamente ganhas. Não é provável que essas amnésias e dissociações passem a ser coisas do passado; é provável que continuem enquanto nós, médicos e psicólogos, formos confrontados com o *colapso humano diante do estresse avassalador* [grifo nosso], que paira no rosto de nossa inerente arrogância de nos imaginar como mestres de nosso próprio destino, e enquanto precisarmos esconder a intolerável realidade de *"desumanidade do homem com o homem"* [grifo nosso]. (p. 67)

Nós, da comunidade de traumatologia, tentamos lançar luz sobre essa escuridão, mas as explicações psicológicas e fenomenológicas são insuficientes, enquanto a sociedade e a ciência insistirem em funcionar como PAN dissociadas. É somente por meio de uma profunda compreensão e articulação neurobiológicas que nossas ideias terão maior credibilidade. Há muitos neste campo que acreditam que a natureza do vínculo entre a criança e o cuidador tem muito pouca relação com o desfecho de seu desenvolvimento e funcionamento. Temos de ser capazes de mostrar claramente que os sintomas incomuns e muitas vezes bizarros que rotulamos como transtornos dissociativos são os resultados de *sistemas de ação fisiológicos* desregulados, com *base evolutiva*, que são completamente pautados pela natureza do vínculo entre os bebês e seus cuidadores.

Capítulo 8

Trauma e Sintomas Sem Explicação Médica

Doenças Médicas Misteriosas

Sintomas sem explicação médica (SSEM) são geralmente definidos nas principais correntes da literatura médica como queixas somáticas múltiplas e variadas para as quais explicações biomédicas convencionais não podem ser fornecidas por meio de exame ou investigação mais aprofundada. Esta definição mostra uma falta de conhecimento e parece neutra em seu tom.

Definições menos neutras, mais estridentes, caracterizam SSEM como sintomas físicos que têm *pouca ou nenhuma base* em uma doença orgânica subjacente, sendo somente manifestações de distúrbios emocionais. Artigos recentes em revistas médicas científicas continuam a recomendar psicoterapia e tratamento psicofarmacológico, com foco na melhora funcional ao invés de redução de sintomas.

Esses sintomas têm sido descritos e classificados em um grupo de síndromes que inclui fibromialgia, artrite reumatoide (AR), distrofia simpático-reflexa (DSR), tireoidite de Hashimoto, doença de Graves, lúpus eritematoso sistêmico (LES), síndrome de Sjögren, doença de Crohn, diabetes tipo 1, esclerose múltipla (EM) e síndrome da fadiga crônica (SFC). A lista continua a crescer, anualmente.

Felizmente, como veremos, essas doenças parecem ser explicáveis. Como em outros problemas já explorados por nós anteriormente, os detalhes completos do problema podem não ser evidentes, mas os contornos são aparentes e podem ser inferidos.

O personagem central neste mistério parece ser o esteroide *cortisol*, cuja relação com trauma e este tipo de doenças tem sido intrigante e desconcertante, devido principalmente a metodologias empíricas deficientes em sua coleta, extração, medição e análise. Para entender estas aparentemente enigmáticas condições médicas, é preciso apreciar as relações entre os sistemas autônomo, endócrino e imunológico, enfocando especificamente no papel do cortisol no funcionamento inter-relacionado destes.

O Sistema Nervoso Autônomo

Recorde-se que, em contraste com o sistema nervoso central, composto do encéfalo e da medula espinhal, o sistema nervoso autônomo (SNA) é a parte do sistema nervoso periférico que age como uma estrutura de controle, funcionando em grande parte abaixo do nível da consciência, controlando as funções viscerais (órgãos). O SNA afeta o batimento cardíaco, digestão, frequência respiratória, salivação, transpiração, diâmetro das pupilas, micção (urinar) e excitação sexual. Enquanto a maior parte de suas ações é involuntária, algumas, tais como a respiração, trabalham em conjunto com a mente consciente.

Ramos do SNA

Lembre-se também de que o SNA é tradicionalmente dividido em dois subsistemas, o sistema nervoso parassimpático e o sistema nervoso simpático. O ramo simpático expande energia e medeia excitação. O ramo parassimpático conserva energia, é homeostático e mediador da calma. Os ramos simpático e parassimpático tipicamente funcionam em oposição um ao outro, embora essa oposição seja mais bem conceituada como de natureza complementar ao invés de antagônica. Como uma analogia, pode-se pensar no ramo simpático como o acelerador e o ramo parassimpático como sendo o *freio*. Assim, podemos ver o ramo simpático como mediando a "aproximação, busca, luta ou fuga" e o ramo parassimpático como "descanso e digestão" e/ou congelamento (Dodd & Role, 1991).

A sinalização neural dentro dos dois ramos é mediada por neurotransmissão. O ramo simpático é mediado por catecolaminas, utilizando, predominantemente, norepinefrina/noradrenalina, epinefrina/adrenalina e dopamina. O ramo parassimpático é geralmente mediado colinergicamente, utilizando transmissão de acetilcolina.

O Sistema Endócrino

O sistema endócrino é um sistema de *glândulas*, em que cada uma delas secreta um tipo de hormônio como um mensageiro químico diretamente na corrente sanguínea para regular o organismo. O sistema *endócrino* contrasta com o sistema *exócrino*, que secreta seus mensageiros químicos utilizando *dutos*, e com o SNA, que utiliza *neurotransmissores* como mensageiros químicos. Seu nome deriva das palavras gregas *endo* (interno, dentro) e *crinis* (secreção). O sistema endócrino é um sistema sinalizador de informação, como o sistema nervoso, ainda que seus efeitos e mecanismos sejam de classes diferentes. Os efeitos do sistema endócrino são lentos para serem iniciados e de resposta prolongada, com duração de horas a semanas. O sistema nervoso envia informações muito rapidamente, geralmente em distâncias curtas, e as respostas são geralmente de curta duração. *Hormônios* são os mensageiros químicos liberados a partir de tecido endócrino para a corrente sanguínea onde viajam, muitas vezes longas distâncias, ao tecido alvo e geram uma resposta. Hormônios regulam várias funções humanas, incluindo metabolismo, crescimento e desenvolvimento, função tecidual e humor (Kupfermann, 1991a).

A Integração do SNA e os Sistemas Endócrinos

O SNA e o sistema endócrino se unem para formar vias ou *eixos* metabólicos. A mediação simpática é efetuada pelo funcionamento do eixo simpatoadrenomedular (SAM), no qual a medula adrenal (sobre os rins) gera a produção do hormônio epinefrina (ou adrenalina) e, em combinação com áreas do tronco cerebral (locus caeruleus), a produção de norepinefrina (ou noradrenalina). Quando mediada pela medula adrenal, noradrenalina é secretada como um hormônio. Quando mediada pelo locus caeruleus, é produzida como um neurotransmissor. Dissemos no Capítulo 3 que hormônios e neurotransmissores funcionam como mensageiros químicos. Assim, o eixo SAM é considerado neuroendócrino, consistindo de tecido neural e endócrino (Kupfermann, 1991a).

Em contraste, a função parassimpática é mediada predominantemente por meio da função endócrina. A mediação glandular do sistema endócrino é geralmente realizado pelo hipotálamo e pelas glândulas pituitária e suprarrenais. Estas glândulas sinalizam umas às outras sequencialmente e então formam e funcionam como um eixo, o eixo hipotalâmico-pituitário-adrenal (HPA) (Kupfermann, 1991a).

O Eixo HPA e Cortisol

O eixo HPA pode ser ativado por várias razões, mas predominantemente pelo ciclo sono/vigília, durante o estresse, e para função imunológica. Este eixo funciona como um conjunto complexo de influências diretas e sequenciais e interações de feedback entre o hipotálamo, a pituitária (uma estrutura em formato de ervilha localizada abaixo do hipotálamo) e as glândulas adrenais (ou suprarrenais) (órgãos pequenos e cônicos acima dos rins).

Assim, por exemplo, quando o eixo HPA é ativado, o hipotálamo medeia a secreção do fator de liberação de corticotropina (CRF)/hormônio liberador de corticotropina (CRH), que então sinaliza a pituitária anterior para secretar hormônio adrenocorticotrófico (ACTH), por sua vez sinalizando o córtex adrenal a secretar cortisol. Quando o nível adequado de cortisol é atingido, sua presença dá início a um feedback negativo sobre o hipotálamo e pituitária, mediando a inibição da produção de CRF/CRH e ACTH, prevenindo assim mais produção de cortisol (Engelmann, Landgraf, & Wotjak, 2004). Voltaremos a este assunto.

O Sistema Imunológico

O sistema imunológico é uma rede de células, tecidos e órgãos que trabalham juntos para defender o organismo contra ataques de invasores "estrangeiros". Estes invasores são principalmente micróbios, pequenos organismos tais como bactérias, parasitas, fungos e vírus que podem causar infecções. O corpo humano fornece um ambiente ideal para muitos tipos de micróbios. É função do sistema imunológico mantê-los fora ou, se isso falhar, procurá-los e destruí-los. Além disso, o sistema imunológico funciona para prevenir mutações celulares, coletivamente conhecidos como tumores ou cânceres.

O sistema imunológico é surpreendentemente complexo. Ele pode reconhecer e lembrar-se de milhões de diferentes inimigos, e pode produzir secreções (liberação de fluidos) e células para corresponder-se e acabar com quase todos estes micróbios. O segredo do seu sucesso é uma elaborada e dinâmica rede de comunicações. Milhões de células organizadas em conjuntos e subconjuntos se reúnem como nuvens de abelhas revoando em torno de uma colmeia e passam informações para trás e para frente em resposta a uma infecção. Quando células imunológicas recebem o alarme, elas se tornam ativadas e começam a produzir substâncias químicas poderosas denominadas anticorpos. Estas substâncias permitem que as células regulem o seu próprio crescimento e comportamento, recrutem outras células do sistema imunológico, e as direcione para pontos infecciosos problemáticos. Em condições normais, o sistema imunológico é capaz de iniciar ataques que destroem micróbios invasores, células infectadas e tumores, enquanto ignoram tecidos saudáveis e, quando necessário, facilitam a proteção e o crescimento de células (Male, Brostoff, Roth & Roitt, 2006).

Próprio Versus Não-Próprio

Normalmente a chave para um sistema imunológico equilibrado é sua notável habilidade de distinguir entre as células do próprio corpo, reconhecidas como "próprias", e células estrangeiras, reconhecidas como "não-próprias". As defesas imunológicas do corpo coexistem normalmente com células que carregam moléculas marcadoras distintas. Quando os defensores do sistema imunológico encontram células estrangeiras ou organismos carregando marcadores que são identificados como não-próprios, eles rapidamente lançam um ataque. Tudo que pode desencadear esta resposta imune é referido como um *antígeno*. Um antígeno pode ser um micróbio, tal como um vírus, ou uma parte de um micróbio, tal como uma molécula. Tecidos ou células de outra pessoa (exceto um gêmeo idêntico) também carregam marcadores identificados como não-próprios e agem como antígenos estrangeiros. Esta é a razão pela qual os transplantes de tecidos são, por vezes, rejeitados.

Em alguns casos, o sistema imunológico responde a uma substância aparentemente inócua, como o pólen. O resultado é uma alergia, e esse tipo de antígeno é chamado de alérgeno. Em certas situações patológicas, o sistema imunológico pode confundir próprio como não-próprio e lançar um ataque contra as células ou tecidos do próprio corpo, resultando em transtornos *inflamatórios autoimunes*. Voltaremos ao assunto em detalhe, mais adiante.

Estrutura Autoimune

Linfócitos

Os órgãos do sistema imunológico são posicionados ao longo do corpo. São chamados órgãos linfóides, pois são o lar dos *linfócitos*, pequenas células brancas de sangue que são os principais agentes no sistema imunológico. A medula óssea, o tecido mole no núcleo oco dos ossos, é a suprema fonte de todas as células sanguíneas, incluindo os linfócitos. A glândula timo é outro órgão linfóide. Linfócitos conhecidos como linfócitos T ou células T (T significa timo) amadurecem no timo e então migram para outros tecidos. Linfócitos B, também conhecidos como células B, tornam-se ativados e amadurecem como células plasmáticas, as quais fazem e liberam anticorpos. Linfonodos, que estão localizados em várias partes do corpo, são tecidos linfóides que contém numerosas estruturas especializadas, tais como células T e células B. Linfócitos podem viajar por todo o corpo por meio dos vasos sanguíneos. Eles também podem viajar por meio do sistema de *vasos linfáticos* que são paralelos próximos das veias e artérias do corpo (Male et al., 2006).

As células B e T são os principais tipos de linfócitos. As células B trabalham principalmente por secreção de substâncias denominadas *anticorpos*, tais como imunoglobulinas, nos fluidos corporais. Anticorpos espreitam antígenos estranhos circulantes na corrente sanguínea. São impotentes, porém, para penetrar nas células. O trabalho de atacar e penetrar nas células-alvo, sejam células que tenham sido infectadas por vírus ou células que foram distorcidas pelo câncer, é deixado para as células T e outras células imunológicas.

Imunoglobulinas

Muitos dos anticorpos criados mediados por células B são *imunoglobulinas*. A imunoglobulina B (IgG) é um tipo de anticorpo que trabalha com eficiência revestindo micróbios, acelerando assim sua captação ou absorção por outras células do sistema imune. A imunoglobulina M (IgM) é muito eficaz em matar bactérias. A imunoglobulina A (IgA) concentra-se nos fluidos corporais, lágrimas, saliva e nas secreções dos sistemas respiratório e digestivo, guardando as entradas para o corpo. A imunoglobulina E (IgE), cujo trabalho natural é proteger contra infecções parasitárias, é o provável responsável pelos sintomas de alergia. A imunoglobulina D (IgD) permanece ligada às células B e desempenha um papel fundamental na iniciação da resposta precoce das células B.

Micrófagos e Células T Exterminadoras Naturais (Natural Killers T cells - NKT)

Além dos linfócitos, o sistema imunológico armazena um vasto arsenal de células-devoradoras fagócitos/micrófagos e células

T exterminadoras naturais (células NKT). Algumas células imunológicas assumem todos os intrusos, enquanto outras são focadas em alvos altamente específicos. O sistema imune armazena somente um pouco de cada tipo dessas diferentes células necessárias para reconhecer milhões de possíveis inimigos. Assim que um antígeno aparece, as poucas células imunitárias que podem responder a ele se multiplicam em um grande exército de células. Depois do trabalho feito, a maior parte das células imunitárias desaparece, deixando um pequeno número que funcionam como sentinelas que vão vigiar contra futuros ataques. Para que trabalhem de forma efetiva, as células imunitárias precisam trabalhar comunicativamente e sistematicamente. Por vezes, células imunitárias se comunicam por meio de contato físico direto. Geralmente, porém, elas se comunicam por meio de outra classe de mensageiros químicos, conhecidos como *citocinas* (Abbas, Lichtman & Pillai, 2012). Revisitaremos isso em detalhes, mais adiante.

O Equilíbio Anti-inflamatório – Inflamatório

O sistema imune medeia um balanço entre sobrevivência e crescimento das células *anti-inflamatório* e neuroprotetor, e morte celular *inflamatória* e neurotóxica (Allen & Rothwell, 2001; Rothwell, 1999; Szelenyi & Vizi, 2007). Portanto, um deslocamento inflamatório no equilíbrio imunológico aumenta as funções imunológicas, enquanto um deslocamento anti-inflamatório no equilíbrio diminui as funções imunes.

A necessidade da função inflamatória é óbvia, destinada à nossa proteção contra doenças e crescimento descontrolado de células (tumores). Por outro lado, nosso corpo também requer proteção neural, por vezes, crescimento neural (sinaptogênese), e em outros momentos, regeneração neural. Nós já exploramos a sinaptogênese no contexto do nosso amadurecimento neural gestacional e pós-parto, onde nosso cérebro cresce (in utero) e se liga e religa durante nosso desenvolvimento e amadurecimento pós-parto. Além disso, a demanda de crescimento de nossos corpos necessita da exigência por crescimento celular. Descobrimos, também, recentemente, que certas áreas do cérebro adulto, tais como o hipocampo, mantêm a sua habilidade de promover crescimento neural durante a aprendizagem e subsequente à psicoterapia. De fato, a plasticidade neural, a força organizadora central da consciência, pode muito bem exigir proteção neural. Além disso, subsequente à lesão ao corpo e ao cérebro, o processo de cura que se manifesta pela regeneração celular requer proteção neural. Todas essas funções requerem um deslocamento anti-inflamatório no equilíbrio. Além disso, durante períodos de estresse traumático agudo, a redução na função imune é exigida para mediar as necessidades fisiológicas dos sistemas neurais de luta e/ou fuga. Voltaremos a esta área, mais adiante.

O eixo HPA, Cortisol e o Equilíbrio Imunológico

É na interface neuroendócrino-imunológica que o nosso personagem principal, cortisol, emerge para facilitar o equilíbrio imune, uma das principais funções do cortisol (Mastorakos, Karoutsou & Mizamtsidi, 2006). Elevações nos níveis de cortisol inibem a função imunológica, enquanto as diminuições nos níveis de cortisol melhoram a função imune. Portanto, quando existe uma necessidade de um deslocamento anti-inflamatório, o eixo HPA é ativado. Como resultado, o hipotálamo medeia a secreção de CRF/CRH, que então sinaliza a pituitária anterior a secretar ACTH, que por sua vez sinaliza o córtex adrenal a secretar cortisol. Nesta situação, o feedback negativo sobre o hipotálamo e a pituitária é reduzido, permitindo um aumento na produção de cortisol, *suprimindo* assim a função imunológica. Em contrapartida, quando surge uma necessidade de um deslocamento inflamatório, o feedback negativo no hipotálamo e na pituitária é reforçado, reduzindo assim os níveis de cortisol e *aumentando* a função imunológica.

Citocinas e Mensagens Imunoquímicas

A orquestração das respostas inflamatória e anti-inflamatória depende de um sistema de comunicação entre as células imunes (células T, células B, células NKT e micrófagos) e um grupo de proteínas, ou glicoproteínas, chamadas coletivamente de *citocinas* (Allen & Rothwell, 2001; Rothwell, 1999; Szelenyi & Vizi, 2007). As citocinas pertencem a três famílias, geralmente chamadas de *interferons, interleucinas e fatores de necrose tumoral* (TNF).

Mecanismos neurotóxicos e neuroprotetores estão intimamente relacionados com o equilíbrio entre citocinas inflamatórias e anti-inflamatórias, respectivamente. Assim, citocinas específicas são expressas durante o desenvolvimento humano, ferimentos e doenças. Como o cortisol, as citocinas medeiam a função imunológica em ambas as direções. As citocinas podem ser pensadas como os generais do exército imunológico, dando ordens para o ataque ou para dispensar e recuar. Então, por exemplo, quando uma necessidade de um deslocamento inflamatório no equilíbrio imunológico aparece, os níveis de cortisol são reduzidos e os níveis de citocina inflamatória são aumentados, levando à liberação de células T, B e NKT, e micrófagos, os quais atacam e destroem intrusos não-próprios. Inversamente, quando surge uma necessidade de deslocamento anti-inflamatório no equilíbrio imunológico, os níveis de cortisol são elevados e os níveis de citocinas anti-inflamatórias são aumentados, o que conduz à redução de células T, B, NKT e micrófagos, resultando em um ambiente neuroprotetor melhorado.

Cortisol, Função Imunológica e Estresse
Quando a evolução começou a mexer com nossa resposta de estresse endócrina centenas de anos atrás, o estresse foi criado pelo *perigo*, não pelo trabalho, finanças, a economia global, ou qualquer dos nossos artefatos modernos de indução ao estresse. Consequentemente, *estresse* era uma situação que chamava por mecanismos de luta ou fuga. A partir dessa perspectiva, nada mudou na nossa resposta evolutiva neuroendócrino-imunológica à experiência de estresse.

Então, se refletirmos sobre uma situação que requer uma decisão de luta ou fuga (ataque, sobreviver a um desastre natural, afogamento, etc.), nossa resposta neuroendócrino-imunológica será expressa do seguinte modo: (a) nosso eixo SAM se tornará ativado, no que então a medula adrenal (sobre os rins) irá gerar a produção de epinefrina e, em combinação com as áreas do tronco cerebral (locus caeruleus), a produção de norepinefrina. Estas alterações hormonais irão favorecer um aumento de açúcares do sangue (glicose), pressão arterial, frequências metabólica e respiratória. (b) Nosso eixo HPA irá tornar-se ativado, no que o hipotálamo irá medicar a secreção de CRF/CRH, que irá então sinalizar a pituitária anterior a secretar ACTH, por sua vez sinalizando o córtex adrenal a secretar cortisol. O feedback negativo no hipotálamo e na pituitária serão suprimidos, mediando assim o aumento da produção de cortisol e um equilíbrio imunológico anti-inflamatório. Esta alteração hormonal irá facilitar um aumento no volume do sangue e na pressão arterial, maior conversão de proteínas e gorduras em glicose, e uma redução da função imunológica.

Em situações de perigo agudo estas mudanças são adaptativas, pois elas medeiam e estimulam o uso das opções de luta ou fuga. Funções imunológicas e digestivas são reduzidas devido a seu alto uso de combustível e energia, mudanças que são adaptativas em curto prazo. De acordo com o projeto evolutivo, o perigo geralmente não dura muito; ou você escapa ou morre. No entanto, nos tempos modernos, e na ausência de um melhoramento evolutivo tão necessário, nossas manifestações de estresse podem durar muito. Consequentemente, a manutenção prolongada das alterações endócrinas e equilíbrio anti-inflamatório persistente e desnecessário pode eventualmente levar à hipertensão, ansiedade, transtornos gastrointestinais, função imune e cura comprometidas, doenças cardíacas, diabetes e câncer.

O Enigma do Cortisol e Transtorno de Estresse Pós-Traumático
Os dados de investigações da neuroendocrinologia do transtorno de estresse pós-traumático (TEPT) evidenciaram alterações que não têm historicamente sido associadas com transtornos do estresse. Rachel Yehuda (2006) entende que a mais "impopular" dessas observações, redução nos níveis de cortisol, tem sido objeto de muita atenção porque o achado é contraintuitivo e não uniformemente reproduzível.

Altos níveis de cortisol têm sido historicamente associados ao estresse, tanto que na literatura humana e animal, a magnitude do estresse tem sido frequentemente definida pelo nível de cortisol secretado (Yehuda, 1997). Assim, níveis elevados de secreção de cortisol foram considerados evidências 'de facto' que o estresse ocorreu. Como resultado dessa forte associação entre níveis de cortisol e estresse e depressão, foi feita a hipótese inicial de que níveis de cortisol seriam elevados no TEPT. No entanto, a primeira exploração dos níveis de cortisol no TEPT demonstrou que a excreção urinária de 24 horas de cortisol era na verdade mais baixa em veteranos de guerra com TEPT em comparação com pacientes hospitalizados com outros diagnósticos psiquiátricos, tais como depressão maior, desordem esquizoafetiva, transtorno bipolar e esquizofrenia (Mason, Giller, Kosten, Ostroff & Harkness, 1986). Nos anos seguintes, quatro dos seis estudos de cortisol comprovaram esses achados, sugerindo uma assinatura endócrina singular para TEPT.

Desde então, porém, várias centenas de artigos de revistas científicas relatando sobre vários aspectos da função HPA em sujeitos com TEPT foram publicadas, com resultados que mais serviram para confundir a questão do que oferecer qualquer esclarecimento. Estes resultados indicaram elevações, diminuição e indiferença nos níveis de cortisol. Mesmo nos mais refinados exames metodológicos de cortisol, com medições múltiplas ao longo de 24 horas, os resultados foram variados. Assim, quando comparados aos controles, resultados circundantes de cortisol para sujeitos com TEPT ao longo de 24 horas foram rebaixados, elevados e insignificantes (ver Yehuda, 2002, 2006 para excelentes análises e discussão). Consequentemente estes resultados levantaram a questão de saber se o nível de cortisol tem qualquer significado. Como veremos a seguir, examinando brevemente os métodos de coleta, extração, medição e análise do cortisol irá facilitar uma compreensão destes resultados aparentemente discrepantes.

Inconsistência Metodológica

Rachel Yehuda (2006) argumenta que foi dada surpreendentemente pouca atenção aos detalhes metodológicos relativos à forma como os níveis de cortisol foram obtidos, na literatura sobre TEPT. Embora as questões metodológicas referentes à idade, sexo, altura, peso e estado menstrual foram focos de discussão, o que têm sido negligenciado são os detalhes relativos à coleta, extração, medição e análise do cortisol. O leitor deve procurar o artigo referido para discussão e exploração detalhadas.

Yehuda (2006) observa que o cortisol dosado de amostras de sangue e de medições ao longo do dia terá como resultado um menor número de problemas metodológicos. Yehuda sustenta que níveis de cortisol medidos de uma única coleta de sangue não são geralmente uma fonte confiável de medida de níveis circundantes (ao longo do dia), dado que muitos artefatos tais como estresse e ciclos de sono variados, poderiam criar elevações artificiais de cortisol, levando a uma grande variedade de resultados. Além disso, a utilização de punção venosa repetitiva ao invés de uma sonda permanente (inserida somente uma vez) poderia facilmente produzir picos de cortisol devido a qualquer pequeno aborrecimento.

Amostras salivares, observa Yehuda (2006), poderia ter sido contaminada com partículas de alimento. Com amostras de urina, houve o problema adicional de garantir a integridade da coleta, uma vez que foi pedido aos sujeitos que colhessem o material em casa. Amostras domiciliares foram igualmente problemáticas, pois era impossível assegurar-se de que os sujeitos haviam aderido ao protocolo no que diz respeito aos horários de coleta (para saliva), integridade da coleta (para urina), bem como restrições dietéticas ou de exercícios. Além disso, procedimentos de extração, nitidamente mais complexos do que com plasma sanguíneo, permitiram mais erros e as discrepâncias resultantes.

Transtorno de Estresse Pós-Traumático e Hipocortisolemia

Quando bem conduzidas, investigações de cortisol em pessoas com TEPT têm revelado resultados consistentes de *hipocortisolemia* (níveis rebaixados de cortisol). O leitor deve procurar Yehuda (2002 e 2006) para discussão e revisões desses estudos. Foram encontrados níveis de cortisol reduzidos em pessoas com TEPT quando comparados a níveis de cortisol nas pessoas com depressão e/ou sujeitos controle. Níveis de cortisol foram inferiores em sujeitos com TEPT em relação a sujeitos controle e em veteranos de guerra com TEPT em comparação a sujeitos controle e veteranos sem TEPT. A

chados similares de hipocortisolemia foram encontrados em crianças que sobreviveram ao terremoto na Armênia em 1988, exibindo reações pós-traumáticas 05 anos após o fato. Supressão de cortisol foi encontrada em adultos do sexo feminino sobreviventes de abuso sexual na infância, quando comparados aos controles. Finalmente, resultados de hipocortisolemia foram encontrados em veteranos da Guerra do Golfo com sintomas intrusivos pós-traumáticos, sobreviventes do holocausto (ainda que 50 anos após o holocausto) e veteranos de combate envelhecidos, quando comparados aos controles.

Sujeitos com TEPT e seus descendentes

Descendentes de sobreviventes do holocausto (com TEPT) evidenciam excreção significativamente menor de cortisol que descendentes do holocausto sem TEPT. Verificou-se que isso era verdadeiro independente dos filhos apresentarem ou não sintomas de TEPT. O leitor deve referir-se a Yehuda, Teicher et al. (2007) para uma listagem e discussão desses estudos.

Em um estudo mais impactante, Yehuda, Engel, Brandt et al. (2005) relataram achados de baixos níveis de cortisol em mães que desenvolveram TEPT em resposta à exposição ao ataque e colapso do World Trade Center em 11 de Setembro de 2001, e seus *bebês de um ano de idade*, em comparação com mães que não desenvolveram TEPT em resposta aos ataques e seus bebês. Com esse estudo, temos nossa primeira evidência de que a hipocortisolemia pode ser causada por programação glicocorticoide (cortisol) in *útero*. Porque nem todas as crianças nascidas de mães com TEPT necessariamente irão desenvolver TEPT, este achado reforça o fato de que a hipocortisolemia pode também se manifestar em uma população sem TEPT. Retornaremos a estas questões e suas possíveis implicações mais adiante.

O que parece ser claro no parágrafo anterior é que o TEPT tem uma assinatura endócrina singular e que este perfil endócrino deve ter implicações diretas e profundas na função imunológica. Lembre-se de que elevações nos níveis de cortisol suprimem a função imunológica, enquanto depressão nos níveis de cortisol melhora a função imune.

No entanto, no caso dos pacientes de TEPT ou em seus descendentes, mesmo que a descendência não manifeste sintomas de TEPT, a supressão de cortisol não é induzida por necessidades imunológicas, criando, desse modo, o potencial para um equilíbrio inflamatório, hiperimune, na ausência de invasão bacterial, viral, fúngica, parasitária ou cancerígena.

Sintomas Sem Explicação Médica

Como observamos acima, estes sintomas têm sido descritos e categorizados em um grupo de síndromes que inclui fibromialgia, artrite reumatoide (AR), distrofia simpático-reflexa (DSR), tireoidite de Hashimoto, doença de Graves, lúpus eritematoso sistêmico (LES), síndrome de Sjögren, doença de Crohn, diabetes tipo 1, esclerose múltipla (EM), e síndrome da fadiga crônica (SFC).

Na ausência de inconsistências ou falhas metodológicas, os estudos de SSEM (sintomas sem explicação médica) apontam consistentemente para hipocortisolemia. O leitor deve referir-se a Bohmelt, Nater, Franke, Hellhammer e Ehlet (2005) e Heim, Ehlert e Hellhammer (2000) para análises e discussões desses estudos. Assim, existe evidência considerável de menor atividade e reatividade adrenal manifestada na diminuição de liberação de cortisol em pacientes com uma miríade de distúrbios corporais. Estes transtornos têm sido relacionados ao estresse ou experiência de trauma, e parece haver considerável sobreposição de sintomas entre estes transtornos (Heim et al., 2000), sugerindo um espectro de doenças relacionadas com semelhantes correlatos neuroendócrinos.

Se a hipocortisolemia é central para estas doenças, um exame deveria revelar achados consistentes de citocinas inflamatórias e os resultantes linfócitos e anticorpos nas áreas afetadas por essas doenças. Além disso, resultados consistentes de citocinas inflamatórias são consistentes com a dor crônica que se manifesta com muitas dessas doenças (para revisões, ver Watkins & Maier, 2000 e Dantzer, 2005).

Síndrome de Sjögren

A síndrome de Sjögren se manifesta como uma doença autoimune na qual o sistema imunológico do corpo erroneamente reage ao tecido de glândulas que produzem umidade, tais como glândulas lacrimais e salivares. É uma doença crônica inflamatória que pode progredir para uma doença sistêmica mais complexa que afeta outros tecidos e órgãos do corpo, como articulações, rins e o trato intestinal.

A síndrome é caracterizada por um acúmulo e infiltração anormais de um tipo específico de anticorpo e/ou linfócito nas glândulas responsáveis pela produção de fluidos (ver Witte, 2005, para uma revisão de tais estudos). Especificamente, estes anticorpos (antifodrin e anticentrômero) funcionam como autoanticorpos, dado que eles atacam tecidos saudáveis, e não invasão infecciosa. Por consequência disso, a quantidade e qualidade da saliva e lágrimas produzidas diminuem com a Síndrome de Sjögren, levando a característicos boca e olhos secos, que são chamados de *síndrome sicca*. Outras membranas mucosas podem também secar. Pessoas nessa condição muitas vezes têm uma sensação de areia ou cascalho nos olhos, inchaço nas glândulas salivares, dificuldade em engolir e uma diminuição no paladar. O diagnóstico é derivado ou de exames de sangue investigando anticorpos ou citocinas ou de biópsias investigando a presença de anticorpos nas áreas glandulares.

A desordem pode se apresentar como Síndrome de Sjögren primária ou Síndrome de Sjögren secundária, em que a condição coexiste com outros distúrbios autoimunes, como LES (lúpus eritematoso sistêmico), polimiosite, esclerodermia, ou AR (artrite reumatoide). A maior parte das complicações da Síndrome de Sjögren ocorre devido a diminuição das lágrimas e da saliva. Consequentemente, as pessoas com olhos secos têm maior risco de infecções em torno dos olhos e podem ter lesão na córnea. A boca seca pode causar um aumento de cáries dentárias, gengivite (inflamação da gengiva) e infecção fúngica oral (sapinho), que pode causar dor e queimação. Algumas pessoas têm episódios de inchaço doloroso das glândulas salivares em todo o rosto. Complicações em outras partes do corpo podem ocorrer. Dor e rigidez nas articulações com leve inchaço podem ocorrer em algumas pessoas, mesmo naquelas sem AR ou lúpus. Erupções nos braços e pernas relacionados à inflamação nos vasos sanguíneos pequenos (vasculite) e inflamação nos pulmões, fígado e rim podem ocorrer raramente e ser difícil de diagnosticar. Dormência, formigamento e fraqueza também têm sido descritas por algumas pessoas.

Tireoidite de Hashimoto

A tireoidite de Hashimoto, também chamada de tireoidite linfocítica crônica, é uma doença autoimune na qual a glândula tireoide é gradualmente infiltrada por uma variedade de processos imunológicos mediados por autoanticorpos (ver McLachlan & Rappaport, 1992, e Legakis, Petroyianni, Saramantis & Tolis, 2001, para análises). Foi a primeira doença a ser reconhecida como uma doença autoimune. A Tireoidite de Hashimoto muitas vezes resulta em sintomas de hipotireoidismo. A Tireoidite de Hashimoto, como uma doença autoimune, é diferenciada do hipotireoidismo, uma condição sintomática sem infiltração de autoanticorpos.

Fisiologicamente, os anticorpos contra peroxidase tireoidiana e/ou tireoglobulina causam destruição gradual dos folículos da glândula tireóide. Portanto, a doença pode ser detectada clinicamente por meio da procura desses anticorpos no sangue. Assim, a Tireoidite de Hashimoto é caracterizada pela invasão do tecido da tireóide por leucócitos, principalmente linfócitos T. Sintomaticamente, todo sistema de órgãos diminui suas funções. Consequentemente, o cérebro se lentifica, tornando a concentração difícil. O intestino também fica mais lento, causando constipação, e o mesmo acontece com o metabolismo, causando ganho de peso, fadiga e sintomas depressivos.

Doença de Graves

A doença de graves é uma desordem do sistema autoimune que resulta em uma superprodução de hormônios da tireoide (hipertireoidismo). A doença de Graves é também a causa mais comum de hipertireoidismo severo que é acompanhado por mais sinais e sintomas clínicos e alterações laboratoriais, se comparada com formas mais brandas de hipertireoidismo (Iglesias, Devora, et al., 2009).

Na doença de Graves o sistema imunológico produz anticorpos chamados imunoglobina estimuladora da tireoide. Esses anticorpos se ligam/anexam aos receptores dos hormônios estimuladores da tireoide, os quais estão localizados nas células que produzem hormônios tireoidianos na glândula tireoide (células foliculares) e cronicamente os estimulam, resultando em uma produção anormalmente elevada de hormônios da tireoide (Saravanan & Dayan, 2001). Isso causa os sintomas clínicos do hipertireoidismo e o aumento da glândula tireoide (visível como um bócio). Aproximadamente 25% a 30% das pessoas com doença de Graves, também terão oftalmopatia de Graves, uma protrusão de um ou ambos os olhos causada pela inflamação dos músculos oculares por ataque de autoanticorpos. Outros autoanticorpos, imunoglobulinas de crescimento da tireoide e imunoglobulinas inibidoras do ligante de tireotropina também foram observadas. Outras observações também relataram infiltrações de linfócitos B e T (Wang, Chen, et al., 2007).

A doença de Graves pode apresentar uma variedade de sintomas relacionados com hipertireoidismo, incluindo bócio difuso (aumento da glândula tireoide), pulso rápido, perda de peso e tremor. Além disso, algumas pessoas com doença de Graves exibem sintomas exclusivos a essa forma de hipertireoidismo, incluindo oftalmopatia (olhos saltados), e raramente, mixedema pré-tibial (inchaço das canelas). Os sintomas da doença de Graves resultam em parte do hipertireoidismo e em parte como uma consequência do autoataque autoimune.

Fibromialgia

Derivada do Latin *fibro-*(tecidos fibrosos) e do Grego *myo-*(músculo) e *algos-*(dor), a fibromialgia se manifesta como dor muscular e do tecido conjuntivo e uma resposta dolorosa acentuada à pressão leve ou moderada. Outros sintomas podem incluir formigamento da pele, espasmos musculares prolongados, fraqueza nos membros, dores nos nervos, contração muscular e palpitações. Embora a fibromialgia seja classificada com base na presença de dor crônica generalizada, a dor pode também ser localizada em áreas tais como ombros, pescoço, parte inferior das costas, quadris ou outras áreas.

Outros sintomas comumente atribuídos à fibromialgia que podem possivelmente aparecer devido a distúrbios de comorbidade (co-ocorrência) incluem os seguintes: síndrome de dor miofascial, parestesias não-dermatomal difusas, distúrbios intestinais funcionais e síndrome do intestino irritável, sintomas urogenitais e cistite intersticial, distúrbios dermatológicos, dores de cabeça, contrações mioclônicas e hipoglicemia sintomática. Vinte a trinta por cento dos pacientes com AR e LES também podem ter fibromialgia (Yanus, 2007).

Um perfil imunoinflamatório é apoiado por estudos que relatam níveis elevados de citocinas proinflamatórias (Maes et al., 1999; Thompson & Barkhuizen, 2003). Evidência adicional de ativação imunológica na fibromialgia é fornecida por observações do aumento de células NKT e autoanticorpos linfócitos T (Fries, Hesse, Hellhammer, & Hellhammer, 2005).

Doença de Crohn

A doença de Crohn se apresenta como uma doença inflamatória dos intestinos que pode afetar qualquer parte do trato gastrointestinal, causando uma larga variedade de sintomas.

Fundamentalmente ela causa dor abdominal, diarreia (que pode ser sanguinolenta se a inflamação está muito alta), vômito ou perda de peso. Pode também causar complicações fora do trato gastrointestinal, tais como erupções cutâneas, artrite, inflamação nos olhos, fadiga e falta de concentração. Também conhecida como doença inflamatória intestinal, ela normalmente se manifesta no trato gastrointestinal e pode ser categorizada pelo trato ou região específica afetada. Pode afetar tanto o íleo (a última parte do intestino delgado, que se liga ao intestino grosso) e o cólon (intestino grosso). A ileocolite representa 50% dos casos. A ileíte, manifestada apenas no íleo, representa 30% dos casos, enquanto a colite, do intestino grosso, representa o restante dos 20% dos casos e pode ser particularmente difícil de distingui-la da colite ulcerativa (Baumgart & Sandborn, 2007).

A doença de Crohn se manifesta como uma doença autoimune, com inflamação estimulada por uma citocina inflamatória hiperativa e consequente resposta variada de células T e autoanticorpos (Cobrin & Abreu, 2005; Elson et al., 2007). Observações similares de altos níveis de citocina TNF-alfa têm sido associadas com o desenvolvimento da inflamação intestinal na doença de Crohn (Behm & Bickton, 2008).

Lúpus Eritematoso Sistêmico

O lúpus eritematoso sistêmico é uma doença autoimune sistêmica ou doença autoimune do tecido conjuntivo que pode afetar qualquer parte do corpo. Como ocorre em outras doenças autoimunes, o sistema imunológico ataca as células e tecidos saudáveis do corpo, resultando em inflamação e dano tecidual. É uma reação hipersensitiva causada por formações complexas anticorpo-imunológicas. Lúpus eritematoso sistêmico na maioria das vezes prejudica o coração, articulações, pele, pulmões, vasos sanguíneos, fígado, rins e sistema nervoso. O curso da doença é imprevisível, com períodos de doença (chamado de chamas ou 'flares'), alternando com remissões (ver Rahman & Isenberg de 2008, para uma revisão).

Os autoanticorpos, tais como anticorpos antinucleares, visto no lúpus sistêmico são dirigidos contra antígenos nucleares, tais como nucleossomos, DNA e proteínas histonas encontradas dentro do corpo das células e do plasma. Assim, estes autoanticorpos estão envolvidos no desenvolvimento da doença, ou por meio da formação de complexos imunes que se alojam em órgãos-alvo, destruindo a função normal dos órgãos, ou por reação cruzada com antígenos alvo, danificando tecidos. Dito de outra forma, o aspecto sistêmico desta doença é impulsionado pelo fato de que estes anticorpos atacam a célula, *sistemicamente*, atacando o núcleo e o DNA. Mais dano sistêmico é alcançado pelo fato de que as células de qualquer sistema de órgãos pode ser alvo, em oposição a sistemas de órgãos específicos, tais como aqueles atacados na Tireoidite de Hashimoto, doença de Graves, ou doença de Crohn.

Artrite Reumatoide

A artrite reumatoide é uma doença inflamatória sistêmica crônica, que pode afetar muitos tecidos e órgãos, mas que ataca principalmente as articulações. O processo produz uma resposta inflamatória da membrana sinovial (fluido lubrificante dentro da articulação), secundário à hiperplasia (um crescimento acentuado no número de células) de células sinoviais, resultando em excesso de líquido sinovial e o desenvolvimento do pannus (tipo anormal de tecido fibrovascular que cresce de uma forma parecida com o câncer) na membrana sinovial. A patologia do processo da doença conduz frequentemente à destruição da cartilagem e das juntas. Artrite reumatoide também pode produzir inflamação difusa nos pulmões, coração, pleura (cavidade em torno dos pulmões), e esclera (o branco do olho) bem como lesões nodulares, mais comuns em tecidos subcutâneos (abaixo da pele).

Artrite reumatoide tipicamente se manifesta com sinais de inflamação, com as articulações acometidas inchadas, quentes, dolorosas e rígidas, sobretudo no início da manhã ao acordar ou após inatividade prolongada. À medida que a patologia avança, a atividade inflamatória leva a tendões 'amarrados' e erosão e destruição da superfície articular, o que dificulta amplitude de movimentos e leva a acentuada deformidade.

Autoanticorpos de fator reumatoide (criados pelas células B) e células T têm sido detectados na maioria dos pacientes com a doença estabelecida, assim como outro grupo de autoanticorpos, incluindo fator antiperinuclear, autoanticorpos antikeratin e antifilaggrin (De Rycke et al., 2004). Pensa-se que estes anticorpos são criados por IgM e IgG, os quais foram encontrados consistentemente em investigações de AR (Sherer et al., 2005). Independentemente da especificidade dos anticorpos produzidos, a AR claramente se manifesta como uma doença autoimune.

Diabetes tipo 1

Diabetes mellitus tipo 1 (também conhecida como diabetes tipo 1 ou diabetes juvenil) é uma forma de diabetes mellitus, aparecendo tipicamente na adolescência, que resulta da destruição autoimune das células beta produtoras de insulina do pâncreas. A falta subsequente de insulina leva a aumento de sangue e glicose na urina. Os sintomas clássicos de diabetes tipo 1 incluem poliúria (micção freqüente), polidipsia (sede aumentada), polifagia (aumento da fome), fadiga e perda de peso (Cooke & Plotnick, 2008). Embora se apresente tipicamente na adolescência, ela pode se apresentar em idades mais precoces ou mais tarde.

O processo que parece ser o mais comum é uma resposta autoimune (ataque) contra células beta produtoras de insulina que envolve uma expansão de células T autorreativas, células B produtoras de autoanticorpos, e, em geral, a ativação do sistema imune inato (Bluestone, Herold & Eisenbarth, 2010). Por conseguinte, exame do pâncreas revela infiltração por linfócitos T e autoanticorpos produzidos por células B. Por definição, o diagnóstico de diabetes tipo 1 pode ser feito primeiramente pelo aparecimento dos sintomas e/ou sinais clínicos. Entretanto, o achado de linfócitos e autoanticorpos é a pedra angular de um diagnóstico correto. Por outro lado, resultados positivos para estes anticorpos podem ocorrer antes dos típicos sintomas diabéticos e isso é chamado de diabete autoimune latente.

Distrofia Simpático-Reflexa - Síndrome de Dor Regional Complexa

A distrofia simpático-reflexa (DSR), também denominada síndrome de dor regional complexa (SDRC), é uma doença crônica progressiva caracterizada por dor intensa, inchaço e alterações na pele. Outros sinais clínicos incluem edema e fluxo sanguíneo descontrolado para a pele. Estas alterações de sensibilidade à dor e inchaço evocados não se restringem a um único ou a específicos territórios neurais periféricos e são frequentemente desproporcionais em termos de gravidade em relação à lesão precipitante. Em outras palavras, os sintomas de SDRC geralmente se manifestam perto do local de uma lesão, que é normalmente menor. Os sintomas globais mais comuns são queimação e sensações tipo elétricas, descritas como "pontadas". As pessoas também experimentam espasmos musculares, inchaço local, sudorese anormalmente aumentada, alterações na temperatura da pele (geralmente quente, mas por vezes frio), mudanças na cor da pele (vermelho brilhante ou violeta avermelhado), amolecimento e afinamento dos ossos, rigidez ou amolecimento articular, perda ou crescimento de cabelos, e/ou movimentos limitados ou dolorosos.

Recentemente, evidências de um aumento nos processos imunoinflamatórios na mediação de DSR/SDRC tornaram-se mais claras (ver Huygen, Bruijn, Klein & Zijlstra, 2001, e Watkins & Maier, 2005), para análises). Em particular, citocinas inflamatórias tais como TNF-alfa e interleucina-6, têm se mostrado envolvidas na mediação da dor. Em alguns casos, estas citocinas foram também encontradas externamente, em bolhas na pele afetada. Portanto, nós temos mais uma prova de que, embora os processos imunológicos sejam altamente adaptativos quando dirigidos contra os agentes patogênicos ou células cancerosas, eles também podem ser dirigidos contra o sistema nervoso periférico.

A maioria dos casos de DSR ou SDRC se originam em áreas anteriormente envolvidas em lesões banais ou sem complexidade, tais como contusões, distensões, ou fraturas sem complexidade. Em muitas destas lesões, danos pequenos ocorrem nos neurônios, particularmente na mielina, o isolamento neural em torno do axônio. Isto libera proteínas neurais que estão normalmente encapsuladas e escondidas dentro da bainha de mielina (Watkins & Maier, 2005). Em circunstâncias normais isso não representa qualquer problema. No entanto, em um ambiente de hipocortisolemia e seu consequente equilíbio imune inflamatório, estas neuroproteínas inofensivas estão agora sendo vistas como não-próprias por citocinas inflamatórias, tais como TNF-alfa e interleucina-6, desencadeando o ataque de células T, micrófagos e anticorpos de células B. Este ataque imunológico dos nervos periféricos é consistente com a produção dos perfis sintomáticos de DSR/SDRC.

Esclerose Múltipla

A esclerose múltipla (EM) é uma doença inflamatória na qual o isolamento de ácidos graxos da bainha de mielina em torno dos axônios do cérebro e os neurônios da medula espinhal são danificados, levando à desmielinização e cicatrizes, bem como um amplo espectro de sinais e sintomas (Compton & Coles, 2008). A esclerose múltipla afeta a habilidade de células nervosas no cérebro e medula espinhal de se comunicarem umas com as outras de forma eficaz. Lembre-se de que células nervosas se comunicam por meio do envio de potenciais de ação a longas fibras chamadas axônios, que estão dentro de uma substância isolante chamada mielina. A esclerose múltipla pode produzir praticamente qualquer sintoma ou sinal neurológico, incluindo os seguintes: mudanças na sensação como perda de sensibilidade ou formigamento, agulhada ou dormência, fraqueza muscular, espasmos musculares, dificuldade em se mover, dificuldades na coordenação e equilíbrio (ataxia), problemas na fala e na deglutição, problemas visuais, fadiga, dor aguda ou crônica e dificuldades do intestino e da bexiga. Comprometimento cognitivo de vários graus e sintomas emocionais de depressão ou humor instável são também comuns.

Na EM, o próprio sistema imunológico do corpo parece atacar e danificar a mielina (Compton & Coles, 2002). Quando a mielina é perdida, os axônios não podem mais efetivamente conduzir sinais. O nome *esclerose múltipla* refere-se a cicatrizes (também conhecidas como placas ou lesões), particularmente na substância branca do cérebro e medula espinhal, que é composta principalmente de mielina. Na EM, o processo inflamatório parece ser causado por linfócitos T. Evidências de modelos animais apontam também para um papel das células B em adição às células T no desenvolvimento da doença (Iglesias, Bauer, Litzenberger, Schubart & Linington, 2001). Consequentemente, células T parecem reagir à mielina como estrangeira (não-própria) e atacá-la como se fosse um vírus invasor. Isso desencadeia processos inflamatórios, estimulando outras células do sistema imunológico e fatores solúveis tais como citocinas e anticorpos. Vazamentos se formam na barreira hematoencefálica, que por sua vez causa uma série de outros efeitos nocivos, como inchaço, ativação de macrófagos e mais ativação de citocinas e outras proteínas imunes destrutivas.

Síndrome da Fadiga Crônica

Síndrome da fadiga crônica é o nome mais comum utilizado para designar um distúrbio (ou grupo de distúrbios) médico significativamente debilitante geralmente definido pela fadiga persistente acompanhada de outros sintomas específicos por um período mínimo de 06 meses, não devidos a esforço contínuo, não substancialmente aliviados pelo repouso, e não causados por outras condições médicas (Sanders & Korf, 2008). Os sintomas da SFC incluem mal estar pós-esforço, sono não repousante, dores musculares e articulares generalizadas, garganta dolorida, dores de cabeça de um tipo não experimentado anteriormente, dificuldades cognitivas e exaustão mental e física crônicas e muitas vezes severas. Anticorpos, tais como autoanticorpos antinucleares, comumente encontrados em outras doenças autoimunes, têm sido encontrados em pacientes com SFC (ver Ortega-Hernandez & Shoenfeld, 2009, para análise). Além disso, autoanticorpos IgM, IgG e IgA foram também encontrados em pessoas com SFC (Hokama et al., 2009).

Como função imunológica aumentada parece ser o mecanismo subjacente, suspeita-se que a SFC possa ser uma resposta generalizada ou comórbida a um dos distúrbios imunológicos indicados anteriormente. Assim, muitos pacientes com SFC parecem ter outros problemas médicos ou diagnósticos relacionados. Comorbidade com fibromialgia é comum, onde somente os pacientes com fibromialgia mostram respostas anormais à dor (Bradley, McKendree-Smith & Alarcón, 2000). Fibromialgia ocorre em uma grande porcentagem de pacientes com SFC entre o início e o segundo ano da patologia, e alguns pesquisadores sugerem que a fibromialgia e SFC estão relacionadas. Como mencionado, muitas pessoas com SFC também apresentam sintomas de doença inflamatória intestinal ou doença de Crohn, dor na articulação temporomandibular, cefaléia incluindo enxaquecas e outras formas de mialgia (dor muscular).

Padrões e Conclusões

Temos fortes evidências de diminuição da atividade adrenal, manifestada pela diminuição da liberação de cortisol, em pacientes com uma *miríade* de doenças corporais. Esses males têm sido relacionados com experiência traumática, e parece haver uma considerável sobreposição de sintomas entre eles, sugerindo um espectro de transtornos relacionados com perfis neuroendócrinos semelhantes. Nos casos dessas doenças onde o TEPT não está presente, suspeita-se, com base nos dados acima referidos, que essas situações podem sugerir hipocortisolemia resultante da programação de glicocorticoides (cortisol) na vida intrauterina, onde as mães desses pacientes apresentaram TEPT durante o período de gestação, passando assim seu perfil neuroendócrino para seus bebês. No entanto, mais estudos são necessários para comprovar este fenômeno particular.

Os dados desses transtornos também corroboram a explicação de Raquel Yehuda sobre a aparente discrepância nos estudos de cortisol no TEPT, onde ela argumenta que as incoerências e falhas metodológicas são a base dos resultados mistos. Portanto, a evidência consistente de hiperimunidade em cada um desses distúrbios é totalmente coerente com um perfil neuroendócrino hipocortisolêmico subjacente.

Os dados dos estudos de cortisol e SSEM também ressaltam a diferença aparente entre sintomas somatoformes de trauma (i.e., aspectos da memória procedural que são expressos, ou dissociados, em forma somática) e *verdadeiras doenças clínicas* que podem ter o trauma como um suposto efeito causal. Como vimos acima, é crucial que compreendamos e sejamos capazes de diferenciar sintomas somáticos ou somatoformes e estas doenças imunoinflamatórias. Compreender estas diferenças tem sua maior importância no que diz respeito às implicações do tratamento. Sintomas somáticos, muitas vezes conceituados como manifestações do trauma no corpo, são muitas vezes efetivamente usados como alvo e tratados com terapia EMDR como parte de um tratamento de trauma abrangente e feito em fases. No entanto, pacientes que apresentam dificuldades psicológicas (estando ou não relacionadas a trauma) e SSEM devem também ser encaminhados para tratamento com endocrinologistas, oncologistas ou imunologistas, a fim de tentar regular novamente a função hiperimune nestes pacientes, o que é, aparentemente, a causa de suas doenças. Percorreremos isto em detalhes no capítulo seguinte, onde exploramos as implicações destes fundamentos neurobiológicos no tratamento por dessensibilização e reprocessamento por meio dos movimentos oculares.

Uri Bergmann

Capítulo 9

Relacionando Consciência, Desenvolvimento Neural e Tratamento

Desenvolvimento Neural, Consciência e EMDR

Finalmente, chegamos à terapia EMDR, conforme exploramos as implicações das questões acima mencionadas no modelo de processamento adaptativo de informação (PAI) e os princípios de tratamento que dele emergem. Refletindo sobre o material exposto, uma série de perguntas vêm à mente. Como pode uma apreciação dos dados e ideias acima mencionados nos ajudar a entender exatamente como o cérebro e a mente se transformam durante a psicoterapia? Como podemos utilizar esse conhecimento sobre a neurobiologia da consciência e sobre o desenvolvimento humano para melhorar nossas técnicas terapêuticas? Este conhecimento neurobiológico pode ser utilizado como um núcleo central de compreensão, ao invés das inúmeras teorias psicológicas sobre psicoterapia, que muitas vezes são mais divisionistas do que unificadoras?

A resposta a estas perguntas é, felizmente, sim. Como veremos, a compreensão da neurobiologia do 'self' e do amadurecimento e desenvolvimento humanos irá tornar mais claras muitas das questões que têm aborrecido e dividido nosso campo de atuação. A mente inconsciente/implícita é importante? A ênfase no processamento do hemisfério esquerdo, verbal e simbólico, que domina a nossa área de atuação deveria continuar? O campo ou vórtice relacional que envolve terapeutas e pacientes é de fato importante? Transferência e contratransferência são importantes ou apenas artefatos de uma velha teoria?

Exatamente como o cérebro e a mente mudam durante a psicoterapia é o mistério fundamental que a composição neurociência-psicoterapia buscam compreender. Daniel Siegel (1999) observa que, na maior parte dos casos, como clínicos, mergulhamos nas histórias e lutas das pessoas que vêm a nós procurando ajuda para *superar* velhos padrões mal adaptativos de pensamento, comportamento, emoção e relacionamentos. Como já vimos, tanto os padrões adaptativos e mal adaptativos que nossos pacientes trazem à terapia foram desenvolvidos no contexto de interações relacionais com outras pessoas e seus sistemas nervosos.

Isto é, com poucas exceções, tais como os casos de transtorno de stress pós-traumático tipo I (TEPT), seus problemas são predominantemente de *desenvolvimento*. Consequentemente, o crescimento humano dentro da psicoterapia pode muito bem exigir o envolvimento, a disponibilidade e a mobilização estratégica de um campo desenvolvimental e relacional similares. Assim, esta perspectiva da *neurobiologia interpessoal*, a compreensão de como nossas mentes se desenvolvem e processam informações em relação à mentes dos outros, pode fornecer insights poderosos sobre como a mente funciona e se desenvolve dentro da psicoterapia.

O Modelo PAI

O modelo PAI (Shapiro, 2001) é uma heurística neurobiológica baseada no conceito de redes neurais e indica uma mudança de paradigma da teoria psicológica em direção à neurocientífica. Assim, serve como a fundamentação teórica que explica e prevê os efeitos do tratamento da terapia EMDR (Shapiro, 2001).

O Modelo PAI e Processamento de Informação

O modelo PAI tem como hipótese um sistema de processamento de informação fisiologicamente baseado que assimila novas experiências em redes de memória já existentes. Estas redes de memória são consideradas a base da percepção, atitudes e comportamento. As percepções das situações atuais são automaticamente *vinculadas* com redes de memória associadas. Assim, o PAI vê o processamento de informação como a vinculação de redes neurais relacionadas com nossa experiência, as quais incluem pensamentos/crenças, imagens, emoções e sensações.

As observações e hipóteses do PAI em relação ao processamento de informação são consistentes com os resultados das pesquisas citados acima sobre vinculação neural e mapeamento. O foco do PAI em *crenças, imagens, sentimentos e sensações* é consistente com as pesquisas, na medida em que tem como alvo os blocos de construção que constituem a consciência. Além disso, os pensamentos e convicções que constituem as crenças negativas e positivas, dois dos pilares do tratamento da terapia EMDR, são os resultados preditivos do processamento de informação. Portanto, quando crenças negativas estão distorcidas ou imprecisas, elas são evidência de processamento de informação *preditivo* defeituoso. Lembre-se de que a previsão, continuamente operativa em níveis conscientes, inconscientes e reflexivos, permeia a maioria, se não todos os níveis de funcionamento do cérebro e é o produto evolutivo predominante de todo o processamento de informação.

Como outras espécies de animais, processamos informações a fim de gerar previsões sobre o ambiente (seguro, perigoso, venenoso ou nutritivo?) e sobre aqueles que nos rodeiam (seguro, confiável, perigoso?). No entanto, nós, humanos, também geramos previsões sobre nós mesmos (bom, mau, capaz, impotente?). Francine Shapiro (2001) observa que quando o processamento de informação e suas resultantes previsões tornam-se prejudicados, as distorções levam consistentemente a crenças preditivas *autolimitantes e/ou autodenegridoras*, geralmente manifestadas como "Eu sou mau", "Eu sou impotente" ou "Eu sou desprezível". Consequentemente, as crenças positivas (previsões adaptativas; "Eu sou OK", "Eu sou competente" ou "Eu sou digno") não estão disponíveis de forma *interligada* e não se crê, portanto, que sejam verdadeiras. Mesmo quando estas crenças positivas estão disponíveis de forma abstrata ou semântica, sua vinculação neural prejudicada as torna isoladas, impedindo-as então de serem verdadeiramente e *coerentemente verossímeis*.

O Modelo PAI e Patologia

O modelo PAI afirma que a patologia ocorre quando eventos traumáticos, estressantes ou confusos interferem com o processamento de informação e com a criação de conexões entre diversas redes neurais. O modelo declara que um incidente particularmente aflitivo pode se tornar armazenado de maneira disfuncional, de forma especificamente relacionada ao estado em que foi vivido, congelado no tempo em sua própria rede neural, incapaz de se conectar com outras redes de memória que armazenam informação adaptativa.

Em outras palavras, a fragmentação dissociativa atribuível aos efeitos da excitação do sistema nervoso autônomo, secundária ao estresse, pode interferir com o PAI e, consequentemente, com a sua vinculação associativa da informação[9]. Consequentemente, ao tentar acessar novamente as redes neurais relacionadas a uma experiência traumática ou temerosa, uma reativação estado-dependente do mesmo processo fragmentário dissociativo provavelmente interfere mais uma vez com a vinculação adaptativa da informação para o contexto presente, contribuindo assim para a natureza atemporal (ou congelada no tempo) das memórias traumáticas, ao invés de sua integração na experiência presente (por exemplo, "não está mais acontecendo", "está no passado", "acabou").

Como resultado, as experiências não são adequadamente processadas, tornando-se assim suscetíveis a recordação disfuncional em relação ao tempo, lugar e contexto e a serem experimentadas de forma fragmentada. Como resultado, novas informações, experiências positivas e emoções não conseguem se *conectar* funcionalmente com a memória traumática. Este comprometimento conduz a uma continuação dos sintomas traumáticos (ou não-traumáticos) e ao desenvolvimento de novos disparadores. Como exemplo, um veterano de combate com TEPT provavelmente será disparado e ficará com medo de um ataque iminente, como resultado de ver um grupo de helicópteros sobrevoando sua casa. Os helicópteros, suas lembranças do passado e seu estado emocional no momento e durante a guerra não estão ligados *contextualmente* (Vietnã versus Estados Unidos) ou *temporalmente* (1960 versus atualmente) e, portanto, são experimentados de forma fragmentada, desvinculada e fora de contexto.

As afirmações do PAI em relação a patologia também são consistentes com as pesquisas observadas acima sobre as diversas formas de TEPT ou dissociação estrutural. Estes dados que evidenciam ativação talâmica prejudicada ou conectividade neural talâmica prejudicada, e o resultante prejuízo do acoplamento neural (mapeamento espacial) e integração neural (mapeamento temporal), são consistentes com as observações do PAI de que a vinculação associativa da informação é prejudicada no processamento de informação mal adaptativo, levando assim à fragmentação da informação memorial, cognitiva, afetiva ou somatossensorial.

---

[9] Nota da Tradutora: este termo refere-se ao processo de estabelecer conexões associativas entre diferentes redes de informação ou cadeias de memória.

Lembre-se de que mapas espaciais são mapas neurais de sistemas de informação vinculados (oscilando em suas próprias frequências de assinatura) que devem ser sincronizados/ligados com relação à frequência e temporalmente (em tempo real), criando assim mapas neurais temporais. Portanto, *vinculação neural* é o processo que congrega os vários fragmentos da informação (sensorial, perceptual, emocional, cognitivo, de memória e somatossensorial), ao passo que *integração neural* é o processo que sincroniza as várias oscilações de frequência de assinatura dos diversos fragmentos ligados a uma *ressonância de frequência de rede* que os integra de forma coerente e temporalmente. O fato de uma memória poder ser vivenciada como *congelada no tempo em sua própria rede neural*, e, portanto, ser incapaz de se conectar com outras redes de memória que armazenam informação adaptativa, só pode ser resultado de uma vinculação ou integração prejudicada, não necessariamente de um armazenamento prejudicado.

O Modelo PAI e Tratamento de terapia EMDR
O modelo PAI afirma que a terapia EMDR medeia o acesso à informação armazenada de forma disfuncional, estimulando os mecanismos de processamento neural inerentes por meio dos protocolos e procedimentos padronizados (incluindo a estimulação sensorial bilateral), facilitando a junção com informações adaptativas contidas em outras redes de memória. Como resultado de um tratamento bem sucedido, é postulado que a memória já não está mais isolada, mas devidamente integrada na rede de memória maior. Consequentemente, o acesso da informação ligada de forma adaptativa é vivenciado como integrado, inteiro e adequado ao contexto atual.

A partir de nossas observações clínicas dos últimos 22 anos, é verdadeiro que o EMDR medeia o acesso à informação *vinculada* (ou ligada) de forma disfuncional, facilitando assim a junção com informações adaptativas contidas em outras redes neurais. Assim, a terapia EMDR parece reconfigurar os mapas de informação neuralmente fragmentados, permitindo-lhes se ligarem e/ou se vincularem de forma adaptativa.

Relacionando PPD/Conexionismo, Integração Temporal e PAI

Os modelos de processamento paralelo e distribuído (PPD) e integração temporal, como um quadro abrangente de processamento de informação, permitem-nos uma outra forma de articular os princípios do PAI, como se segue: em condições ideais, novas experiências tendem a ser assimiladas por um sistema de processamento de informação que facilita a sua vinculação e integração (mapeamento neural) com redes de memória já existentes associadas com experiências categorizadas de forma semelhante. A vinculação destas redes de memória tende a criar uma base de conhecimento *preditivo* que inclui fenômenos como crenças, expectativas e medos. Como observamos no Capítulo 5, quando uma memória é acessada de forma adaptativa, está ligada a sistemas emocionais, cognitivos, somatossensoriais e temporais/de memória que facilitam a sua precisão e adequação em relação ao tempo, lugar e situação contextual.

Eventos traumáticos ou perturbadores podem ser codificados de forma mal adaptativa na memória, resultando em vinculação ou integração inadequada ou prejudicada com redes de memória contendo informações mais adaptativas. Acredita-se que a patologia seja resultado da falta de consolidação e interligação entre os diferentes aspectos da memória, cognição, afeto e experiência somatossensorial.

Como consequência, as experiências permanecem ligadas de forma disfuncional dentro dos sistemas emocional, cognitivo, somatossensorial e temporal/de memória. As memórias, então, tornam-se suscetíveis a recordação disfuncional em relação ao tempo, lugar e contexto e podem ser vivenciadas de forma fragmentada. Assim, novas informações, experiências positivas e afetos não conseguem se conectar de forma funcional com a memória perturbadora. Da mesma forma, as emoções, cognições e sensações somatossensoriais também podem ser vivenciadas de forma fragmentada. Esta deficiência na vinculação ou integração conduz a uma continuação dos sintomas e ao desenvolvimento de novos disparadores.

Os procedimentos da terapia EMDR facilitam o acesso aos componentes experienciais ligados de forma disfuncional, permitindo que eles sejam interligados e vinculados e, assim, integrados nos sistemas emocional, cognitivo, somatossensorial e temporal apropriados. Isso facilita o processamento eficaz de eventos de vida traumáticos ou perturbadores e das crenças associadas, em direção a uma resolução adaptativa.

O Protocolo de Oito Fases

O tratamento de EMDR, desde o primeiro até o último momento, quer abrangendo de 1 a 3 sessões de 90 minutos ou muitos anos, é organizado por uma estrutura de oito fases. O número de sessões comprometidas com cada fase às vezes varia muito, baseado em necessidades terapêuticas individuais e situações diagnósticas. O leitor é remetido a Shapiro (2001) para mais detalhes e elaborações.

Fase 1, História Clínica

Uma história cuidadosa é tomada em várias dimensões para identificar alvos críticos para processamento. Em relação ao protocolo de três etapas (passado, presente e futuro), uma exploração é realizada para identificar (a) experiências passadas que estão na base da disfunção, (b) situações atuais que agem como disparadores, e (c) modelos futuros que anteveem ansiedade frente a comportamento e funcionamento futuros.

A partir das perspectivas clínica e neural combinadas, nós utilizamos a anamnese para dar e recolher informação essencial. No nível mais básico, nós e nossos pacientes estamos iniciando a descoberta um do outro, de forma lenta e tímida. Além da observação consciente e cognitiva de hemisfério esquerdo com a qual nós e nossos pacientes estamos mais conscientes e confortáveis, o que está ocorrendo também é a percepção e o fluxo de expressão implícitos, não-conscientes, não-verbais, de hemisfério direito para hemisfério direito, que começou na infância entre nós e nossos cuidadores e que "continua ao longo da vida a ser o principal meio de comunicação afetivo-relacional intuitivamente sentido entre as pessoas" (Orlinsky & Howard, 1986, p. 343).

Com exceção do tratamento de TEPT tipo I e alguns outros poucos cenários de tratamento breve, este campo relacional complexo será o núcleo organizador e a base de todo o tratamento, desde o primeiro contato até a última sessão, quer *percebamos* e cuidemos disso ou não. Se precisarmos tornar o EMDR mais robusto em casos complexos que envolvem estrutura de personalidade, ele é, no entanto, como Mark Dworkin (2005) argumenta, um *imperativo relacional*.

Recorde-se que é o amadurecimento *impulsionado por experiência* do córtex orbitofrontal que é responsável pelo desenvolvimento das disposições de temperamento que fundamentam nossos estilos de personalidade. Nosso *núcleo emocional* biologicamente organizado é tendencioso (ou condicionado) em direção a certas respostas emocionais, que são mediadas pelos modelos neurais (emoções, cognições/crenças e memórias) de nossas experiências de apego iniciais. Assim, experiências interpessoais de vida atual reativam os mapas neurais da infância precoce. Isso ocorre *inconscientemente* e, muitas vezes, independentemente do que está realmente acontecendo, *enviesando* ou *distorcendo*, assim, nossa percepção emocional das interações pessoais.

Portanto, o processamento de estímulos socioafetivos (interpessoais, de apego ou impulsionados pela terapia) é comparado com modelos neurais experienciais impressos na infância precoce, mediando uma *apreciação* inconsciente do significado emocional da situação. Consequentemente, as percepções da informação socioemocional ambiental atual são influenciadas e calculadas em relação aos modelos derivados da infância (modelos de trabalho inconscientes internos) de nossas representações e memórias interativas carregadas afetivamente e pré disposicionais. Voltaremos a isso com mais detalhes mais adiante.

Além do campo relacional que nos envolve, estamos buscando na história pela deficiência no processamento de informação que traz este paciente ao tratamento. Em muitos casos, eventos específicos tornam-se alvos aparentes para processamento futuro. No entanto, em muitos casos, eventos centrais não são aparentes. Muitas neuroses e distúrbios de personalidade se desenvolvem em um *ambiente de disfunção parental* circundante que pode não ter eventos chave agudos ou cruciais. No entanto, os sintomas, as lutas e a dinâmica desses pacientes são sempre impulsionados por processamento de informação preditivo prejudicado, suas crenças negativas. Estas crenças negativas preditivas comprometidas são uma classe de mapas neurais desvinculados que devem ser usados como alvo. Voltaremos a este tema.

Com exceção do TEPT tipo I, uma avaliação do desenvolvimento também é fundamental na medida em que os medos e as crenças (predições) gerados pelo nível de desenvolvimento que o cliente está funcionando refletirão alvos que podem ou não ser explicitamente articulados durante a história ou tratamento. Por exemplo, se um cliente está manifestando organização de personalidade borderline ou TEPT complexo tipo II, as predições podem muito bem se manifestar como temores de aniquilação, de se sentir 'engolido', abandono e/ou perda do amor. Estes receios preditivos são impulsionados pelos modelos/mapas neurais (emoções, cognições/crenças e memórias) de experiências de apego iniciais. E isto pode não ser dito com clareza, se é que será, até meses ou anos após o início do tratamento. A consciência desses temas pelo terapeuta facilitará alvos ou entrelaçamentos sintonizados em relação a seu desenvolvimento e será experimentado pelo cliente como uma atitude empática.

Fase 2, Preparação

Francine Shapiro (2001) observa que a fase de preparação estabelece o enquadre terapêutico e um nível adequado de expectativa para os nossos clientes. Ostensivamente, a preparação prepara o palco para tudo o que vem a seguir.

Além da explicação sobre o tratamento, a preparação é a construção continuada (iniciada logo após o primeiro contato) do ambiente relacional que irá conter, manter e sustentar os nossos clientes no seu processo. Independentemente das suas necessidades de desenvolvimento, este ambiente deve criar uma atmosfera de ser ouvido, compreendido e protegido. Em alguns casos, tais como TEPT tipo I, a preparação poderá durar não mais do que uma sessão. Em casos complexos, tais como neuroses, transtornos de personalidade ou TEPT complexo (transtornos dissociativos), a preparação estará *sempre presente* à medida que tecemos o processo para trás e para frente entre esta fase e a fase de dessensibilização (fases 3 a 6). Nesses casos complexos, podemos ver isto como uma ciclagem de preparação, dessensibilização e re-preparação. Voltaremos ao tema mais adiante.

TEPT Tipo I

O forte efeito do tratamento de EMDR sobre este tipo de TEPT continua a ser incompreensível, depois de 21 anos de experiência com este transtorno. Na maioria dos casos, uma a três sessões de 90 minutos bastam para remissões completas livres de sintomas. Vemos isso através da prática clínica e por meio de investigações que utilizam medidas psicofisiológicas e de neuroimagem. Mesmo quando o TEPT é crônico há uma década ou mais, os resultados são idênticos. Como exemplo, no trabalho com os engenheiros de estrada de ferro (os condutores dos trens), não é incomum que um engenheiro se apresente para o tratamento de EMDR após uma fatalidade recente. Não é de todo raro, aqui em Nova York, que as pessoas parem na frente de um trem por acidente ou de propósito. A partir de experiências anteriores, ou a partir de histórias contadas por engenheiros mais antigos, há um espectro ansioso na mente de todos os engenheiros ao ligarem seus motores dia após dia. Muitas vezes, suas histórias de trabalho contêm tais incidentes críticos, espalhadas ao longo de 10 a 15 anos. Aprendemos que podemos começar focalizando o primeiro incidente, observar a resposta traumática imediata, e esperar que ela remita em 1 ou 2 sessões de 90 minutos. Muitas vezes, percebemos que o incidente recente também foi totalmente ou em sua maior parte, reprocessado, como resultado do reprocessamento do primeiro incidente, de 10 a 20 anos atrás.

Então, por que razão não vemos isso acontecer com neuroses, transtornos de personalidade ou TEPT complexo? Obviamente, a cronicidade e a passagem do tempo não são obstáculos. Não temos respostas definitivas. No entanto, temos informações suficientes para fazer especulações bem informadas. No TEPT tipo I, não importa quão profundo ou debilitante, estamos tentando reparar um sistema neural que, antes do trauma e do aparecimento do TEPT, funcionava de forma adaptativa. Portanto, a questão-chave aqui é que estamos reparando um sistema cujo funcionamento pré-mórbido estava intacto. Por isso, ele só precisa ser restabelecido. Nas neuroses, transtornos de personalidade ou TEPT complexo, estamos lidando com situações que são desenvolvimentais em sua origem, ou seja, elas iniciaram e continuaram ao longo do amadurecimento e do desenvolvimento neural do paciente. Consequentemente, precisam ser vistos como *transtornos do 'self'*, exigindo um tratamento abrangente, orientado com relação ao desenvolvimento, e que se esforça para reparar ou construir a estrutura neural (mapeamento) que ou nunca foi desenvolvida, ou, na melhor das hipóteses, foi desenvolvida de forma incompleta. Voltaremos a isto com mais detalhes ao longo deste capítulo.

Tratamento Complexo de Longo Prazo

Como já vimos anteriormente, muitos aspectos da preparação já começaram na fase 1. Além da descrição e explicação do EMDR, esta fase contém processos de contenção e manejo relacional. Em casos de TEPT complexo grave manifestando-se como transtornos dissociativos ou transtornos dissociativos de identidade, o trabalho com estados de ego é necessário para estabilizar e configurar o tratamento para a presença de alters. Para aqueles que veem a multiplicidade do 'self' como uma linha de desenvolvimento universal, a preparação para estados de ego também pode fazer parte da preparação para transtornos neuróticos ou de personalidade. Então, quais são as implicações dos dados anteriores em relação ao amadurecimento humano, desenvolvimento e consciência, sobre esta fase do tratamento EMDR?

Função Implícita Inconsciente

Desde o início dos tempos da psicoterapia, as questões e os discussões sobre a importância da função inconsciente e implícita persistem. Opiniões sobre esta questão têm dividido o nosso campo e têm polarizado as nossas teorias e a forma como levamos a cabo nosso trabalho. Assim, há uma resposta definitiva para esta questão perturbadora? Quer os dados anteriores sejam ou não definitivos, eles certamente parecem ser consistentemente indicativos da importância da função inconsciente, implícita, dentro e fora da psicoterapia.

Como vimos repetidas vezes, nosso núcleo emocional organizado biologicamente tende em direção a certas respostas emocionais que são, naquele momento, impulsionadas pelos modelos neurais (emoções, cognições/crenças e memórias) de nossas experiências de apego precoces (Bechara et al, 1997). Assim, experiências interpessoais do presente ativam os mapas neurais da infância precoce. Isso ocorre de forma inconsciente e, muitas vezes, independentemente do que está realmente acontecendo, enviesando, assim, nossa percepção emocional das interações pessoais (Hugdahl, 1995).

Lembre-se do Capítulo 6 que a memória emocional e suas emoções resultantes são não-declarativas, pois a memória emocional é derivada de experiência, mas é expressa como uma mudança de comportamento ou estado emocional, e não em forma de lembrança propriamente dita. Consequentemente, nos referimos à memória não-declarativa e sua emoção resultante como *reflexiva* e à memória declarativa e sua lembrança resultante como refletiva. Lembre-se também que Squire e Kandel (1999) defenderam,

> Em grande parte, em virtude do estado inconsciente destas formas de memória. . . surgem as disposições, hábitos e preferências que são inacessíveis à lembrança consciente, mas que, no entanto, são moldadas por acontecimentos passados, influenciam nosso comportamento e da vida mental, e são uma parte importante de quem somos. (p. 193)

Também aprendemos a partir do trabalho de Rodolfo Llinas (1987, 2001) que o cérebro é predominantemente um sistema fechado cuja organização está orientada principalmente para a geração de representações intrínsecas (geradas internamente). Além disso, como observamos acima, o trabalho de Marcus Raichle (2006, 2009) demonstrou claramente que a maioria esmagadora da energia utilizada pelo cérebro é voltada para a nossa realidade interna intrínseca, ao passo que apenas uma pequena quantidade é utilizada para lidar com qualquer aspecto da nossa realidade exterior.

Precisamos reavaliar a ênfase que a maioria dos profissionais dentro de nossa área tem colocado no processamento de hemisfério esquerdo, simbólico, verbal. Isso não significa que precisamos descartá-lo, mas, sim, que é preciso equilibrá-lo com uma compreensão e sensibilidade para os aspectos não-verbais, emocionais e inconscientes da percepção e do processamento, que são invariavelmente expressos e experimentados de forma somática.

Lembre-se de que, desde a sua criação no sentido evolutivo, 'mindedness' (conscientização de processos internos, neste caso, emoção) é a interiorização da ação. Portanto, o mundo das *emoções* é em grande parte um mundo de *ações* realizadas em nossos corpos, desde expressões faciais e posturas até alterações viscerais e no ambiente fisiológico interno. *Sentimentos*, por outro lado, são percepções compostas (ou traduções corticais) do que está acontecendo em nosso corpo enquanto estamos no processo de nos emocionar, junto com a percepção de nosso estado mental durante esse mesmo período.

Transferência e Contratransferência

Se aceitarmos o acima exposto, então os fenômenos de transferência e contratransferência não podem ser ignorados. Com toda certeza, nosso entendimento destes fenômenos tem necessariamente de ser atualizado para acomodar a compreensão de que em todas as interações relacionais significativas, incluindo a relação psicoterapêutica, há mais coisas acontecendo e há mais informações a serem utilizadas terapeuticamente, se nos tornarmos especialmente sensíveis ao campo relacional expresso de forma implícita, de forma não-verbal, entre nós e nossos pacientes. Temos visto claramente que o amadurecimento, desenvolvimento e consciência são mediados por uma neurobiologia orientada pelas relações interpessoais. Estes dados convincentes nos ensinam que se quisermos melhorar nosso trabalho com problemas psicológicos desenvolvimentais, precisamos vê-los como formas de disfunções de apego, quer sejam transtornos neuróticos, de personalidade ou dissociativos. Então, a aplicação desta neurobiologia interpessoal ao tratamento provavelmente exigirá a invocação e catalisação estratégica de um vórtice relacional e de desenvolvimento semelhante.

Implicações Técnicas

O acima exposto reflete vastas implicações teóricas para as nossas teorias sobre a mente e o tratamento. No entanto, o que isso parece na prática? Como isso se integra com a forma como nós já praticamos o EMDR?

George Engel (1988) argumenta,

> Envolvimento interpessoal ... repousa sobre necessidades complementares, *especialmente a necessidade de conhecer e compreender e a necessidade de sentir-se conhecido e compreendido* [grifo nosso] .... A

> necessidade de conhecer e compreender se origina nas capacidades de regulação e de organização do 'self' de todos os organismos vivos de processar informações a partir de um ambiente em constante mudança, a fim de assegurar crescimento ... autorregulação e sobrevivência. Por sua vez, a necessidade de se sentir conhecido e compreendido se origina ... na necessidade ao longo da vida de sentir-se socialmente conectado com outros seres humanos. (pp. 124-125)

Para a maior parte de nós sabe disso e esforça-se para ser agradável e aceito. Podemos utilizar nossas experiências e imaginação empática para nos conectar com os nossos pacientes. No entanto, nossa compreensão sobre a neurobiologia interpessoal pode nos ajudar a ir mais longe na construção de uma matriz relacional que irá reforçar o crescimento estrutural/neural, tornando assim a terapia EMDR mais forte nestes tratamentos complexos de longo prazo.

Daniel Siegel (1999) observa que a capacidade de um indivíduo de *refletir* sobre o estado mental de uma outra pessoa pode ser um ingrediente essencial para o envolvimento emocional. Esta "reflexão sobre estados mentais é mais do que uma habilidade conceitual; ela permite que as mentes dos dois indivíduos entrem em uma forma de ressonância em que cada um é capaz de se *sentir sentido* [grifo nosso] pelo outro" (p. 89). Esta forma intensa e íntima de conexão se manifesta predominantemente sob formas não-verbais de comunicação: expressão facial, olhar, prosódia vocal, movimentos corporais e o momento oportuno de respostas ao outro. Siegel afirma que "*sentir-se sentido* [grifo nosso] é a experiência subjetiva de sintonia entre estados mentais" (p. 149).

Identificação Projetiva

Melanie Klein (1946) originalmente descreveu a identificação projetiva como a projeção de partes boas e más do 'self' para um outro importante. Este conceito tem evoluído e recebido maior atenção, dada a nossa recente valorização dos aspectos relacionais da nossa neurobiologia do desenvolvimento. O leitor é remetido a Bohmer (2010) para uma análise aprofundada da evolução e aplicação deste processo.

A identificação projetiva, por meio da lente de recentes achados neurobiológicos, é atualmente vista como o veículo para que a mãe e o bebê se ajustem às comunicações um do outro em um processo de influência recíproca mútua. É, portanto, o meio de conexão psicobiológica e o veículo de comunicação de estados simbióticos que fundamentam o amadurecimento e desenvolvimento, que são mediados pela matriz relacional bebê-cuidador (Schore, 2003b). É também o veículo que nossos pacientes irão utilizar para comunicar as suas emoções não-verbais, manifestadas de forma somatossensorial. Compete-nos, portanto, nos tornar fluentes neste idioma somático não-verbal.

Identificação Projetiva

Melanie Klein (1946) originalmente descreveu a identificação projetiva como a projeção de partes boas e más do 'self' para um outro importante. Este conceito tem evoluído e recebido maior atenção, dada a nossa recente valorização dos aspectos relacionais da nossa neurobiologia do desenvolvimento. O leitor é remetido a Bohmer (2010) para uma análise aprofundada da evolução e aplicação deste processo.

A identificação projetiva, por meio da lente de recentes achados neurobiológicos, é atualmente vista como o veículo para que a mãe e o bebê se ajustem às comunicações um do outro em um processo de influência recíproca mútua. É, portanto, o meio de conexão psicobiológica e o veículo de comunicação de estados simbióticos que fundamentam o amadurecimento e desenvolvimento, que são mediados pela matriz relacional bebê-cuidador (Schore, 2003b). É também o veículo que nossos pacientes irão utilizar para comunicar as suas emoções não-verbais, manifestadas de forma somatossensorial. Compete-nos, portanto, nos tornar fluentes neste idioma somático não-verbal.

Dissecando a Identificação Projetiva

A fim de compreender a identificação projetiva, podemos desmembrar o conceito em diversos passos. Um resumo destes diferentes passos é o seguinte:

1. Emoções e sentimentos incontroláveis são experimentados por nosso paciente. Estes são projetados em nós. O objetivo

deste processo é projetar esses sentimentos insuportáveis, por exemplo, sentimentos de inutilidade ou ansiedade severa, em nós (ou originalmente no cuidador) para torná-los suportáveis ou controláveis. Além disso, o objetivo e a esperança é que possamos conhecer e sentir essas emoções. Essas projeções são vivenciadas por nós de forma somatossensorial ou afetiva.

2. Há uma pressão inconsciente para que possamos experimentar e absorver esses sentimentos ou sensações e para pensarmos e agirmos de acordo com a projeção.

3. Se a identificação projetiva for bem sucedida, uma ressonância afetiva é criada em nós. Nosso cliente se sente sentido por nós. Uma verdadeira ponte afetiva e empática é criada.

4. Neste processo, se reconhecemos a natureza dessas sensações e emoções e as aceitamos e as observamos, funcionamos como um container. Isso é então reintrojetado pelo nosso cliente e atua como um processo de regulação de afeto, da maneira exata como na matriz adaptativamente simbiótica da criança e do cuidador (Bohmer, 2010; Ogden, 1982).

Do Modelo à Implementação

Vamos retomar nossas questões: como isso se parece na prática? Como isso se integra com a maneira com que já praticamos a terapia EMDR?

Gabriella – Inicio

Eu estava começando a fase preparatória com Gabriella, uma jovem mulher com uma história de abuso na infância. Seu tratamento anterior consistiu em um trabalho com estado de ego (sem EMDR), e ela estava no processo de me informar sobre isso. Tendo em conta que eu pretendia integrar o seu tratamento de EMDR com trabalho de estados de ego, estava ansioso para saber como tinham sido suas experiências. Enquanto falava, tornava-se cada vez mais ansiosa. Depois de um tempo, eu me tornei cada vez mais dominado pela fadiga e sonolência. Parecia que meu sistema nervoso estava tentando se desligar. Felizmente, em minha formação analítica de décadas atrás, meus supervisores sublinhavam a importância da identificação projetiva, particularmente o seu uso em forma de contenção e *compreensão sentida*. Assim que eu percebi estar provavelmente experimentando a sua sensação de estar sobrecarregada e precisando se desligar, para pisar nos freios de seu medo, o meu nível de energia começou a voltar. Essa percepção havia, de fato, processado e *contido* o medo e a necessidade de desligar. Eu ainda estava ciente disso, e na continência, por assim dizer, mas não mais impregnado por isso. Eu continuei a observar e ouvir enquanto ela falava ansiosamente. Não é de se surpreender, no entanto, que depois de mais 15 minutos, seu nível de ansiedade diminuiu sensivelmente.

O que foi negociado entre nós foi muito semelhante à neurobiologia interpessoal que ocorre na matriz bebê-cuidador. Foi completamente não-verbal e não simbólico, mas sim, somatossensorial e relacional. Foi um pedido de ajuda, de calma e de regulação, comunicado na língua prosódica e somatossensorial prototípica original do córtex orbitofrontal de hemisfério direito dela para o meu e vice-versa. O que era tóxico nela, sua sensação de estar sobrecarregada, foi projetado para dentro de mim para que eu pudesse sentir, conter e desintoxicar. Em algum ponto, cerca de 15 minutos após o meu nível de energia ter retornado, fato *sentido* por ela, ela ficou mais calma.

Em uma sessão subsequente, no meio da exploração dos estados de ego, Gabriella relacionou inúmeras experiências de ter estado tão assustada em sua infância que ela não conseguia se mover. Como ela foi se tornando cada vez mais agitada, eu disse algo no sentido de que "parece que o seu medo ficava tão grande que tudo o que você queria era apenas se fechar em um silencioso vazio". Ela olhou para mim, surpresa! Notei uma sensação incomum de calma em mim. Ela apenas olhou para mim em *silêncio* por um longo momento e então lembrou-se espontaneamente de um de seus professores gentis. Sua agitação havia diminuído. Aqui, a oportunidade se apresentou para retornar a sua projeção de uma forma verbal não-tóxica. Em ambos os exemplos, ela pôde experimentar sentir-se sentida, o que permitiu que ela se sentisse compreendida, segura e calma.

Donald Winnicott (1956), ao explorar esse senso de receptividade terapêutica como uma manifestação da díade prototípica original mãe-bebe, observa,

Não acredito que seja possível compreender o funcionamento da mãe no início da vida do bebê sem ver que ela deve ser capaz de atingir este estado de receptividade aumentada. ... Somente se a mãe estiver sensibilizada desta forma que estou descrevendo, ela pode *sentir a si mesma* [grifo nosso] no lugar do bebê, e assim atender às necessidades dele. (p. 302)

Este é apenas um exemplo. Em outros casos, se notarmos e prestarmos atenção, vamos perceber que estamos nos sentindo inquietos, abandonados ou incapazes de prestar atenção ou de nos concentrar. Em outras ocasiões, se prestarmos atenção contínua a nosso *escaneamento corporal*, outras sensações somáticas menos claras podem se manifestar, inicialmente sem sentido aparente. Não haverá perturbação aparente visível em nossos pacientes. Podemos notar um suspiro sutil de ar ou uma mudança em nossa respiração. No entanto, se apenas *observarmos e continuarmos observando*, o material de nossos pacientes ou as interações atuais conosco irão permitir que nosso orbitofrontal os interprete.

Não precisamos processar isso com o hemisfério esquerdo, de forma descendente ('top-down') neurologicamente falando, para compreender cognitivamente. Precisamos fazer o que pedimos aos nossos pacientes no EMDR, apenas observar e deixar o significado aparecer de forma ascendente ('bottom-up'), não-cognitiva. Mesmo quando nenhum significado se torna aparente, conscientemente, nossa observação e sensação serão percebidos por nossos pacientes. Daniel Siegel (1999) observa que "a nossa consciência de mudanças no estado corporal - tais como tensão em nossos músculos, mudanças em nossas expressões faciais, ou sinais do nosso coração ou intestinos - nos permite saber como nos sentimos, *embora o feedback corporal ocorra mesmo sem consciência* [grifo nosso] "(p. 143). Ele observa ainda que "a reflexão sobre sensações internas pode ser a ajuda essencial para saber como outra pessoa pode estar se sentindo" (p. 272).

Neurônios Espelho

Então, como é que esses estados mentais podem ser projetados e introjetados? A neurociência aparece para apontar os *neurônios espelho* como os possíveis mediadores dessa sincronização neural empática.

Os neurônios-espelho são uma classe especial de células cerebrais que disparam não somente quando um indivíduo executa uma ação, mas também quando o indivíduo observa outra pessoa executar a mesma ação. Assim, estes neurônios espelham o estado interno do outro, como se o observador estivesse realizando a mesma ação. Tais neurônios foram diretamente observados em primatas e outras espécies, incluindo aves. O leitor deve consultar Rizzolatti e Craighero (2004) para análise e discussão.

Antes da descoberta dos neurônios espelho, os cientistas geralmente acreditavam que o nosso cérebro usa processos de pensamento lógico para interpretar e prever as ações de outras pessoas. Agora, no entanto, muitos passaram a acreditar que compreendemos os outros não pelo pensamento, mas por meio do sentimento. Os neurônios espelho parecem deixar-nos "simular" não apenas as ações das outras pessoas, mas as intenções e emoções por trás dessas ações. Portanto, pode muito bem ser que nada esteja sendo projetado ou introjetado. Richard Chefetz argumenta,

> Considere as mudanças na experiência de seu corpo como uma indicação de que algo em seus pensamentos e sentimentos mudou em resposta a algo acontecendo em seu paciente .... Tenha o cuidado de se lembrar que nada foi colocado em você, mas já estava lá. (Chefetz & Bromberg, 2004, p. 429)

Nos seres humanos, atividade cerebral compatível com a de neurônios espelho tem sido encontrada no córtex pré-motor, na área motora suplementar, no córtex somatossensorial primário e no córtex parietal inferior (Rizzolatti & Craighero, 2004). Estas são precisamente as regiões neurais que medeiam estados *sentidos*[10] *emocionais internos*. O neurocientista e pesquisador Vilayanur Ramachandran (2000) argumenta que com o conhecimento desses neurônios, podemos ter a base para a compreensão de uma série de

---

[10] Nota da Tradutora: 'felt states' refere-se a um estado de consciência corporal intuitiva, o conhecimento interno ou consciência interna que não é conscientemente pensada ou verbalizada.

aspectos muito enigmáticos da mente humana: "leitura da mente", empatia, aprendizado por imitação e até mesmo a evolução da linguagem. Ele observa, ainda, que a qualquer momento que vemos alguém fazendo alguma coisa (ou mesmo começando a fazer alguma coisa), o neurônio espelho correspondente pode disparar em nosso cérebro, permitindo-nos então ler e compreender as intenções dos outros e, assim, desenvolver uma teoria sofisticada da mente dos outros.

Aparentemente, então, estamos utilizando um scanner corporal operando como pano de fundo em nós mesmos, fazendo uso dele como o órgão receptivo (aparentemente dirigido por neurônios espelho) da linguagem do hemisfério direito. Esta ressonância de estados mentais permite a criação de um sistema diádico corregulador, no qual o estado psicobiológico do paciente é sentido pelo terapeuta e o estado psicobiológico resultante do terapeuta é então sentido pelo paciente (Siegel, 1999). Assim, uma matriz que medeia atenção orientadora, significado sentido e ativação ideal torna-se a fundação, o ambiente que sustenta e o container para a terapia EMDR, tornando-a mais sólida em relação à corregulação e ao crescimento neural.

Fase 3, Avaliação

Com respeito ao que estabelecemos em relação ao processamento da informação, a fase de avaliação funciona como uma tentativa de reunir os sistemas neurais que estão de alguma forma desconectados. Portanto, se estamos usando como alvo um evento chave, estamos reunindo materiais sensoriais tais como memórias pictóricas, que são evocadas quando o evento é recordado. Devemos também avaliar se memória auditiva, olfativa (cheiro), gustativa (sabor) ou qualquer memória tátil é evocada. Avaliamos crenças negativas, as crenças preditivas que são evocadas pela memória do evento, por distorções. Nós procuramos pelas crenças positivas - como crenças adaptativas preditivas desconectadas - e medimos sua credibilidade; então, examinamos a emoção que é gerada (raiva, tristeza) e medimos com as unidades subjetivas de perturbação e procuramos por sua localização no corpo (a emoção verdadeira). Assim, estamos recolhendo material dos sistemas de memória, cognitivo, afetivo e somatossensorial, a fim de submeter esses sistemas à estimulação sensorial e processamento (vinculação e integração adaptativa) do EMDR.

Dissociação e Estados do 'Self'

Como observamos no Capítulo 7, o conceito de multiplicidade do 'self' tem polarizado os profissionais de nossa área em relação a entendê-lo como normativo ou patológico. Daniel Siegel (1999) argumenta que pesquisas sobre o desenvolvimento da criança estão cada vez mais sugerindo que a "ideia de um 'self' unitário e contínuo é na verdade uma *ilusão* [grifo nosso] que nossa mente tenta criar" (p. 229). Por isso, ainda estamos sem rumo certo quanto a decidir onde e quando procurar por manifestação de estados de ego.

Aqueles que acreditam que os estados de ego são apenas manifestações de patologia irão explorar este reino somente em transtornos dissociativos. Aqueles que acreditam que estados de ego são onipresentes e normativos, variando em um espectro de adaptativo a mal adaptativo, irão utilizar sua exploração como parte normal da preparação do EMDR. A consequência desta abordagem é que a fase de avaliação deve ser específica para estados de ego. Ou seja, que os elementos avaliados na fase 3 deverão ser direcionados para um estado de ego específico. Esta alteração na técnica é semelhante ao protocolo de eventos traumáticos recentes, no qual a técnica básica de EMDR é adaptada para acomodar uma fragmentação intrínseca da memória. Aqui a fragmentação intrínseca do 'self' é que é acomodada.

Fase 4, Dessensibilização

Nesta fase, a estimulação sensorial do EMDR, na forma visual, auditiva ou tátil, é utilizada juntamente com vários elementos procedimentais para dessensibilizar a perturbação dos elementos cognitivos, afetivos, de memória e somatossensoriais da questão que está sendo usada como alvo. O leitor é remetido a Shapiro (2001) para mais detalhes e elaboração.

Mudança de Estado Versus Mudança de Traço

Lembre-se de que durante o amadurecimento e o desenvolvimento, os *estados* emocionais que são continuamente mantidos eventualmente se tornam *traços* caracterológicos, constituindo a base do funcionamento intrapsíquico e interpessoal. Portanto, estados calmos e continuamente regulados eventualmente tornam-se traços de autorregulação. Por outro lado, estados traumáticos e cronicamente desregulados, se mantidos e não regulados novamente, eventualmente tornam-se traços de desregulação.

Em EMDR, tentamos facilitar a mudança de estado apenas o suficiente para eventualmente facilitar uma mudança de traço consistente. No TEPT tipo I a estimulação sensorial, principalmente, junto com as etapas procedimentais, combinadas com nossa calma e conduta compreensiva, parecem ser suficientes como a mudança de estado necessária que rapidamente acarreta a remissão dos sintomas e a mudança de traço desejados.

Transtornos Neuróticos, de Personalidade e Dissociativos

Lembre-se de que nas neuroses, transtornos de personalidade ou TEPT complexo, estamos lidando com situações que são de origem desenvolvimental, ou seja, eles começaram e continuaram durante todo amadurecimento e desenvolvimento neural do paciente. Consequentemente, eles precisam ser vistos como distúrbios do 'self', exigindo um tratamento orientado para o desenvolvimento e que se esforça para reparar ou construir estruturas neurais (mapeamento) que nunca se desenvolveram, ou que, na melhor das hipóteses, foram desenvolvidas de maneira incompleta.

Os elementos relacionais que foram explorados em relação à fase de preparação são igualmente, se não mais, importantes aqui. Nossa capacidade de perceber nosso próprio escaneamento corporal e confiar nele para ser o instrumento receptivo de comunicação inconsciente de nossos pacientes, nos manterá em uma empatia sentida ('felt empathy') com o sistema nervoso e o 'self' (ou 'selfs') deles. Esta ressonância de estados mentais vai continuar mantendo um sistema diádico corregulador. Aparentemente, esta matriz relacional sentida ('felt relational matrix') funciona como uma mudança de *estado adaptativa em termos de desenvolvimento* do indivíduo que irá, de modo mais intenso, em combinação com a focalização de EMDR (fases de processamento 3 a 6), facilitar as mudanças de traço que se derivam no processo de desenvolvimento. Então, como isso se parece durante a dessensibilização do EMDR?

Gabriella – Revisitando

No meio de uma sessão, na qual Gabriella e um jovem estado de ego processavam uma crença a respeito de um auto defeito ("há algo muito errado comigo"), ela ficou extremamente aborrecida, tremendo e chorando inconsolavelmente. As tentativas de diálogo interno e de se autoacalmar eram apenas minimamente eficazes. Ela chorava, tremia e me olhava suplicante. Notei um desconforto em mim, inicialmente fraco, mas que aumentava gradualmente. Me senti desconfortável em minha própria pele. Era difícil pensar e ficar parado. Apenas continuei observando, suspeitando que estivesse ressoando algum aspecto de sua experiência interior. De repente suspirei e verifiquei que a minha respiração se aprofundava à medida que eu exalava, e depois de um minuto ou mais, percebi que a respiração anteriormente superficial dela também se aprofundava um pouco. Ela continuou chorando, mas o tremor foi gradualmente diminuindo. Não surpreendentemente, a sensação em mim também foi diminuindo. Estava me perguntando se deveria tentar verbalizar, de alguma forma, o que acabara de acontecer. Ainda chorando, ela retomou espontaneamente o processamento. E isso respondeu à minha pergunta. O que aconteceu deveria permanecer sentido entre nós, mas não dito, por enquanto.

Espelhamento Relacional

Mais uma vez, o que estava sendo esmagador e tóxico para Gabriella foi transmitido a mim, a fim de que eu soubesse, sentisse, desse contenção e desintoxicasse. O meu perceber e a consequente contenção desta experiência foram provavelmente espelhados nela, acalmando-a de certa forma, e regulando-a novamente. Lewis Aron (1998) observa que, gradualmente, paciente e o terapeuta "mutuamente regulam os comportamentos, atuações e estados de consciência uns dos outros de tal forma que cada um se sente na pele do outro, cada um entra na víscera do outro, cada um é respirado e absorvido pelo outro" (p. 26). Da mesma forma, Sands (1997) dispõe que nossos pacientes são motivados a comunicar essas experiências desarticuladas para nós por meio da identificação projetiva, a fim de "ter sua comunicação visceralmente recebida, contida, 'vivida', simbolizada, e devolvida de tal forma que se conhece o paciente de 'dentro para fora' "(p. 26)

Agora é a neurociência, além da teoria psicanalítica, que tem nos impressionando para não ignorarmos o fato de que o reconhecimento do afeto inicialmente ocorre em um nível físico, onde sentimos por meio de reações no nosso corpo um tanto do que a outra pessoa sente, e transmitimos este reconhecimento por meio das nossas respostas corporais, como um suspiro súbito ou uma mudança em nossa respiração, postura ou expressão facial. Em suma, a neurociência está nos dizendo para orientarmos nossos pacientes a estarem mais conscientes do que está acontecendo em seus corpos, ou seja, perceber suas emoções expressas no corpo, tanto quanto, se não mais, do que os seus sentimentos. Ela está nos dizendo para fazer o mesmo. Phillip Bromberg (1998c) postula incisivamente que "a experiência dissociada, portanto, tende a permanecer não-simbolizada pelo pensamento e linguagem, existe como uma realidade separada sem autoexpressão, e é extirpada do ... o resto da personalidade "(pág. 133).

Ressonância Relacional

Daniel Siegel (1999), em uma síntese lúcida e atraente sobre experiência subjetiva, neurociência e o contexto interpessoal do desenvolvimento do 'self', argumenta que padrões disfuncionais enraizados de organização de 'self' exigem um relacionamento interpessoal na psicoterapia, onde,

> Terapeuta e paciente entram em estados mentais ressonantes, que permitem a criação de um sistema diádico corregulador.... Desta forma, há uma ressonância direta entre o estado emocional, psicobiológico primário do paciente e do terapeuta. Estas expressões não-verbais são mediadas pelo hemisfério direito de uma pessoa e percebidas pelo hemisfério direito da outra. (p.298)

Dito de outra forma, essa díade correguladora, criada por essa ressonância mútua, pode provavelmente ser a replicação mais aproximada da díade original. Então, podemos estar criando a melhor cópia do estado original de estruturação neural, que então fundamenta e revigora o EMDR.

Em ambos os casos, a lição que fica para nós é a de que se não encontrarmos uma forma de trabalhar com essas transferências e contratransferências baseadas no corpo, este material nunca entrará no tratamento de EMDR e continuará a afundá-lo e a reduzir sua força.

Fase 5, Instalação

Na fase 5, a crença positiva é reafirmada ou refinada e submetida à estimulação sensorial do EMDR para seu fortalecimento até que a validade da crença (VoC) alcance o número ideal 7. Remetemos o leitor a Shapiro (2001) para maiores detalhes e elaboração. O precedente – a ressonância relacional-, manifesta-se e também se aplica durante a instalação. De forma geral, no entanto, se é abordada na preparação e dessensibilização, as chances são de que no momento em que chegar a instalação, pouco, ou nada em relação a ela deve ocorrer.

Fase 6, Escaneamento Corporal

Após a crença positiva ter sido totalmente instalada, o cliente é convidado a manter em mente tanto o alvo quanto a crença positiva e escanear seu corpo de alto a baixo. Quaisquer sensações desconfortáveis residuais são então alvo de estimulação sensorial até que sejam limpas. O leitor é remetido a Shapiro (2001) para mais detalhes e elaboração.

É aqui que nós utilizamos o órgão de expressão emocional para garantir que nosso trabalho está completo. Refletir sobre o exposto também nos informa de que nós poderíamos fazer mais disto durante as outras fases também. Aparentemente, mesmo que o processamento pareça estar progredindo bem, de vez em quando perguntar "o *que* você percebe em seu corpo" ou "*onde* você percebe *isso* em seu corpo" irá certamente aumentar o processamento, sem atrapalhar. Além disso, durante o escaneamento corporal, nós terapeutas devemos nos fazer a mesma pergunta e, em seguida, perceber e sentir.

Fase 7, Fechamento e Fase 8, Reavaliação

Se o anterior ocorre nessas fases, é tratado exatamente da maneira como descrito acima. A peça importante para se ter em mente, para nós, é ver, ouvir, e mais importante, *perceber, sentir e perceber um pouco mais.*

Sintomas Somatoformes Versus Sintomas Sem Explicação Médica

Como foi observado acima, dada a variedade de manifestações de sintomas somáticos e doenças médicas que muitos de nossos pacientes apresentam, é fundamental que entendamos e sejamos capazes de diferenciar sintomas somáticos ou somatoformes de doenças imunoinflamatórias, que são agora chamadas de *sintomas sem explicação médica* (SSEM). Este grupo de doenças inclui a fibromialgia, artrite reumatoide, distrofia simpático-reflexa, tiroidite de Hashimoto, doença de Graves, lúpus eritematoso sistêmico, síndrome de Sjögren, doença de Crohn, diabetes tipo 1, esclerose múltipla e síndrome da fadiga crônica.

A maior importância de se ter uma compreensão dessas doenças e saber diferenciá-las de outros sintomas somatoformes diz respeito às implicações do tratamento. Sintomas somáticos, muitas vezes conceituados como manifestações de trauma no corpo, são frequentemente usados como alvo e tratados com EMDR de forma eficaz, como parte de um tratamento abrangente e realizado em fases. No entanto, pacientes com dificuldades psicológicas (quer sejam ou não relacionadas a trauma) e que apresentam SSEM devem ser também encaminhados para tratamento com endocrinologistas, oncologistas ou imunologistas, a fim de tentar retomar a regulação da função hiperimune nesses pacientes, que é aparentemente a causa de suas doenças.

Sintomas Sem Explicação Médica e Tratamento Médico

Inicialmente são tratados somente os sintomas da Tireoidite de Hashimoto e da doença de Graves. A tireoidite de Hashimoto é tratada como *hipotireoidismo* com hormônio da tireoide. A doença de Graves é tratada como *hipertireoidismo* com medicamentos antitireoidianos ou iodo radioativo.

As outras doenças são geralmente tratadas com medicamentos que inibem a função imunológica. Uma linha de tratamento é o uso de hidrocortisona, como um método de supressão do sistema imunitário, uma vez que elevações de cortisol reduzem função imunológica.

Outra linha de tratamento é a utilização de vários interferons, interleucinas e fatores de necrose tumoral antiinflamatórios. Estas citocinas clonadas tentam imitar nossas próprias citocinas antiinflamatórias, que são mediadoras da supressão da função imune.

Uma terceira linha de tratamento é a utilização de anticorpos antiinflamatórios, tais como imunoglobulina intravenosa. Recentemente, uma nova linha de medicamentos chamados de anticorpos monoclonais antiinflamatórios têm sido desenvolvidos por meio de clonagem e têm mostrado resultados promissores.

No geral, os resultados destes tratamentos têm sido mistos. Nenhum motivo aparente foi encontrado que explique porque alguns pacientes respondem bem, moderadamente ou não respondem. No entanto, se refletirmos sobre os dados que foram apresentados no Capítulo 8, uma série de possibilidades especulativas se tornam aparentes.

Recorde-se que a hipocortisolemia pode ser causada por programação glicocorticoide (cortisol) *dentro do útero*. Porque nem todas as crianças nascidas de mães com TEPT necessariamente desenvolvem TEPT, esta descoberta ressalta o fato de que a hipocortisolemia também pode se manifestar em uma população sem TEPT. Por conseguinte, é possível que os pacientes que respondem bem aos tratamentos assinalados acima podem manifestar hipocortisolemia mas não TEPT. Esta é certamente uma linha de raciocínio importante a ser investigada. No entanto, os dados salientam que se os pacientes com SSEM manifestam uma história de trauma, o TEPT deve ser tratado, na medida em que, aparentemente, é responsável pela hipocortisolemia.

Sintomas Sem Explicação Médica e Tratamento por EMDR

Além do tratamento dos traumas subjacentes, uma série de outras questões devem ser mantidas em mente. Às vezes, precisa-se lidar inicialmente com o estresse e desconforto extremos causados pelo tratamento médico dessas doenças.

O tratamento em si pode ser perturbador. Em alguns casos, estes tratamentos médicos tornam-se traumáticos, quando o tratamento errado é aplicado.

Lembre-se de que, quem pesquisar os dados sobre SSEM ou TEPT em relação ao que foi dito anteriormente, sem a capacidade de discernir quanto às metodologias adequadas, provavelmente encontrará estudos que apontam para hipocortisolemia ou hipercortisolemia, bem como estudos que indicam que o cortisol não tem qualquer influência. Infelizmente, endocrinologistas, oncologistas ou imunologistas nem sempre são capazes de discernir falhas metodológicas empíricas em estudos publicados. Lamentavelmente, muitos assumem que os artigos científicos são sempre devidamente rastreados quanto a falhas metodológicas. Como resultado, não é raro que os pacientes com SSEM sejam inadequadamente tratados com imunoglobulinas ou citocinas *inflamatórias,* caso os médicos estejam sendo informados por dados que afirmam que os SSEM são movidos por hipercortisolemia. Novamente, isto não é comum, mas também não é raro.

Conclusões

Refletindo sobre o acima exposto, uma série de questões tornam-se claras. O processamento adaptativo de informação (PAI) é um modelo completo, que reflete os principais aspectos do mapeamento neural e do processamento de informação. Ele é configurado para atingir memória, crença preditiva, e a natureza afetiva dos sentimentos e emoções. A seu favor, ele também diferencia implicitamente entre *emoções,* que são expressas somaticamente e *sentimentos,* as traduções das emoções expressas por meio do córtex. A única ligeira correção necessária ao PAI é a reconceituação de armazenamento de memória deficiente para ligação e/ou integração de memória deficiente.

Os dados sobre amadurecimento, desenvolvimento e apego sugerem fortemente que não ignoremos os fenômenos inconscientes, implícitos e relacionais, áreas de foco que tradicionalmente têm sido relegadas ao tratamento psicodinâmico. Robert Shaw (2004) argumenta que nossa área tem analisado o papel do corpo na psicoterapia, mas o foco tem sido quase que exclusivamente na experiência corporal do paciente. Como resultado, o "corpo do terapeuta é praticamente inexistente, como se houvesse apenas um corpo na sala de consulta" (p. 272). As duas vinhetas do tratamento de Gabriella são exemplos dramáticos do poder do campo relacional operando a um nível não-verbal, *corporificado* e acessado por meio do rastreio corporal contínuo do terapeuta.

Tradicionalmente, diante da ausência anterior de dados neurobiológicos, nossas escolhas de paradigmas da prática clínica têm sido baseadas por nossas opiniões e pelas opiniões de nossos professores. No entanto, a nossa descoberta e acolhimento da terapia EMDR nos ensinou a pensar de forma diferente e continuar a *observar* ao invés de seguir opiniões dominantes. Vamos continuar a aprender com essa experiência e permitir que estes novos dados nos levem além dos debates entre as várias escolas concorrentes de pensamento psicológico.

Capítulo 10

Pensamentos Finais

Ao longo dos capítulos deste livro, examinamos a neuroplasticidade da forma que ela se manifesta no amadurecimento, no desenvolvimento, no processamento de informação e seus transtornos. Vimos que o crescimento, desenvolvimento e integração de redes neurais como manifestações de neuroplasticidade, são os mecanismos subjacentes à consciência, à parentalidade, às relações interpessoais e ao processo de cura da psicoterapia.

A Glória da Evolução

Hoje em dia a neuroplasticidade é cada vez mais compreendida, dentro de limites, como sendo um mecanismo subjacente da função neural em qualquer idade. O cérebro adulto parece possuir uma tendência para *estabilização* neural, enquanto, ao mesmo tempo, mantém um potencial para *reorganização* plástica. Cada vez mais vemos evidências de que o cérebro é capaz de reorganização em resposta a mudanças na estimulação. Alguns exemplos dessas mudanças são dramáticas e resultam, em grande parte, da aplicação de estimulação sensorial. O efeito robusto da terapia EMDR no estresse pós-traumático tipo I é um desses exemplos. Em 90 minutos, a profunda desorganização da função talâmica e mapeamento neural é revertida por *estimulação sensorial e autopercepção*. O leitor é remetido a Bergmann (2008b, 2010) para obter mais detalhes e elaboração sobre o impacto teorizado do EMDR no reparo da integração temporal.

Outro exemplo da capacidade da dramática reorganização do cérebro vem de casos de dano vestibular, tornando as pessoas incapazes de manter equilíbrio e orientação espacial. O tratamento inicial bem sucedido de tais casos envolvia um capacete de segurança contendo uma máquina, inventado por Paul Bach-y-Rita, um cientista e médico de reabilitação, que enviava impulsos elétricos a uma tira de plástico que era colocada sobre a língua. Dentro de instantes, os sintomas cessavam. Após 20 minutos com o capacete, os resultados eram mantidos sem ele por mais 20 minutos. Então, a língua, em combinação com a estimulação neural, agiu como uma estrada secundária (mapa neural) à função vestibular. Um circuito neural inteiro havia sido reorganizado (Bach-y-Rita, 1972; Doidge, 2007). Atualmente ainda em uso, esta máquina diminuiu drasticamente de tamanho, e é vendida sob a denominação Brainport. Agora, após um tratamento de 20 minutos, os efeitos duram por horas.

A primeira invenção de Paul Bach-y-Rita, na década de 1960, foi um dispositivo parecido com uma cadeira que convertia imagens de vídeo a partir da câmera de uma televisão em padrões vibratórios táteis que eram *exibidos* como 400 pontos de vibração nas costas do usuário. Isto permitia que pessoas congenitamente cegas, com danos na retina, pudessem ler, discernir rostos e sombras, reagir a e evitar objetos que eram jogados contra eles, e medir distância (Bach-y-Rita, Collins, Saunders, White & Scadden, 1969; Doidge, 2007). O desenvolvimento e produção deste dispositivo obteve típica resistência pela ciência convencional, pois a ciência neural contemporânea não conseguia explicar a *possibilidade teórica* de tal sucesso. No entanto, Bach-y-Rita continuou a desenvolver esta maquinaria, bem como a reduzir o seu tamanho. A placa na parte de trás da cadeira foi reduzida a uma tira de plástico fino como um papel, o diâmetro de uma moeda de prata que era colocada sobre a língua. O computador foi reduzido radicalmente, e a câmera, que tinha o tamanho de uma mala, agora pode ser amarrada sobre a armação dos próprios óculos. Trinta anos depois de sua máquina original, cientistas que usavam esta versão moderna escanearam os cérebros dos pacientes e confirmaram que as imagens táteis que entravam em seus cérebros por meio de uma câmera e, em seguida, por meio de suas línguas, eram realmente processadas por seus córtices visuais (Chebat, Rainville, Kupers & Ptito, 2007).

Assim, vemos exemplos dramáticos indicando que o cérebro, longe de ser um conjunto de partes especializadas, cada uma predefinida em sua localização e função, é na verdade um órgão dinâmico que pode se religar, em muitos casos, em caso de necessidade. Além disso, o *catalisador* comum nestas situações fantásticas parece ser a estimulação sensorial.

O Ajuste da Evolução
Vimos também que nosso cérebro é o produto de milhões de anos de adaptação evolutiva, onde estruturas e mecanismos mais

antigos foram conservados e modificados, enquanto estruturas mais novas foram criadas, desenvolvidas e expandidas. Embora grande parte dessa conservação e desenvolvimento tenha criado um órgão de consciência fascinante, eficiente e brilhante, alguns aspectos do ajuste da evolução neste projeto criaram um terreno fértil para a perturbação destes sistemas neurais.

Como descobrimos, a evolução parece ser guiada e orientada, em primeiro lugar, pela principal diretriz que é a sobrevivência física da espécie. Para este fim, ajustes em nosso projeto neural parecem ter sido feitos, resultando em um funcionamento predominantemente intrínseco que se organiza em torno de mecanismos de luta ou luta *reflexivos* primitivos, ao invés de uma ênfase *refletiva* consciente e baseada na realidade. Interpretar o presente, reflexivamente, com base na experiência do passado é rápido e adaptativo na "selva". *Reagir demais* neste contexto é mais adaptativo do que *reagir de menos*. No entanto, na "aldeia" e em "casa", que são contextos diferentes, a predominância da tomada de decisão reflexiva e da percepção implícita não consciente, pode causar estragos no funcionamento intrapsíquico e interpessoal.

Como padrão, e antes de experimentarmos parentalidade funcional ou disfuncional, nossos cérebros imaturos estão conectados para procurar por perigo e prestar mais atenção ao desagradável do que ao agradável. Por exemplo, uma crítica negativa irá sobrepor 10 elogios. Este aspecto da plasticidade pré-conectada da evolução combinado com os efeitos do amadurecimento e do desenvolvimento tornam a plasticidade, paradoxalmente, causadora de *rigidez*, bem como de *flexibilidade*.

Lembre-se de que durante o amadurecimento e o desenvolvimento, *estados* emocionais que são continuamente mantidos eventualmente tornam-se *traços* caracterológicos, constituindo a base (mapas neurais) do funcionamento intrapsíquico e interpessoal. Portanto, os estados calmos e continuamente regulados, eventualmente tornam-se traços (mapas neurais) de autorregulação. Por outro lado, estados traumáticos e cronicamente desregulados, se mantidos e não regulados novamente, eventualmente tornam-se traços de desregulação. Neste ambiente desenvolvimental profundamente formativo, "uma vez que uma determinada mudança plástica ocorre no cérebro e torna-se bem estabelecida, ela pode evitar que outras mudanças ocorram"

(Doidge, 2007, p. xx). Assim, é a combinação de mapas pré-definidos da evolução (reflexos de luta e fuga), os quais não são projetados para ser plásticos, e o efeito profundo do padrão de apego original estabelecido ao longo do desenvolvimento em nossa estrutura neural, que torna o tratamento de transtornos do 'self', a este ponto, tão difícil e demorado.

O Desafio Para O Tratamento

O tratamento do estresse pós-traumático tipo I com EMDR tem sido uma experiência continuamente jubilosa e milagrosa que não tem diminuído nos últimos 21 anos. No entanto, o tratamento de enfermidades caracterológicas (neuróticas, de personalidade e dissociativas), embora mais sólido desde o advento do EMDR, continua a ser desafiador e lento. Na pendência de descobertas que aumentarão a mudança neuroplástica, precisamos encontrar outras formas de catalisar ainda mais esse processo.

Louis Cozolino (2002) argumenta incisivamente que, se quisermos aumentar plasticidade neural, precisamos encontrar maneiras de invocar uma *sensibilidade neural* que seja semelhante à sensibilidade neural ideal de nosso amadurecimento e desenvolvimento. Consequentemente, além de nossas técnicas, somos desafiados a encontrar formas de criar uma sincronização neural de nossos próprios sistemas nervosos com os sistemas nervosos de nossos pacientes.

A principal consequência da enorme quantidade de dados neurobiológicos em relação ao apego nas técnicas terapêuticas aponta em direção à compreensão e aproveitamento da identificação projetiva como mecanismo de sincronização neural. Arizmendi (2008), citando Gallese (2003), descreve este processo como,

> ..., um processo de comunicação intersubjetivo e empático que é completamente implícito e automático, com base na simulação de ação *pré-reflexiva* (a nível neurológico) que conecta o observado com o observador. Em resumo, os neurocientistas estão descobrindo que o processo de observação das ações de outra pessoa (por exemplo, postura corporal, expressões faciais, fala, etc.) cria um estado experiencial simulado no corpo do observador

(simulação corporificada) por meio do trabalho dos neurônios espelho. Em essência, nossos estados de sintonia empática são fundamentados em nossas experiências corporais e isso acontece automaticamente, sem esforço consciente além do ouvir e do observar. (p. 446)

Observe que isso ocorre a um nível pré-reflexivo, levando-nos para além dos limites de nos focalizar exclusivamente nos fenômenos reflexivos cognitivos. Ironicamente, esta técnica não é estranha ou radical frente ao EMDR. Em essência, estamos tomando o escaneamento corporal e aplicando-o a nós mesmos durante toda a sessão. Estes intercâmbios emocionais regulados, expressos e percebidos pelos corpos dos nossos pacientes e pelos nossos próprios corpos, são susceptíveis de desencadear alterações de energia sincronizadas, que são o protótipo do crescimento neural estrutural. Portanto, os resultados podem ser de grande alcance, muito possivelmente criando uma reprodução que está tão próxima quanto possível da matriz diádica original da organização neural, aproveitando-a como a *mudança de estado de sensibilidade neural* que irá facilitar um EMDR e uma reorganização neural mais eficazes.

Se a evolução julgou que funcionássemos em nossa *essência* de uma forma reflexiva, então parece imperativo que o tratamento EMDR (ou qualquer outra abordagem de tratamento) seja melhorado por um meio reflexivo adaptativo que se encaixe com o nosso núcleo reflexivo essencial. Esse meio reflexivo parece ser o campo relacional que se manifesta pelas comunicações implícitas e corporificadas que estão indo e voltando entre nossos pacientes e nós. Ele pode ser o catalisador que aumenta a plasticidade neural que irá tornar nosso tratamento cada vez mais eficiente. Muitos dos princípios de tratamento e entrelaçamentos do EMDR a respeito do tratamento complexo têm sido derivados de observações da terapia EMDR em sua forma mais elaborada. Vamos usar o mesmo princípio e tentar inserir em nossos trabalhos o vórtice relacional que pode de certa forma reproduzir o ambiente original robusto de plasticidade neural e crescimento.

References

Abbas, A. K., Lichtman, A. H., & Pillai, S. (2012). *Cellular and molecular immunology* (7th ed.). New York, NY: Elsevier.

Albright, T. D., Jessel, T. M., Kandel, E. R., & Poser, M. I. (2001). Progress in the neural sciences in the century after Cajal (and the mysteries that remain). *Annals of the New York Academy of Sciences, 929,* 11–40.

Alkire, M. T. (2009). General anesthesia and consciousness. In S. Laureys & G. Tononi (Eds.), *The neurology of consciousness* (pp. 118–134). New York, NY: Elsevier, Academic Press.

Allen, S. M., &. Rothwell, N. J. (2001). Cytokines and acute neurodegeneration. *National Review of Neurosciences, 2,* 734–744.

Alvarez, P., & Squire, L. R. (1994)Memory consolidation and the medial temporal lobe: A simple network model. *Proceedings of the National Academy of Sciences, USA, 91,* 7041–7045.

Akshoomoff, N. A., & Courchesne, E. (1992). A new role of the cerebellum in cognitive operations. *Behavioral Neuroscience, 106,* 731–738.

Akshoomoff, N. A., & Courchesne, E. (1994). Intramodality shifting attention in children with damage to the cerebellum. *Journal of Cognitive Neuroscience, 6,* 388–399.

Anand, K. J. S., & Aynsley-Green, A. (1985). Metabolic and endocrine effects of surgical ligation of patent ductus arteriosus in the human preterm neonate: Are there implications for further improvement of postoperative outcome? *Modern Problems in Paediatrics, 23,* 143–57.

Anand, K. J. S., & Carr, D. B. (1989). The neuroanatomy, neurophysiology, and neurochemistry of pain, stress, and analgesia in newborns and children. *Pediatric Clinics of North America 36*(4), 795–822.

Anderson, J. A. (1973). The theory for the recognition of items from short memorized lists. *Psychological Review, 80,* 417–438.

Anderson, J. A. (1977). Neural models with cognitive implications. In D. LaBerge & S. J. Samuels (Eds.), *Basic processes in reading perception and comprehension* (pp. 27–90). Hillsdale, NJ: Erlbaum.

Andreasen, N. C. (1985). Posttraumatic stress disorder. In H. I. Kaplan & B. J. Saddock (Eds.), *Comprehensive textbook of psychiatry* (4th ed., pp. 918–924). Baltimore, MD: Williams & Wilkins.

Andreasen, N. C., O'Leary, D. S., Arndt, S., Cizadlo, T., Hurtig, R., Rezai, G. L., . . . Hichwa, R. D. (1995). Short-term and long-term verbal memory: A positron emission tomography study. *Proceedings of the National Academy of Sciences*, 92, 5111–5115.

Arizmendi, T. G. (2008). Nonverbal communication in the context of dissociative processes. *Psychoanalytic Psychology*, 25(3), 443–457.

Arnsten, A. F. T., Steere, J. C., & Hunt, R. D. (1996). The contribution of noradrenergic mechanisms to prefrontal cortical cognitive function: Potential significance for attention-deficit hyperactivity disorder. *Archives of General Psychiatry*, 53, 448–455.

Aron, L. (1998). The clinical body and the reflexive mind. In L. Aron & F. S. Anderson (Eds.), *Relational perspectives on the body* (pp. 3–37). Hillsdale, NJ: Analytic Press.

Awh, E., Smith, E. E., & Jonides, J. (1995). Human rehearsal process and the frontal lobes: PET evidence. *Annals of the New York Academy of Sciences*, 1769, 97–117.

Bach-y-Rita, P. (1972). *Brain mechanisms and sensory substitutions*. New York, NY: Academic Press.

Bach-y-Rita, P., Collins, C. C., Saunders, F. A., White, B., & Scadden, L. (1969). Vision substitution by tactile image projection. *Nature*, 221(5184), 963–964.

Bailey, C. H., Bartsch, D., & Kandel, E. R. (1996). Toward a molecular definition of long-term memory storage. *Proceedings of the National Academy of Sciences*, 93, 13445–13452.

Bailey, C. H., & Chen, M. (1983). Morphological basis of long-term habituation and sensitization in Aplysia. *Science*, 220, 91–93.

Basar, E., Basar–Eroglu, C., Karakas, S., & Schürmann, M. (2000). Brain oscillations in perception and memory. *International Journal of Psychophysiology*, 35(2–3), 95–124.

Basar, E., Basar–Eroglu, C., Karakas, S., & Schürmann, M. (2001). Gamma, alpha, delta, and theta oscillations govern cognitive processes. *International Journal of Psychophysiology*, 39, 241–248.

Baumgart, D. C., & Sandborn, W. J. (2007). Inflammatory bowel disease: clinical aspects and established and evolving therapies. *The Lancet*, 369, 1641–1657.

Beebe, B., & Lachmann, F. (1992). The contribution of mother–infant mutual influence to the origins of self and object representations. In N. J. Skolnick & S. C. Warshaw (Eds.), *Relational perspectives in psychoanalysis* (pp. 83–117). Hillsdale, NJ: Analytic Press.

Bechara, A., Damasio, H., Tranel, D., & Damasio, A. R. (1997). Deciding advantageously before knowing the advantageous strategy. *Science*, 275, 1293–1295.

Behm, B. W., & Bickston, S. J. (2008). Tumor necrosis factor-alpha antibody for maintenance of remission in Crohn's disease. *Cochrane Database of Systematic Reviews*, Issue 1, Art. No. CD006893.

Bell, M. L. (1997). Postoperative pain management for the cognitively impaired older adult. *Seminars in Perioperative Nursing* 6(1), 37–41.

Bennett, M. V. L. (1997). Gap junctions as electrical synaptic. *Journal of Neuropsychology*, 26, 349–366.

Bergmann, U. (2008a). Hidden selves: Treating dissociation in the spectrum of personality disorders. In C. Forgash & M. Copeley (Eds.), *Healing the heart of trauma and dissociation with EMDR and ego state therapy* (pp. 227–266). New York, NY: Springer Publishing Company.

Bergmann, U. (2008b). The neurobiology of EMDR: Exploring the thalamus and neural integration. *Journal of EMDR Practice and Research*, 2(4), 300–314.

Bergmann, U. (2010). EMDR's neurobiological mechanisms of action: A survey of 20 years of searching. *Journal of EMDR Practice and Research*, 4(1), 22–42.

Berne, E. (1957a). Ego states in psychotherapy. *American Journal of Psychotherapy*, 11, 293–390.

Berne, E. (1957b). Intuition v. the ego image. *Psychiatric Quarterly*, 31, 611–627.

Berne, E. (1961). *Transactional analysis in psychotherapy: A systematic individual and social psychiatry*. New York, NY: Grove Press.

Berntson, G. G., Cacioppo, J. T., & Quigley, K. S. (1991). Autonomic determinism: The modes of autonomic control, the doctrine of autonomic pace, and the laws of autonomic constraint. *Psychological Review*, 98, 459–487.

Besson, C., & Louilot, A. (1995). Asymmetrical involvement of mesolimbic dopaminergic neurons in affective perception. *Neuroscience*, 68, 963–968.

Bienenstock, E., & von der Malsburg, C. (1986). Statistical coding and short-term synaptic plasticity: A scheme for knowledge representation in the brain. In E. Bienenstock, F. Fogelman, & G. Weisbuch (Eds.), *Disordered systems and biological organization* (pp. 247–272). Les Houches, France: Springer-Verlag.

Blanck, G., & Blanck, R. (1974). *Ego psychology: theory and practice.* New York, NY: Columbia University Press.

Block, N. (2005). Two neural correlates of consciousness. *Trends in Cognitive Sciences*, 9, 46–52.

Bluestone, J. A., Herold, K., & Eisenbarth, G. (2010). Genetics, pathogenesis and clinical interventions in Type 1 diabetes. *Nature*, 464(7293), 1293–1300.

Bohmelt, A. H., Nater, U. M., Franke, S., Hellhammer, D. H., & Ehlert, U. (2005). Basal and stimulated hypothalamic-pituitary–adrenal axis activity in patients with functional gastrointestinal disorders and healthy controls. *Psychosomatic Medicine*, 67, 288–294.

Bohmer, M. W. (2010). Communication by impact and other forms of non-verbal communication: A review of transference, countertransference and projective identification. *African Journal of Psychiatry*, 13, 179–183.

Bradley, L. A., McKendree-Smith, N. L., & Alarcon, G. S. (2000). Pain complaints in patients with fibromyalgia versus chronic fatigue syndrome. *Current Review in Pain*, 4(2), 148–157.

Braitenberg, V. (1978). Cell assemblies in the cerebral cortex. In R. Heim & G. Palm (Eds.), *Architectonics of the cerebral cortex. Lecture notes in biomathematics 21, theoretical approaches in complex systems* (pp. 171–188). Berlin: Springer-Verlag.

Breau, L. M., Camfield, C. S., McGrath, P. J., & Finley, G. A. (2004) Risk factors for pain in children with severe cognitive impairments. *Developmental Medicine and Child Neurology* 46(6), 364–371.

Bremner, J. D., Staib, L., & Kaloupek, D. (1999). Neural correlates of exposure to traumatic pictures and sound in Vietnam combat veterans with and without posttraumatic stress disorder: a positron emission tomography study. *Biological Psychiatry*, 45: 806–816.

Brodal, A. (1980). *Neurological anatomy in relation to clinical medicine*. New York, NY: Oxford University Press.

Brodal, P. (1992). *The central nervous system: Structure and function*. New York, NY: Oxford University Press.

Bromberg, P. (1994). Speak! That I may see you. *Psychoanalytic Dialogues*, 4, 517–547.

Bromberg, P. (1998a). Standing in the spaces: *Essays on clinical process, trauma and dissociation*. Hillsdale, NJ: Analytic Press.

Bromberg, P. (1998b). Standing in the spaces: The multiplicity of self and the psychoanalytic relationship. In *Standing in the spaces: Essays on clinical process, trauma and dissociation* (pp. 267–290). Hillsdale, NJ: Analytic Press.

Bromberg, P. (1998c). On knowing one's patient inside out. In *Standing in the spaces: Essays on clinical process, trauma and dissociation* (pp. 127–146). Hillsdale, NJ: Analytic Press.

Butler, L. D. (2006). Normative dissociation. In R. A. Chefetz (Ed.), *Dissociative disorders: An expanding window into the psychobiology of the mind. Psychiatric Clinics of North America*, 29(1), (p. 45–62).

Buzsáki, G. (1996). The hippocampo-neocortical dialogue. *Cerebral Cortex*, 6, 81–92.

Carew, T. J., Hawkins, R. D., & Kandel, E. R. (1983). Differential classical conditioning of a defensive withdrawal reflex in *Aplysia californica*. Science, 219, 397–400.

Carpenter, M. D. (1991). *Cortex of neuroanatomy* (4th ed.). Baltimore, MD: Williams & Wilkins.

Chalmers, D. J. (1996). *The conscious mind: In search of a fundamental theory*. New York: Oxford University Press.

Chebat, D. R., Rainville, C., Kupers, R., & Ptito, M. 2007. Tactile–'visual' acuity of the tongue in early blind individuals. *Neuroreport*, 18(18), 1901–1904.

Chechik, G., Meilijson, I., & Ruppin, E. (1999). Neuronal regulation: A mechanism for synaptic pruning during brain maturation. *Neural Computation*, 11, 2061–2080.

Chefetz, R. A., & Bromberg, P. M. (2004). Talking with "me" and "not-me": A dialogue. *Contemporary Psychoanalysis*, 40(3), 409–464.

Clancy, R. (1998). Electroencephalography in the premature and full-term infant. In R. A. Poilin & W. W. Fox (Eds.), *Fetal and neonatal physiology* (pp. 2147–2165). W. B. Saunders.

Clark, D. D., & Sokoloff, L. (1999). Circulation and energy metabolism of the brain. In Siegel, G. J., Agranoff, B. W., Albers, R. W., Fisher, S. K., Uhler, M. D. (Eds.), *Basic Neurochemistry. Molecular, Cellular and Medical Aspects* (pp. 637–670). Philadelphia, PA: Lippincott–Raven.

Classen, C., Pain, C., Field, N. P., & Woods, P. (2006). Posttraumatic personality disorder: A reformulation of complex posttraumatic stress disorder and borderline personality disorder. In R. A. Chefetz (Ed.), *Dissociative disorders: An expanding window into the psychobiology of the mind. Psychiatric Clinics of North America*, 29(1), (87–112).

Closs, S. J., Barr, B., & Briggs, M. (2004). Cognitive status and analgesic provision in nursing home residents. *British Journal of General Practice* 54(509), 919–921.

Cobrin, G. M., & Abreu, M. T. (2005). Defects in mucosal immunity leading to Crohn's disease. *Immunological Reviews*, 206, 277–295.

Collins, D. R., Pelletier, J. G., & Paré, D. (2001). Slow and fast (gamma) neuronal oscillations in the perirhinal cortex and lateral amygdala. *Journal of Neurophysiology*, 85, 1661–1672.

Compton, A., & Coles, A. (2002). Multiple sclerosis. *Lancet*, 359(9313), 1221–1231.

Compton, A., & Coles, A. (2008). Multiple sclerosis. *Lancet*, 372(9648), 1502–1517.

Cooke, D. W., & Plotnick, L. (2008). Type 1 diabetes mellitus in pediatrics. *Pediatric Review*, 29(11), 374–84.

Corbett, D., & Wise, R. A. (1980). Intracranial self-stimulation in relation to the ascending dopaminergic systems of the midbrain: A moveable electrode mapping study. *Brain Research*, 185, 1–15.

Cotterill, R. M. (2001). Cooperation of the basal ganglia, cerebellum, sensory cerebrum and hippocampus: possible implications for cognition, consciousness, intelligence and creativity. *Progress in Neurobiology*, 64(1), 1–33.

Courchesne, E., & Allen, G. (1997). Prediction and preparation, fundamental functions of the cerebellum. *Learning & Memory,* 4(1), 1–35.

Courchesne, E., Townsend, J., Akshoomoff, N. A., Saitoh, O., Yeung-Courchesne, R., Lincoln, A. J., . . . Lau, L. (1994). Impairment in shifting attention in autistic and cerebellar patients. *Behavioral Neuroscience,* 108, 848–865.

Cozolino, L. (2002). *The neuroscience of psychotherapy: Building and rebuilding the human brain.* New York: W.W. Norton & Co.

Critchley, H. D., Corfield, D. R. & Chandler, M. D. (2000). Cerebral correlates of autonomic cardiovascular arousal: A functional neuroimaging investigation in humans. *Journal of Physiology,* 523, 259–27.

Damasio, A. R. (1998). Emotion in the perspective of an integrated nervous system. *Brain Research Reviews,* 26, 83–86.

Damasio, A. R. (1999). *The feeling of what happens.* New York, NY: Harcourt Inc.

Damasio, A. R. (2010). *Self comes to mind: constructing the conscious brain.* New York, NY: Pantheon Books.

Damasio, A. R., Eslinger, P. J., Damasio, H., Van Hoesen, G. W., & Cornell, S. (1985). Multimodal amnesic syndrome following bilateral temporal and basal forebrain damage. *Archives of Neurology,* 42(3), 252–259.

Dantzer, R. (2005). Somatization: A psychoneuroimmune perspective. *Pschoneuroendocrinology,* 30, 947–952.

De Charms, R. C., & Merzenich, M. M. (1996). Primary cortical representation of sounds by the coordination of action-potential timing. *Nature,* 381, 610–613.

De Rycke, L., Peene, I., Hoffman. I. E. A., Kruithof, E., Union, A., Meheus, L., . . . De Keyser, F. (2004). Rheumatoid factor and anticitrullinated protein antibodies in rheumatoid arthritis: diagnostic value, associations with radiological progression rate, and extra-articular manifestations. *Annals of Rheumatoid Disease,* 63, 1587–1593.

Derbyshire, S. W. G. (2006). Can fetuses feel pain? *British Medical Journal,* 332, 909–912.

Descartes, R. (1644). *Principia philosophiae (Principles of Philosophy),* excerpted in vol. 1 of *The Philosophical Writings of Descartes,* ed. and trans. J. Cottingham, R. Stoothoff, D. Murdoch and A. Kenny, Cambridge: Cambridge University Press, 1984-91.

Dodd, J., & Role L. W. (1991). The autonomic nervous system. In E. R. Kandel, J. H. Schwartz, & T. M. Jessell (Eds.), *Principles of neural science* (3rd ed., pp. 761-775). New York, NY: Elsevier.

Doidge, N. (2007). *The brain that changes itself.* New York, NY: Penguin Books.

Dworkin, M. (2005). *EMDR and the relational imperative: The therapeutic relationship in EMDR treatment.* New York: Routledge.

Edelman, G. M. (1987). *Neural Darwinism: The theory of neuronal group selection.* New York, NY: Basic Books.

Edelman, G. M. (2006). Second nature: The transformation of knowledge. In *Second nature: Brain science and human knowledge* (pp. 142-157). New Haven, Connecticut: Yale University Press.

Eggermont, J. J. (1992). Neural interaction in cat primary auditory cortex. Dependence on recording depth, electrode separation, and age. *Journal of Neurophysiology, 68,* 1216-1228.

Elson, C. O., Cong, Y., Weaver, C. T., Schoeb, T. R., McClanahan, T. K., Fick, R. B., & Kastelein, R. A. (2007). Monoclonal anti-interleukin 23 reverses active colitis in a T cell-mediated model in mice. *Gastroenterology, 132*(7), 2359-2370.

Emde, R., Gaensbaure, T., & Harmon, R. (1976). Emotional expressions in infancy: A biobehavioral study (Monograph 37). *Psychological Issues, 10,* New York, NY: International Universities Press.

Engel, G. L. (1988). How much longer must medicine's science be bound by a seventeenth century world view? In K. L. White (Ed.), *The task of medicine: Dialogue at Wickenberg* (pp. 113-136). Menlo Park, CA: Henry J. Kaiser Foundation.

Engelmann, M., Landgraf, R., & Wotjak, C. (2004). The hypothalamic-neurohypophysial system regulates the hypothalamic–pituitary–adrenal axis under stress: An old concept revisited. *Frontiers of Neuroendocrinolpgy, 25*(3-4), 132-149.

Fairbairn, W. R. D. (1944). Endopsychic structure considered in terms of object-relationships. In *Psychoanalytic studies of the personality* (pp. 82-132). London, England: Routledge & Keegan Paul.

Fairbairn, W. R. D. (1952). *Psychoanalytic studies of the personality.* London, England: Routledge & Keegan Paul.

Fanselow, M. S., & Lester, L. S. (1988). A functional behavioristic approach to aversively motivated behavior: Predatory imminent as a determinant of the topography of defensive behavior. In R. C. Bolles & M. D. Beecher (Eds.), *Evolution and learning.* Hillsdale, New Jersey: Erlbaum.

Federn, P. (1943). Psychoanalysis of psychosis. *Psychoanalytic Quarterly, 17,* 3–19, 246–257, 480–487.

Federn, P. (1947). Principles of psychotherapy in latent schizophrenics. *American Journal of Psychotherapy, 1,* 129–144.

Federn, P. (1952). *Ego psychology and the psychoses.* New York, NY: Basic Books.

Feldt, K. S., Ryden, M. B., & Miles, S. (1998). Treatment of pain in cognitively impaired compared with cognitively intact older patients with hip-fracture. *Journal of the American Geriatric Society, 46*(9), 1079–1085.

Felten, D. L., Hallman, H., & Jonsson, G. (1982). Evidence for a neurotrophic role of noradrenalin neurons in the postnatal development of rat cerebral cortex. *Journal of Neurocytology, 11,* 119–135.

Ferenczi, S. (1930). Notes and fragments II. In M. Balint (Ed.), *Final contributions to the problems and methods of psychoanalysis* (pp. 219–231). New York, NY: Brunner/Mazel.

Fernandez, T., Harmony, T., Silva, J., Galin, L., Diaz-Comas, L., Bosch, J., . . . Marosi, E. (1998). Relationship of specific EEG frequencies at specific brain areas with performance. *Neuroreport, 9*(16), 3680–3687.

Ferrell, B. A., Ferrell, B. R. & Rivera, L. (1995) Pain in cognitively impaired nursing home patients. *Journal of Pain and Symptom Management, 10*(8), 591–598.

Forster, M. C., Pardiwala, A., & Calthorpe, D. (2000). Analgesia requirements following hip fracture in the cognitively impaired. *Injury, 31*(6), 435–436.

Freud, A. (1936). The ego and the mechanisms of defense. *The writings of Anna Freud* (Vol. 2). New York, NY: International Universities Press.

Freud, A. (1963). The concept of developmental lines. *The Psychoanalytic Study of the Child, 18,* 245–265.

Freud, S. (1954/1895). A project for a scientific psychology. In James Strachey (Ed.), *The standard edition of the complete psychological works of Sigmund Freud* (Vol. 1, p. 283-392). London, England: The Hogarth Press.

Frewen, P. A., & Lanius, R. A. (2006). Neurobiology of dissociation: Unity and disunity in mind–body–brain. In R. A. Chefetz (Ed.), Dissociative disorders: An expanding window into the psychobiology of the mind. *Psychiatric Clinics of North America*, 29(1): 113-128.

Fries, E., Hesse, J., Hellhammer, J., & Hellhammer, D. H. (2005). A new view on hypocortisolism. *Psychoneuroendocrinology*, 30(10), 1010-1016.

Gallese, V. (2003). The roots of empathy: The shared manifold hypothesis and the neural basis of intersubjectivity. *Psychopathology*, 36, 171-180.

Gazzaniga, M. S. (1970). *The bisected brain*. New York, NY: Appleton-Century Crofts.

Gazzaniga, M. S. (1976). The biology of human memory. In M. Rosenzweig & M. Bennet (Eds.), *Neural mechanisms of learning and memory* (pp. 57-66). Cambridge, MA: MIT Press.

Gazzaniga, M. S. (1989). Organization of the human brain. *Science*, 245, 947-95.

Gazzaniga, M. S. (1998). The split-brain revisited. *Scientific American*, 279, 50-55.

Gazzaniga, M. S. (2000). Cerebral specialization and interhemispheric communication: Does the corpus callosum enable the human condition? *Brain*, 123, 1293-1326.

Gazzaniga, M. S., & LeDoux, J. (1978). *The integrated mind*. New York, NY: Plenum Press.

Gazzaniga, M. S., LeDoux, J., & Wilson, D. H. (1977). Language praxis and the right hemisphere: Clues to some mechanisms of consciousness. *Neurology*, 27, 1144-1147.

Glover, E. (1932). A psycho-analytical approach to the classification of mental disorders. In *On the early development of the mind* (pp. 161-186). New York, NY: International Universities Press.

Goleman, D. (1995). *Emotional intelligence*. New York, NY: Bantam Books.

Gomez–Pinilla, F., Choi, J., & Ryba, E. A. (1999). Visual input regulates the expression of basic fibroblast growth factor and its receptor. *Neuroscience, 88*, 1051–1058.

Gray, C. M. (1994). Synchronous oscillations in neuronal systems: Mechanisms and functions. *Journal of Computational Neuroscience, 1*, 11–38.

Gray, C. M., & Singer, W. (1989). Stimulus-specific neuronal oscillations in orientation columns of cat visual cortex. Proc. *National Academy of Sciences, USA, 86*, 1698–1702.

Grossberg, S. (1976). Adaptive pattern classification and universal recoding: Part 1. Parallel development and coding of neural feature detectors. *Biological Cybernetics, 23*, 121–134.

Haith, M. M., Bergman, T., & Moore, M. (1979). Eye contact and face scanning in early infancy. *Science, 218*, 179–181.

Hammer, M., & Menzel, R. (1995). Learning and memory in the honeybee. *Journal of Neuroscience, 15*, 1617–1630.

Hari, R., Salmelin, S., Makela, J. P., Salenius, S., & Helle, M. (1997). Magnetoencephalographic cortical rhythms. *International Journal of Psychophysiology, 26*, 51–62.

Hawkins, R. D., Abrams, D. W., Carew, T. J., & Kandel, E. R. (1983). A cellular mechanism of classical conditioning in Aplysia: Activity-dependant application of presynaptic facilitation. *Science, 219*, 400–405.

Hebb, D. O. (1949). *The organization of behavior: A neuropsychological theory.* New York, NY: Wiley.

Heim, C., Ehlert, U., & Hellhammer, D. H. (2000). The potential role of hypocortisolism in the pathophysiology of stress-related bodily disorders. *Psychoneuroendocrinology, 25*, 1–35.

Henry, J. P., Haviland, M. G., Cummings, M. A., Anderson, D. L., MacMurray, F. P., McGhee, W. H., & Hubbard, R. W. (1992). Shared neuroendocrine patterns of post-traumatic-stress disorder and alexithymia. *Psychosomatic Medicine, 54*, 407–415.

Herman, J. L. (1992). *Trauma and recovery.* New York, NY: Basic Books.

Herman, J. L., Perry, J. C., & van der Kolk, B. A. (1989). Childhood trauma in borderline personality disorder. *American Journal of Psychiatry, 146*, 49–495.

Herrmann, C. S., Munk, M. H. J., & Engel, A. K. (2004). Cognitive functions of gamma band activity: Memory match and utilization. *Trends in Cognitive Sciences*, 8(8), 347–355.

Hess, E. H. (1975). The role of pupil size in communication. *Scientific American*, 233, 110–119.

Hobson, A. (2009). Prologue. In S. Laureys & G. Tononi (Eds.), *The neurology of consciousness* (pp. xi–xii). New York, NY: Elsevier, Academic Press.

Hokama, Y., Campora, C. E., Hara, C., Kuribayashi, T., Huynh, D. L., & Yabusaki, K. (2009). Anticardiolipin antibodies in the sera of patients with diagnosed chronic fatigue syndrome. *Journal of Clinical Laboratory Analysis*, 23, 210–212.

Hollrigel, G. S., Chen, K., Baram, T. Z., & Soltesz, I. (1998). The pro-convulsant actions of corticotrophin-releasing hormone in the hippocampus of infant rats. *Neuroscience*, 84, 71–79.

Horgas, A. L., & Tsai, P. F. (1998). Analgesic drug prescription and use in cognitively impaired nursing home residents. *Nursing Research*, 47(4), 235–242.

Huang, Z. J., Kirkwood, A., Pizzorusso, T., Porciatti, V., Morales, B., Bear, M. F., . . . Tonegawa, S. (1999). BDNF regulates the maturation of inhibition and the critical period of plasticity in mouse visual cortex. *Cell*, 98, 739–755.

Hugdahl, K. (1995). Classical conditioning and implicit learning. In R. J. Davidson & K. Hugdahl (Eds.), *Brain Asymmetry* (pp. 235–267). Cambridge, MA: MIT Press.

Huygen, F. J., de Bruijn, A. G., Klein, J., & Zijlstra, F. J. (2001). Neuroimmune alterations in the complex regional pain syndrome. *European Journal of Pharmacology*, 429(1–3), 101–113.

Iglesias, A., Bauer, J., Litzenburger, T., Schubart, A., & Linington, C. (2001). T- and B-cell responses to myelin oligodendrocyte glycoprotein in experimental autoimmune encephalomyelitis and multiple sclerosis. *Glia*, 36(2), 220–234.

Iglesias, P., Dévora, O., García, J., Tajada, P., García–Arévalo, C., & Díez, J. J. (2009). Severe hyperthyroidism: Aetiology, clinical features and treatment outcome. *Clinical Endocrinology*, 72(4), 551–7.

Ishai, A., Ungerleider, L. G., Martin, A., Schouten, J. L., & Haxby, J. V. (1999). Distributed representation of objects in the human ventral visual pathway. *Proceedings of the National Academy of Sciences (USA)*, 96, 9379–9384.

Iversen, S. D. (1997). Brain dopamine systems and behavior. In Iversen, S. D. and Snyder, S. H. (Eds.), *Drugs, neurotransmitters and behavior: Handbook of psychopharmacology.* New York, NY: Plenum.

Jackson, J. H. (1958). On localization [original work published in 1869]. *In Selected writings* (Vol. 2). New York, NY: Basic Books.

Jacob, F. (1982). *The possible and the actual.* New York, NY: Pantheon.

James, W. (1890). *The Principles of Psychology.* Cambridge: Harvard University Press.

Janet, P. (1907). *The major symptoms of hysteria.* London, England, & New York, NY: Macmillan.

Janet, P. (1911). *L'etat mental des hysteriques [The mental state of the hysteric]* (2nd Ed.). Paris: Alcan.

Janet, P. (1925). *Psychological healing* (Vols. 1-2; C. Paul & E. Paul, Trans.) [original work published in 1919]. New York, NY: Macmillan.

Jeffreys, J. G. R., Traub, R. D., & Whittington, M. A. (1996). Neuronal networks for induced "40 Hz" rhythms. *Trends in Neurosciences,* 19, 202–208.

Johnston, C. C., Collinge, J. M., Henderson, S. J., & Anand, K. J. S. (1997).

A cross-sectional survey of pain and pharmacological analgesia in Canadian neonatal intensive care units. *Clinical Journal of Pain,* 13(4), 308–312.

Jokisch, D., & Jensen, O. (2007). Modulation of gamma and alpha activity during a working memory task engaging the dorsal or ventral stream. *Journal of Neuroscience,* 27(12), 3224–3251.

Joliot, M., Ribary, U., & Llinas, R. (1994). Human oscillatory brain activity near 40 Hz coexists with cognitive temporal binding. *Proceedings of the National Academy of Sciences USA,* 91, 11748–11751.

Kalin, N. H., Shelton, S. E., & Lynn, D. E. (1995). Opiate systems in mother and infant primates coordinate intimate contact during reunion. *Psychoneuroendocrinology,* 20, 735–742.

Kandel, E. (1989). Genes, nerve cells, and the remembrance of things past. *Journal of Neuropsychiatry,* 1(2), 103–125.

Kandel, E. (1998). A new intellectual framework for psychiatry. *The American Journal of Psychiatry,* 155, 457–469.

Kandel, E. (2000). Cellular mechanisms of learning and the biological basis of individuality. In E. Kandel, J. Schwartz, & T. Jessell (Eds.), *Principles of neural science* (4th ed., pp. 1247-1279). New York, NY: Elsevier.

Kandel, E. R. (1991a). Brain and behavior. In E. R. Kandel, J. H. Schwartz, & T. M. Jessell (Eds.), *Principles of neural science* (3rd ed., pp. 5-17). New York, NY: Elsevier.

Kandel, E. R. (1991b). Transmitter release. In E. R. Kandel, J. H. Schwartz, & T. M. Jessell (Eds.), *Principles of neural science* (3rd ed., pp. 195-212). New York, NY: Elsevier.

Kandel, E. R. (2006). *In search of memory: The emergence of a new science of mind.* New York, NY: W. W. Norton & Co.

Kandel, E. R., Brunelli, M., Byrne, J., & Castellucci, V. (1976). A common presynaptic locus for the synaptic changes underlying short-term habituation and sensitization of the gill withdrawal reflex in Aplysia. *Biology, 40,* 465-582.

Kandel, E. R., Siegelbaum, S. A., & Schwartz, J. H. (1991). Synaptic transmission. In E. R. Kandel, J. H. Schwartz, & T. M. Jessell (Eds.), *Principles of neural science* (3rd ed., pp. 123-134). New York, NY: Elsevier.

Katz, B. (1959a). Nature of the nerve impulse. *Review of Modern Physics, 31,* 466-474.

Katz, B. (1959b). Mechanisms of synaptic transmission. Review of Modern Physics, 31, 524-531.

Katz, B. (1971). Quantal mechanism of neural transmitter release. *Science, 173,* 123-126.

Klein, M. (1946). Notes on some schizoid mechanism. *International Journal of Psycho Analysis, 27,* 99-110.

Klimesch, W. (1999). EEG alpha and theta oscillations reflect cognitive and memory performance: A review and analysis. *Brain Research Reviews 29(2-3),* 169-195.

Koester, J. (1991). Membrane potential. In E. R. Kandel, J. H. Schwartz, & T. M. Jessell (Eds.), *Principles of neural science* (3rd ed., pp. 81-94). New York, NY: Elsevier.

Koh, J. L., Fanurik, D., Harrison, R. D., Schmitz, M. L., & Norvell, D. (2004). Analgesia following surgery in children with and without cognitive impairment. *Pain, 111(3),* 239-244.

Kojima, K., Kaneko, T., & Yasuda, K. (2004). A novel method of cultivating cardiac myocytes in agarose microchamber chips for studying cell synchronization. *Journal of Nanobiotechnology*, 2(9), 1–4.

Kristeva–Feige, R., Feige, B., Makeig, S., Ross, B., & Elbert, T. (1993). Oscillatory brain activity during a motor task. *Neuroreport, 4*, 1291–1294.

Krystal, H. (1988). *Integration and self-healing: Affect-trauma-alexithymia.* Hillsdale, NJ: Analytic Press.

Kupfermann, I. (1991a). Hypothalamus and limbic system: Peptidergic neurons, homeostasis, and emotional behavior. In E. R. Kandel, J. H. Schwartz, & T. M. Jessell (Eds.), *Principles of neural science* (3rd ed., pp. 735–749). New York, NY: Elsevier.

Kupfermann, I. (1991b). Localization of higher cognitive and affective functions: The association cortices. In E. R. Kandel, J. H. Schwartz, & T. M. Jessell (Eds.), *Principles of neural science* (3rd ed., pp. 823–838). New York, NY: Elsevier.

Kupfermann, I., Castellucci, V., Pinsker, H., & Kandel, E.R. (1970). Neuronal mechanisms of habituation and dishabituation of the gill-withdrawal reflex in Aplysia. *Science, 167*, 1745–1748.

Lampl-de-Groot, J. (1981). Notes on "multiple personality." *Psychoanalytic Quarterly, 50*, 614–624.

Lanius, R. A., Bluhm, R., & Lanius, U. (2007). Posttraumatic stress disorder symptom provocation and neuroimaging. In E. Vermetten, M. J. Dorahy, & D. Spiegel (Eds.), *Traumatic dissociation: Neurobiology and treatment* (pp. 191–217). Washington, DC: American Psychiatric Publishing.

Lanius, R. A., Williamson, P. C., Bluhm, R. L., Densmore, M., Boksman, K., Neufeld, R. W. J., . . . Menon, R. S. (2005). Functional connectivity of dissociative responses in posttraumatic stress disorder: A functional magnetic resonance imaging investigation. *Biological Psychiatry, 57*, 873–84.

Lanius, R. A., Williamson, P. C., & Densmore, M. (2001). Neural correlates of traumatic memories in posttraumatic stress disorder: A functional MRI investigation. *American Journal of Psychiatry, 158*, 1920–1922.

Lanius, R. A., Williamson, P. C., & Hopper, J. (2003). Recall of emotional states in posttraumatic stress disorder: An fMRI investigation. *Biological Psychiatry, 53*, 204–210.

Larsell, O., & Jansen, J. (1972). *The comparative anatomy and histology of the cerebellum* (Vol. 3). Minneapolis, MN: University of Minnesota Press.

Lashley, K. S. (1950). In search of the engram. In *Society of Experimental Biology Symposium, No. 4, Psychological Mechanisms in Animal Behavior* (pp. 478–505). London, England: Cambridge University Press.

Laureys, S., Faymonville, M. E., Luxen, A., Lamy, M., Franck, G., & Maquet, P. (2000). Restoration of thalamocortical connectivity after recovery from persistent vegetative state. *Lancet*, 355, 1790–1791.

LeDoux, J. (1986). Sensory systems and emotions. *Integrative Psychiatry*, 4, 237–248.

LeDoux, J. (1992). Emotions and the limbic system concept. *Concepts in Neuroscience*, 2, 169–199.

LeDoux, J. (1994). Emotion, memory and the brain. *Scientific American*, 270, 50–57.

LeDoux, J. (1996). *The emotional brain: The mysterious underpinnings of emotional life*. New York, NY: Simon & Schuster.

LeDoux, J. (2002). *Synaptic self: How our brains become who we are*. New York, NY: Viking.

LeDoux, J. (2003). The self: Clues from the brain. *Annals of the New York Academy of Sciences*, 1001, 295–304.

Lee, S. J., Ralston, H. J. P., Drey, E. A., Partridge, J. C., & Rosen, M. A. (2005) Fetal pain: A systematic multidisciplinary review of the evidence. *Journal of the American Medical Association*, 294(8), 947–954.

Legakis, I., Petroyianni, V., Saramantis, A., & Tolis, G. (2001). Elevated prolactin to cortisol ratio and polyclonal autoimmune activation in Hashimoto's thyroiditis. *Hormonal Metabolic Research*, 10, 585–589.

Leiner, H. C., Leiner, A. L., & Dow, R. S. (1986). Does the cerebellum contribute to mental skills? *Behavioral Neuroscience*, 100, 443–454.

Leiner, H. C., Leiner, A. L., & Dow, R. S. (1991). The human cerebro-cerebellar system: Its computing, cognitive and language skills. *Behavioral Brain Research*, 44, 113–128.

Liberzon, I., Taylor, S. F. and Amdur, R. (1999). Brain activation in PTSD in response to trauma related stimuli. *Biological Psychiatry*, 45, 817–826.

Liu, D., Diorio, J., Day, J. C., Francis, D. D., & Meany, M. J. (2000). Maternal care, hippocampal synaptogenesis and cognitive development in rats. *Nature Neuroscience, 3,* 799–806.

Llinas, R. R. (1987). "Mindedness" as a functional state of the brain. In C. Blackmore & S. A. Greenfield (Eds.), *Mind waves* (pp. 339–358). Oxford, England: Basil Blackwell.

Llinas, R. R. (1988). The intrinsic electrophysiological properties of mammalian neurons: Insights into central nervous system function. *Science, 242,* 1654–1664.

Llinas, R. R. (2001). *I of the vortex. From neurons to self.* Cambridge, Massachusetts: The MIT Press.

Llinas, R. R., Grace, A. A., & Yarom, Y. (1991). In vitro neurons in mammalian cortical layer 4 exhibit intrinsic activity in the 10 to 50 Hz frequency range. *Proceedings of the National Academy of Sciences of the United States of America, 88,* 897–901.

Llinas, R. R., Leznik, E., & Urbano, F. J. (2003). Temporal binding via cortical coincidence detection of specific and nonspecific thalamo–cortical inputs: A voltage dependent high imaging study in mouse brain slices. *Proceedings of the National Academy of Sciences, 99*(1), 449–454.

Llinas, R. R., & Pare, D. (1991). Of dreaming and wakefulness. *Neuroscience, 44,* 521–535.

Llinas, R. R., & Ribary, U. (1993). Coherent 40 Hz oscillation characterizes dream state in humans. *Proceedings of the National Academy of Sciences, USA, 90,* 2078–2081.

Llinas, R. R., & Ribary, U. (2001). Consciousness and the brain: The thalamo–cortical dialogue in health and disease. *Annals of the New York Academy of Sciences, 929,* 166–175.

Llinas, R. R., & Sotelo, C. (1992). *The cerebellum revisited.* New York, NY: Springer Publishing.

Loewenstein, R. J. (2007). Dissociative identity disorder: Issues in the iatrogenesis controversy. In E. Vermetten, M. J. Dorahy, & D. Spiegel (Eds.), *Traumatic dissociation: Neurobiology and treatment* (pp. 275–299). Washington, DC: American Psychiatric Publishing.

Lyons, G., Sanabria, D., Vatakis, A., & Spence, C. (2006). The modulation of crossmodal integration by unimodal perceptual grouping: A visuotactile apparent motion study. *Experimental Brain Research, 174*(3), 510–516.

Macaluso, E., & Driver, J. (2005). Multisensory spatial interactions: A window onto functional integration in the human brain. *Trends in Neurosciences*, 28(5), 264–271.

Maes, M., Libbrecht, I., Van Hunsel, F., Lin, A. H., De Clerck, L., Stevens, W., . . . Neels, H. (1999). The immune–inflammatory pathophysiology of fibromyalgia: Increased serum soluble gp130, the common signal transducer protein of various neurotrophic cytokines. *Psychoneuroendocrinology*, 24, 371–383.

Mahler, M. S. (1967). On human symbiosis and the vicissitudes of individuation. In *The selected papers of Margaret S. Mahler* (Vol. 2, p. 77–97). New York, NY: Jason Aronson.

Mahler, M. S. (1972). On the first three subphases of the separation-individuation process. In *The selected papers of Margaret S. Mahler* (Vol. 2, p. 119–130). New York, NY: Jason Aronson.

Male, D., Brostoff, J., Roth, D., & Roitt, I. (2006). *Immunology* (7th ed.) New York, NY: Elsevier.

Malviya, S., Voepel–Lewis, T., Tait, A., Merkel, S., Lauer, A., Munro, H., & Farley, F. (2001). Pain management in children with and without cognitive impairment following spine fusion surgery. *Pediatric Anesthesia*, 11(4), 453.

Martin, J. H. (1991). Coding and processing of sensory information. In E. R. Kandel, J. H. Schwartz, & T. M. Jessell (Eds.), *Principles of neural science* (3rd ed., pp. 329–366). New York: Elsevier.

Mason, J. W., Giller, E. L., Kosten, T. R., Ostroff, R., & Harkness, L. (1986). Urinary free cortisol levels in post traumatic stress disorder patients. *Journal of Nervous Mental Disorders*, 174, 145–149.

Mastorakos, G., Karoutsou, E. I., & Mizamtsidi, M. (2006). Corticotropin releasing hormone and the immune/inflammatory response. *European Journal of Endocrinology*, 155, 77–84.

McClelland, J. L. (1979). On the time relations of mental processes: An examination of systems of processes in cascade. *Psychological Review*, 86, 287–330.

McClelland, J. L. (1994). The organization of memory: A parallel distributed processing perspective. *Revue Nurologique*, 150(8-9), 570–579.

McClelland, J. L. (1996). Role of the hippocampus in learning and memory: A computational analysis. In T. Ono, B. L. McNaughton, S. Molitchnikoff, E. T. Rolls, & H. Nichijo (Eds.), *Perception, memory and emotion: Frontier in neuroscience* (pp. 601–613). Oxford: Elsevier Science.

McClelland, J. L., McNaughton, B. L., & O'Reilly, R. C. (1995). Why there are complementary learning systems in the hippocampus and neocortex: Insights from the successes and failures of connectionist models of learning and memory. *Psychological Review*, 102, 419–457.

McLachlan, S. M., & Rappaport, B. (1992). The molecular biology of thyroid peroxidase: Cloning, expression and role as autoantigen in autoimmune thyroid disease. *Endocrine Review*, 13, 192–206.

Mellor, D. J., Diesch, T. J., Gunn, A. J., & Bennet, L. (2005). The importance of "awareness" for understanding fetal pain. *Brain Research Reviews*, 49, 455–471.

Merker, B. (2007). Consciousness without a cerebral cortex: A challenge for neuroscience and medicine. *Behavioral and Brain Sciences*, 30, 63–134.

Montgomery, S. M., Buzsáki, G. (2007). Gamma oscillations dynamically couple hippocampal CA3 and CA1 regions during memory task performance. *Proceedings of the National Academy of Sciences*, 104(36), 14495–14500.

Moreno, J. L. (1934). *Who shall survive? A new approach to the problems of human interrelations.* Washington, DC: Nervous and Mental Disease Publishing Co.

Moreno, J. L. (1943). Sociometry and the control order. *Sociometry*, 6(3), 299–344.

Morin, A. (2006). Levels of consciousness and self-awareness: A comparison and integration of various neurocognitive views. *Consciousness and Cognition*, 15, 358–371.

Morris, C. D., Bransford, J. D., & Franks, J. J. (1977). Levels of processing versus transfer appropriate processing. *Journal of Verbal Learning and Verbal Behavior*, 16, 519–533.

Mulligan, N. W., & Lozito, J. P. (2006). An asymmetry between memory encoding and retrieval. *Psychological Science*, 17(1), 7–11.

Murthy, V. N., & Fetz, E. E. (1996). Synchronization of neurons during local field potential oscillations in sensorimotor cortex of awake monkeys. *Journal of Neurophysiology, 76*, 3968-3982.

Myers, C. S. (1940). *Shell Shock in France, 1914-1918.* Cambridge: Cambridge University Press.

Myers, L. B., & Bulich, L. A. (2005). *Anesthesia for fetal intervention and surgery.* Hamilton, British Columbia: Decker.

Nadel, L., & Moscovitch, M. (1998). Hippocampal contributions to cortical plasticity. *Neuropharmacology, 37*, 431-439.

Nauta, W. J . H., & Domesick, V. B. (1982). Neural associations of the limbic system. In A. L. Beckman (Ed.), *The neural basis of behavior* (pp. 175-206). New York, NY: SP Medical and Scientific Books.

Nijenhuis, E. R. S., van der Hart, O., & Steele, K. (2002). The emerging psychobiology of trauma related dissociation and dissociative disorders. In H. D'Haenen, J. A. den Boer, & P. Willner (Eds.), *Biological psychiatry* (pp. 1079-1098). London, England: Wile.

Noback, C. R., & Demarest, R. J. (1981). *The human nervous system: Basic principles of neurobiology* (3rd ed.). New York, NY: McGraw-Hill.

Ogden, T. H. (1982). *Projective identification & psychotherapeutic technique.* New York, NY: Jason Aronson.

O'Keefe, J., & Dostrovsky, J. (1971). The hippocampus as a spatial map: Preliminary evidence from unit activity in the freely-moving rat. *Brain Research, 34*(1), 171-175.

O'Keefe, J., & Nadel, L. (1978). *The hippocampus as a cognitive map.* London, England: Oxford University Press.

Orlinsky, D. E., & Howard, K. I. (1986). Process and outcome in psychotherapy. In S. L. Garfield & A. E. Bergin (Eds.), *Handbook of psychotherapy and behavior change* (3rd ed., pp. 311-381). New York, NY: Wiley.

Orr, S. P., McNally, R. J., & Rosen, G. M. (2004). Psychophysiological reactivity: Implications for conceptualizing in PTSD. In G. M. Rosen (Ed.), *Posttraumatic stress disorder: Issues and controversies* (pp. 101-126). New York, NY: John Wiley & Sons.

Ortega-Hernandez, O. D., & Schoenfeld, Y. (2009). Infection, vaccination, and autoantibodies in chronic fatigue syndrome, cause or coincidence? *Annals of the New York Academy of Science*, 1173, 600–609.

Osipova, D., Takamisha, A., Oostenveld, R., Fernandez, G., Maris, E., & Jansen, O. (2006). Theta and gamma oscillations predict encoding and retrieval of declarative memory. *Journal of Neuroscience*, 26(28), 7523–7531.

Palm, G. (1990). Cell assemblies as a guideline for brain research. *Concepts in Neuroscience*, 1, 133–147.

Panksepp, J. (1998). *Affective neuroscience: The foundations of human animal emotions.* New York, NY: Oxford University Press.

Papassotiropoulos, A., Wollmer, M. A., Aguzzi, A., Hock, C., Nitsch, R. M., & de Quervin, D. J. (2005). *Human Molecular Genetics*, 14(15), 2241–2246.

Parmelee, P. A. (1996) Pain in cognitively impaired older persons. *Clinics in Geriatric Medicine* 12(3), 473–487.

Pavlides, C., & Winson, J. (1989). Influences of hippocampal place cell firing in the awake state on the activity of these cells during subsequent sleep episodes. *Journal of Neuroscience*, 9, 2907–2918.

Pavlov, I. P. (1927). *Conditioned Reflexes.* Oxford: Humphrey Milford.

Peigneux, P., Laureys, S., Fuchs, S., Collette, F., Perrin, F., Reggers, J., . . . Maquet, P. (2004). Are spatial memories strengthened in the human hippocampus during slow wave sleep? *Neuron*, 44, 535–545.

Peterson, S. E., Fox, P. T., Posner, M. I., Mintun, M., & Raichle, M. E. (1989). Positron emission tomographic studies of the processing of single words. *Journal of Cognitive Neuroscience*, 1, 153–170.

Plihal, W., & Born, J. (1997). Effects of early and late nocturnal sleep on declarative and procedural memory. *Journal of Cognitive Neuroscience*, 9(4), 534–547.

Porges, S. W. (1997). Emotion: An evolutionary by-product of the neural regulation of the autonomic nervous system. *Annals of the New York Academy of Sciences*, 807, 62–77.

Porges, S. W. (2001). The polyvagal theory: Phylogenetic substrates of a social nervous system. *International Journal of Psychophysiology*, 42, 123–146.

Porges, S. W. (2011). The early development of the autonomic nervous system provides a neural platform for social behavior: A polyvagal perspective. *Infant Child Development*, 20(1), 106–118.

Porter, F. L., & Anand, K. J. S. (1998). Epidemiology of pain in neonates. *Research & Clinical Forums*, 20(4), 9–16.

Posner, J. B., & Plum, F. (2007). *Plum and Posner's diagnosis of stupor and coma* (4th ed.). New York, NY: Oxford University Press.

Prince, S. E., Daselaar, S. M., & Cabeza, R. (2005). Neural correlates of relational memory: Successful encoding and retrieval of semantic and perceptual associations. *Journal of Neuroscience*, 25(5), 1203–1210.

Putnam, F. (1988). The switch processes in multiple personality disorder and other state-change disorders. *Dissociation*, 1, 24–32.

Putnam, F. (1995a). Resolved: Multiple personality disorder is an individually and socially created artifact. *Journal of the American Academy of Child and Adolescent Psychiatry*, 34, 960–962.

Putnam, F. (1995b). Resolved: Multiple personality disorder is an individually and socially created artifact. Negative rebuttal. *Journal of the American Academy of Child and Adolescent Psychiatry*, 34, 963.

Pynoos, R. S., & Nader, K. (1988). Children's memory and proximity to violence. *Journal of the American Academy of Child and Adolescent Psychiatry*, 27, 236–244.

Rahman, A., & Isenberg, D. A. (2008). Review article: Systemic lupus erythematosus. *New England Journal of Medicine*, 358(9), 929–939.

Raichle, M. E. (2006). The brain's dark energy. *Science*, 314, 1249–1250.

Raichle, M. E. (2009). A paradigm shift in functional brain imaging. *The Journal of Neuroscience*, 29(41), 12729–12734.

Ramachandran, V. S. (1995). Anosognosia in parietal lobe syndrome. *Consciousness & Cognition*, 4, 22–51.

Ramachandran, V. S. (2000). Mirror neurons and imitation learning as the driving force behind "the great leap forward" in human evolution. *Edge*, 69. Retrieved from http://www.edge.org/3rd_culture/ramachandran/ramachandran_p1.html

Ramachandran, V. S., & Blakeslee, S. (1998). *Phantoms in the brain*. New York, NY: Quill/HarperCollins.

Uri Bergmann

Ramon y Cajal, S. (1899). *Textura del systemo nervioso del hombre y de los Vertebrados* [Texture of the nervous system of man and vertebrates]. Madrid, Spain: N. Moya.

Rasch, B., Buchel, C., Gais, S., & Born, J. (2007). Odor cues during slow wave sleep prompt declarative memory consolidation. *Science, 315*(5817), 1426–1429.

Reinders, A. A. T. S., Nijenhuis, E. R. S., Paans, A. M. J., Korf, J., Willemsen, A. T. M., & . . . den Boer, J. A. (2003). One brain, two selves. *NeuroImage, 20,* 2119–2125.

Reinders, A. A. T. S., Nijenhuis, E. R. S., Quak, J., Korf, J., Haaksma, J., Paans, A. M. J., den Boer, J. A. (2006). Psychobiological characteristics of dissociative identity disorder: A symptom provocation study. *Biological Psychiatry, 60,* 730–740.

Reiser, M. (1994). *Memory in mind and brain: What dream imagery reveals.* New Haven, CT: Yale University Press.

Rizzolatti, G., & Craighero, L. (2004). The mirror-neuron system. *Annual Review of Neuroscience, 27,* 169–192.

Romanski, L. M., Tian, B., Fritz, J., Mishkin, M., Goldman-Rakic, P. S., & Rauschecker, J. P. (1999). Dual streams of auditory afferents target multiple domains in the primate prefrontal cortex. *Nature Neuroscience, 2,* 113–1136.

Rosenthal, D. M. (2002). How many kinds of consciousness? *Consciousness and Cognition, 11,* 653–65.

Rothbart, M. K., Taylor, S. B., & Tucker, D. M. (1989). Right-sided facial asymmetry in infant emotional expression. *Neuropsychologia, 27,* 675–687.

Rothwell, N. J. (1999). Annual review prize lecture cytokines killers in the brain? *Journal of Physiology,* 514(Pt. 1), 3–17.

Rumelhart, & McClelland. (1986). *Parallel distributed processing: Explorations in the microstructure of cognition,* Vol. 1. Cambridge, Massachusetts: The MIT Press.

Sander, L. (1977). The regulation of exchange in the infant caretaker system and some aspects of the context–content relationship. In M. Lewis & L. Rosenblum (Eds.), *Interaction, conservation, and the development of language* (pp. 133–156). New York, NY: Wiley.

Sanders, P., & Korf, J. (2008). Neuroaetiology of chronic fatigue syndrome: An overview. *World Journal of Biological Psychiatry, 9*(3), 165–171.

Sands, S. H. (1997). Protein or foreign body? Reply to commentaries. *Psychoanalytic Dialogues, 7*, 691–706.

Saravanan, P., & Dayan, C. M. (2001). Thyroid autoantibodies. *Endocrinological Metabolism Clinics of North America, 30*(2), 315–335.

Scalaidhe, S. P., Wilson, F. A. W., & Goldman–Rakic, P. S. (1997). Areal segregation of face-processing neurons in prefrontal cortex. *Science, 278*, 1135–1138.

Schacter, D. L., Chiu, C.-Y. P., & Ochsner, K. N. (1993). Implicit memory: A selective review. *Annual Reviews of Neuroscience, 16*, 159–182.

Schore, A. N. (1994). *Affect regulation and the origin of the self: The neurobiology of emotional development*. Mahwah, NJ: Erlbaum.

Schore, A. N. (2001a). The effects of a secure attachment relationship on right brain development, affect regulation and infant mental health. *Infant Mental Health Journal, 22*(1–2), 7–66.

Schore, A. N. (2001b). The effects of early relational trauma on right brain development and infant mental health. *Infant Mental Health Journal, 22*(1–2), 201–269.

Schore, A. N. (2003a). *Affect dysregulation and disorders of the self*. New York, NY: W. W. Norton & Co.

Schore, A. N. (2003b). *Affect regulation and the repair of the self*. New York, NY: W. W. Norton & Co.

Schwartz, J. H. (1991). Chemical messengers: Small molecules and peptides. In E. R. Kandel, J. H. Schwartz, & T. M. Jessell (Eds.), *Principles of neural science* (3rd ed., pp. 213–224). New York, NY: Elsevier.

Schwartz, R. C. (1995). *Internal family systems therapy*. New York, NY: Guilford Press.

Searles, H. F. (1977). Dual and multi-identity processes in borderline ego functioning. In P. Hartocollis (Ed.), *Borderline personality disorders* (pp. 441–455). New York, NY: International Universities Press.

Sederberg, P. B., Schulze–Bonhage, A., Madsen, J. R., Bromfield, E. B., Litt, B., Brandt, A., & Kahana, M. J. (2007). Gamma oscillations distinguished true from falsememories. *Psychological Science, 18*(11), 927–932.

Selemon, L., Goldmanrakic, P., & Tamminga, C. (1995). Prefrontal cortex and working memory. *American Journal of Psychiatry, 152*(1), 5–16.

Shapiro, F. (1995). Eye movement sensitization and reprocessing: Basic principles, protocols, and procedures (1st ed.). New York, NY: Guilford Press.

Shapiro, F. (2001). Eye movement sensitization and reprocessing: Basic principles, protocols, and procedures (2nd ed.). New York, NY: Guilford Press.

Shaw, R. (2004). The embodied psychotherapist: An exploration of the therapist's somatic phenomena within the therapeutic encounter. *Psychotherapy Research, 14*(3), 271–288.

Shepherd, G. M. (1983). *Neurobiology.* New York, NY: Oxford University Press.

Sherer, Y., Gerli, R., Vaudo, G., Schillaci, G., Gilburd, B., Giordano, A., . . . Sheonfeld,Y. (2005). Prevalence of antiphospholoid and antioxidized low-density lipoprotein antibodies in rheumatoid arthritis. *Annals of the New York Academy of Sciences, 1051,* 299–303.

Sherrington, C. (1906). *The integrative action of the nervous system.* London, England: Cambridge University Press.

Shewmon, D. A., Holmes, G. L., & Byrne, P. A. (1999). Consciousness in congenitally decorticate children: Developmental vegetative state as self-fulfilling prophecy. *Developmental Medicine and Child Neurology, 41,* 364–74.

Siegel, D. J. (1999). *The developing mind: Toward a neurobiology of interpersonal experience.* New York, NY: The Guilford Press.

Simons, S. H. P., van Dijk, M., Anand, K. J. S., Roofthooft, D., van Lingen, R. A., & Tibboel, D. (2003). Do we still hurt newborn babies? A prospective study of procedural pain and analgesia in neonates. *Archives of Pediatrics and Adolescent Medicine, 157,* 1058–64.

Singer, W. (1993). Synchronization of cortical activity and its putative role in information processing and learning. *Annual Review of Physiology, 55,* 349–374.

Singer, W. (2001). Consciousness and the binding problem. *Annals of the New York Academy of Sciences, 929,* 123–146.

Singer, W., Engel, A. K, Kreiter, A. K., Munk, M. H. J., Neuenschwander, S., & Roelfsema, P. R. (1997). Neuronal assemblies: Necessity, signature and detectability. *Trends in Cognitive Science, 1*(7), 252–261.

Sirven, J. L., & Glaser, D. S. (1998). Psychogenic nonepileptic seizures. Theoretic and clinical considerations. *Neuropsychiatry, Neuropsychology, and Behavioral Science*, 27, 225–235.

Slotnick, S. D. (2004). Visual memory and visual perception recruit common neural substrates. *Behavioral and Cognitive Neuroscience Reviews*, 3(4), 207–221.

Spitz, R. A. (1965). *The first year of life: A psychoanalytic study of normal and deviant development of object relations.* New York, NY: International Universities Press.

Squire, L. R., & Kandel, E. R. (1999). *Memory: From mind to molecules.* New York, NY: Scientific American Library.

Stallard, P., Williams, L., Lenton, S., & Velleman, R. (2001). Pain in cognitively impaired, non-communicating children. *Archives of Disease in Childhood*, 85(6), 460–462.

Steele, K., van der Hart, O., & Nijenhuis, E. R. S. (2001). Dependency in the treatment of complex posttraumatic stress disorder and dissociative disorders. *Journal of Trauma Dissociation*, 2(4), 79–116.

Steriade, M., Amzica, F., & Contreras, D. (1996). Synchronization of fast (30–40 Hz) spontaneous cortical rhythms during brain activtion. *Journal of Neuroscience*, 16, 392–417.

Steriade, M., CurroDossi, R., & Contreras, F. (1993). Electrophysiological properties of intralaminar thalamo-cortical cells discharging rhythmic 40 Hz spite bursts at 1000 Hz during waking and rapid eye movement sleep. *Neuroscience*, 56, 1–9.

Steriade, M., Jones, E. G., & Llinas, R. R. (1990). *Thalamic oscillations and signaling.* New York: Wiley.

Stern, D. (1985). *The interpersonal world of the infant: A view from psychoanalysis and developmental psychology.* New York, NY: Basic Books.

Stickgold, R. (2002). EMDR: A putative neurobiological mechanism of action. *Journal of Clinical Psychology*, 58(1), 61–75.

Stickgold, R. (2005). Sleep-dependent memory consolidation. *Nature*, 437, 1272–1278.

Stickgold, R. (2007). Of sleep, memories and trauma. *Nature Neuroscience*, 10(5), 540–542.

Stickgold, R. (2008). Sleep dependent memory processing and EMDR action. *Journal of EMDR Practice and Research*, 2(4), 289–299.

Stickgold, R., Scott, L., Rittenhouse, C., & Hobson, J. A. (1999). Sleep induced changes in associative memory. *Journal of Cognitive Neuroscience*, 11, 182–193.

Sullivan, H. S. (1940). *Conceptions of modern psychiatry*. New York, NY: Norton.

Szelenyi, J., & Vizi, E. S. (2007). The Catecholamine–cytokine balance: Interaction between the brain and the immune system. *Annals of New York Academy of Sciences*, 1113, 311–324.

Teicher, M. H., Glod, C. A., Surrey, J., & Swett, C. (1993). Early childhood abuse and limbic system ratings in adult psychiatric outpatients. *The Journal of Neuropsychiatry and Clinical Neurosciences*, 5(3), 301–306.

Terr, L. C. (1988). What happens to early memories of trauma? A study of twenty children under age at the time of documented traumatic events. *Journal of the American Academy of Child and Adolescent Psychiatry*, 27, 96–104.

Thayer, J. F., & Lane, R. D. (2009). Claude Bernard and the heart-brain connection: Further elaboration of a model of neurovisceral integration. *Neuroscience and Biobehavioral Review*, 33, 81–88.

Thompson, M. E., & Barkhuizen, A. (2003). Fibromyalgia, hepatitis C infection, and the cytokine connection. *Current Pain & Headache Reports*, 7, 342–347.

Thompson, R. F., & Spencer, W. A. (1966). Habituation: A model phenomenon for the study of the neural substrates of behavior. *Psychological Review*, 173, 16–43.

Tigh, T. J., & Leaton, R. N. (1976). *Habituation: Perspectives from child development, animal behavior and neurophysiology*. Hillsdale, NJ: Erlbaum.

Tronick, E. Z., & Weinberg, M. K. (1997). Depressed mothers and infants: Failure to form dyadic states of consciousness. In L. Murray & P. J. Cooper (Eds.), *Postpartum depression in child development* (pp. 54–81). New York, NY: Guilford.

Tucker, D. M. (1992). Developing emotions and cortical networks. In M. R. Gunar & C. A. Nelson (Eds.), *Minnesota Symposium on Child Psychology, 24, Developmental Behavioral Neurosciences* (pp. 75–128). Hillside, NJ: Laurence Erlbaum Associates.

Tucker, D. M., Luu, P., & Pribram, K. H. (1995). Social and emotional self-regulation. *Annals of the New York Academy of Sciences*, 769, 213–239.

Tulving, E. (1972). Episodic and semantic memory. In E. Tulving & W. Donaldson (eds). Organization of memory, (pp. 381–403). New York: Academic Press.

Turk, D. J., Heatherton, T., Kelley, W. M., Funnell, M. G., Gazzaniga, M. S., & Macrae, C. N. (2002). Mike or me? Self-recognition in a split-brain patient. *Nature Neuroscience*, 5(9), 841–842.

Turk, D. J., Heatherton, T. F., Macrae, C. N., Kelley, W. M., & Gazzaniga, M. S. (2003). Out of contact, out of mind: The distributed nature of the self. *Annals of the New York Academy of Sciences*, 1001, 65–78.

Vaadia, E., Haalman, I., Abeles, M., Bergman, H., Prut, Y., Slovin, H., & Aertsen, A. (1995). Dynamics of neuronal interactions in monkey cortex in relation to behavioural events. *Nature*, 373, 515–518.

Van der Hart, O., & Nijenhuis, E. R. S. (1998). Recovered memories of abuse and dissociative identity disorder. *British Journal Psychiatry*, 173, 537–538.

Van der Hart, O., Nijenhuis, E. R. S., & Steele, J. (2005). Dissociation: An insufficiently recognize major feature of complex posttraumatic stress disorder. *Journal of Traumatic Stress*, 18, 413–424.

Van der Hart, O., Nijenhuis, E. R. S., & Steele, K. (2006). *The haunted self: Structural dissociation in the treatment of chronic traumatization*. New York, NY: W. W. Norton & Co.

Van der Hart, O., Nijenhuis, E. R. S., Steele, K., & Brown, D. (2004). Trauma related dissociation: conceptual clarity lost and found. *Australian and New Zealand Journal Psychiatry*, 38, 906–914.

Van der Hart, O., van der Kolk, B. A., & Boon, S. (1996). The treatment of dissociative disorders. In J. D. Bremner and C. R. Marmar (Eds.), *Trauma memory and dissociation*. Washington, DC: American Psychiatric Press.

Van der Kolk, B. A. (1994). The body keeps the score: Memory and the evolving psychobiology of PTSD. *Harvard Review of Psychiatry*, 1, 253–265.

Van der Kolk, B. A. (1996a). The body keeps the score: Approaches to the psychobiology of posttraumatic stress disorder. In B. A. van der Kolk, A. C. McFarlane, & L. Weisaeth (Eds.), *Traumatic stress: The effects of overwhelming experience on mind, body and society* (pp. 214–241). New York, NY: The Guilford Press.

Van der Kolk, B. A. (1996b). The complexity of adaptation to trauma: Self regulation, stimulus discrimination, and character development. In B. A. van der Kolk, A. C. McFarlane, & L. Weisaeth (Eds.). *Traumatic stress: The effects of overwhelming experience on mind, body and society* (pp. 182–213). New York, NY: The Guilford Press.

Van der Kolk, B. A. (2001). The assessment and treatment of complex PTSD. In R. Yehuda (Ed.), *Traumatic stress*. New York, NY: American Psychiatric Press.

Van der Kolk, B. A. (2005). Developmental trauma disorder: Toward a rational diagnosis for children with complex trauma histories. *Psychiatric Annals, 35,* 401–408.

Van der Kolk, B. A. (2006). Clinical implications of neuroscience research in PTSD. *Annals of the New York Academy of Sciences, 1071,* 277–293.

Van der Kolk, B. A., & d'Andrea, W. (2010). Toward a developmental trauma disorder diagnosis for childhood interpersonal trauma. In R. A. Lanius, E. Vermetten, & C. Pain (Eds.), *The impact of early life trauma on health and disease: The hidden epidemic* (pp. 57–68). New York, NY: Cambridge University Press.

Van der Kolk, B. A., & McFarlane, A. C. (1996). The black hole of trauma. In B. A. van der Kolk, A. C. McFarlane, & L. Weisaeth (Eds.). *Traumatic stress: The effects of overwhelming experience on mind, body and society* (pp. 3–23). New York, NY: The Guilford Press.

Van der Kolk, B. A., Perry, C., & Herman, J. L. (1991). Childhood origins of self-destructive behavior. *American Journal of Psychiatry, 148,* 1665–1671.

Van der Kolk, B., & van der Hart, O. (1989). The intrusive past: The flexibility of memory and the engraving of trauma. *American Imago, 48,* 425–454.

Van der Kolk, B. A., van der Hart, O., & Marmar, C. R. (1996). Dissociation and information processing in posttraumatic stress disorder. In B. A. van der Kolk, A. C. McFarlane, & L. Weisaeth (Eds.). *Traumatic stress: The effects of overwhelming experience on mind, body and society* (pp. 303–330). New York, NY: The Guilford Press.

Van der Kolk, B. A., Weisaeth, L., & Van der Hart, O. (1996). History of trauma in psychiatry. In B. A. van der Kolk, A. C. McFarlane, & L. Weisaeth (Eds.). *Traumatic stress: The effects of overwhelming experience on mind, body and society* (pp. 47–74). New York, NY: The Guilford Press.

Von der Malsburg, C. (1973). Self organizing of orientation in sensitive cells in the striated cortex. *Kybernetic,* 14, 85–100.

Wagner, U., Gais, S., Haider, H., Verleger, R., & Born, J. (2004). Sleep inspires insight. *Nature,* 427(6972), 352–355.

Wang, P. W., Chen, I. Y., Liu, R. T., Hsieh, C. J., His, E., & Juo, S. H. (2007). Cytotoxic T lymphocyte-associated molecule-4 gene polymorphism and hyperthyroid Graves' disease relapse after antithyroid drug withdrawal: A follow-up study. *Journal of Clinical Endocrinological Metabolism,* 92(7), 2513–2518.

Wang, W., Dow, K. E., & Fraser, D. D. (2001). Elevated corticotrophin-release hormone/corticotrophin-releasing hormone-R1 expression in postmortem brain obtained from children with generalized epilepsy. *Annals of Neurology,* 50, 404–409.

Watkins, H. H. (1978). Ego states therapy. In J. G. Watkins (Ed.), *The therapeutic self* (pp. 360–398). New York, NY: Human Sciences Press.

Watkins, J. G. (1949). *Hypnotherapy of war neuroses.* New York, NY: Ronald Press.

Watkins, J. G. (1977). The psychodynamic manipulation of ego states in hypnotherapy. In F. Antonelli (Ed.), *Therapy in psychosomatic medicine,* 2, 389–403.

Watkins, J. G., & Johnson, R. (1982). *We, the divided self.* New York, NY: Irvington.

Watkins, J. G., & Watkins, H. H. (1997). *Ego states: Theory and therapy.* New York: Norton.

Watkins, L. R., & Maier, S. F. (2000). The pain of being sick: Implications of immuneto-brain communication for understanding pain. *Annual Review of Psychology,* 51, 29–57.

Watkins, L. R., & Maier, S. F. (2005). Immune regulation of central nervous system functions: From sickness responses to pathological pain. *Journal of Internal Medicine,* 257(2), 139–55.

Whittling, W., & Schweiger, E. (1993). Neuroendocrine brain

asymmetry and physical complaints. *Neuropsychologia, 31*, 591–608.

Williams, R. W., & Herrup, K. (1988). The control of neuron number. *Annual Review of Neuroscience, 11*, 423–453.

Willshaw, D. J. (1981). Holography, associative memory, and inductive generalization. In G. E. Hinton & J. A. Anderson (Eds.), *Parallel models of associative memory* (pp. 83–104). Hillsdale, NJ: Erlbaum.

Wilson, M. A., & McNaughton, B. L. (1994). Reactivation of hippocampal ensemble memories during sleep. *Science, 265*, 676–679.

Winnicott, D. W. (1956). Primary maternal preoccupation. In *Through paediatrics to psycho-analysis* (pp. 300–305). New York, NY: Basic Books.

Winnicott, D. W. (1965). Ego distortion in terms of true and false self. In *The maturational processes and the facilitating environment* (pp. 37–55). New York, NY: International Universities Press.

Winson, J. (1985). *Brain and psyche: The biology of the unconscious*. New York, NY: Doubleday/Anchor Press.

Witte, T. (2005). Antifodrin antibodies in Sjögren's syndrome: A review. *Annals of the New York Academy of Sciences, 1051*, 235–239.

Wolff, P. (1987). *The development of behavioral states and the expression of emotion in early infancy*. Chicago, IL: University of Chicago Press.

Yanus, M. B. (2007). Role of central sensitization in symptoms beyond muscle pain, and the evaluation of a patient with widespread pain. *Best Practice & Research Clinical Rheumatology, 21*(3), 481–497.

Yehuda, R. (1997). Sensitization of the hypothalamic–pituitary–adrenal axis in posttraumatic stress disorder. *Annals of the New York Academy of Sciences, 821*, 57–82.

Yehuda, R. (2002). Current status of cortisol findings in posttraumatic stress disorder. *Psychiatric Clinics of North America* (review), 25, 341–368.

Yehuda, R. (2006). Advances in understanding neuroendocrine alterations in PTSD and their therapeutic implications. *Annals of the New York Academy of Sciences, 1071*, 137–166.

Yehuda, R., Engel, S. M., Brand, S. R., Seckl, J., Marcus, S. M., & Berkowitz, G. S. (2005). Transgenerational effects of posttraumatic stress disorder in babies of mothers exposed to the World Trade Center attacks during pregnancy. *Journal of Clinical Endocrinology & Metabolism*, 90, 4115-4118.

Yehuda, R., Teicher, M. H., Seckl, J. R., Grossman, R. A., Morris, A., & Bierer, L. M. (2007). Parental posttraumatic stress disorder as a vulnerability factor for low cortisol trait in offspring of holocaust survivors. *Archives of General Psychiatry*, 64(9), 1040-1048.

Yoshida, M., Yokoo, H., Tanaka, T., Mizoguchi, K., Emoto, H., Ishii, H., & Tanaka, M. (1993). Facilitory modulation of mesolimbic dopamine neuronal activity by m-opioid agonist and nicotine as examined with in vivo microdialysis. *Brain Research*, 624, 277-280.

Zagon, I. S., McLaughlin, P. J., & Smith, S. (1977). Neural populations in the human cerebellum: Estimations from isolated cell nuclei. *Brain Research*, 127, 279-282.

Zald, D. H., & Kim, S. W. (1996). Anatomy and function of the orbital frontal cortex: Function and relevance to obsessive compulsive disorder. *Journal of Neuropsychiatry*, 8, 249-261.

Índice

Funcionamento e percepção
humana, 58
Funções de comunicação não-
sincrônicas, 42
funções de manutenção, 34
Funções não motoras, 101
Funções neurais, 156
Funileiro, 128

G

Genética molecular, 122
geradores de padrão central, 101
glicina, 46
glutamato, 46, 47
Gradientes elétricos, 38
gradientes químicos, 38

H

Habituação, 111
  Estudos da, 113
Habituação de longo prazo, 116
Hidranencefalia, 76, 80
Hiperpolarização, 40
hiperpolarização celular, 201
Hipocampo, 67
Hipocortisolemia e TEPT, 267
História Clínica
  Como fase 1 do EMDR, 289
homeostase, 67
Hormônios, 51, 256
  E neurotransmissores, 51
hormônios endógenos do
  estresse, 68

I

Imagem interna, 181
Imobilidade tônica, 149

Imobilização impulsionada
  pela emergência, 193
Imperativo Evolutivo, 127
Imunoglobina estimuladora
  da tireoide, 272
imunoglobulinas, 260, 272, 314
Imunoglobulinas, 260
inalatórios, 201
Inconscientes de memória, 197
Inconsistência Metodológica, 266
Inibição neural
  Amadurecimento e
  desenvolvimento de
  Inibição neural
  Amadurecimento e
  desenvolvimento de, 186
Inibição vagal, 192
Inibição vagal ventral, 194
Insetos, prosódia em, 154
Instalação
  Como fase 5 do EMDR, 310
Insulina, 51
Integração neural, 286
integração temporal, 86, 95,
  157, 158, 161, 229, 249
Integração Temporal, 157, 158,
  159, 160, 227, 287
*Integração temporal-
  talamocortical*, 62
Interação, 91
Interação e Endorfinas, 175
Interação mãe-bebê, 174
Interferons, 263
Interleucinas, 263
Interneurônios, 113
intravenosos, 201